21世纪高等院校教材

物 流 仿 真

张 灵 沈 正 编著

科学出版社

北 京

内 容 简 介

本书系统介绍了基于 Flexsim 仿真软件的物流离散事件系统建模，结合案例详细介绍了软件中的主要实体、参数及逻辑控制。本书从简单案例入手，逐渐扩展案例引入新的知识点。本书的特色在于紧密结合应用，注重实操，力求让读者能够掌握建模方法、模型参数设置及模型控制技巧，最终能够利用 Flexsim 软件进行实际系统建模与仿真分析。

本书可供高等院校物流专业本科生或研究生作为系统仿真课程的教材，也可供各行业的仿真技术人员参考。

图书在版编目(CIP)数据

物流仿真/张灵，沈正编著. —北京：科学出版社，2015.9
21 世纪高等院校教材
ISBN 978-7-03-045776-9

Ⅰ.①物… Ⅱ.①张… ②沈… Ⅲ.①物流-系统仿真 Ⅳ.①F252-39

中国版本图书馆 CIP 数据核字(2015)第 225253 号

责任编辑：杨 红 / 责任校对：胡小洁
责任印制：赵 博 / 封面设计：迷底书装

科 学 出 版 社 出版
北京东黄城根北街 16 号
邮政编码：100717
http://www.sciencep.com

保定市中画美凯印刷有限公司 印刷
科学出版社发行 各地新华书店经销
*
2015 年 9 月第 一 版 开本：787×1092 1/16
2017 年 1 月第一次印刷 印张：11 1/2
字数：280 000
定价：38.00 元
(如有印装质量问题，我社负责调换)

前　言

物流系统中的许多决策问题都具有很强的随机性，难以使用传统方法建立数学模型或物理模型，采用仿真技术进行预测、分析与评价是行之有效的决策辅助手段。物流系统仿真就是建立能够描述系统结构或行为过程的、具有逻辑或数量关系的仿真模型，以此进行实验或定量分析，为决策提供依据。近年来，随着 Flexsim、Arena 等可视化仿真建模软件的出现，大量的物流企业开始使用仿真技术。

为了满足社会需求，物流专业院校需要培养熟悉物流基本理论，并且具有动手建模能力的物流仿真人才。本书基于 Flexsim 仿真软件，通过案例逐步引入 Flexsim 中的实体对象，力求读者能够掌握建模方法、模型参数设置及模型控制技巧，最终能够利用 Flexsim 软件进行实际系统建模与仿真分析。

仿真主要研究系统状态的变化。无论是物流过程还是物流管理仿真，都是以状态的离散变化为主导，因此，本书主要介绍离散系统。书中的案例主要针对物流系统，包括生产、库存、配送中心等，但建模思路也可以应用于其他行业。

本书主要以仿真研究的思路为主线。第 1 章对系统仿真的概念和 Flexsim 仿真软件作了简单介绍。第 2 章介绍 Flexsim 软件的运行环境及基本要素和基本操作。第 3 章通过简单案例介绍了排队系统的建模思路，引入生成器、暂存区、处理器、吸收器等实体，并详细介绍了各实体的参数与属性。第 4 章介绍 Flexsim 模型的输出，包括统计属性、记录器、可视化工具和统计报表。第 5 章介绍全局表、时间表和 Flexsim 脚本，以及如何运用全局表和简单逻辑获得需要的统计信息。第 6 章介绍任务执行器的使用，重点介绍任务序列。第 7 章介绍控制任务执行器行进的网络节点和交通控制器。第 8 章通过案例介绍针对流体物料的流体实体建模。第 9 章介绍固定实体逻辑，对拉动模式和推动模式进行了比较。第 10 章介绍方案比选和仿真优化的方法，包括实验控制器和 OptQuest 优化器的使用。第 11 章和第 12 章通过具体案例介绍仓库入库和工厂生产、补货的仿真实现。

书中每章配有练习和实验案例。案例按照仿真思路，逐步引入用到的各种 Flexsim 实体。练习主要针对实体的重要参数。

本书采用的软件版本是 Flexsim4.52 版。考虑到部分院校教学使用的是评估版，书中的案例尽量将模型中的控件数控制在试用范围内。但实验控制器和仿真优化器等正式版才有的功能除外。

由于仿真模型涉及系统中的随机性，因此本教材的先行课程包括概率统计、运筹学等课程，相关的统计知识在本书中不再另行介绍。

本书第 2 章、第 4 章、第 8 章、第 10 章由沈正(珠江水利科学研究院)编写，其他章节由张灵编写。本书得到广东省质量工程项目：人文地理与城乡规划专业综合改革试点项目和教学团队建设项目资助。

本书中 Flexsim 自带的模型和图片，以及任何直接引用 Flexsim 用户手册的文字版权均属于 Flexsim Software Products，Inc. Copyright©1987-2008。

编　者

2015 年 6 月

目　　录

1 系统仿真和 Flexsim 概述

1.1 系统仿真概述

所谓系统仿真(system simulation)，就是根据系统分析的目的，在分析系统各要素性质及其相互关系的基础上，建立能描述系统结构或行为过程的、且具有一定逻辑关系或数量关系的仿真模型，据此进行试验或定量分析，以获得正确决策所需的各种信息。

系统仿真是利用模型研究系统的方法。所谓系统是由相互联系和相互制约的若干部分组成的、具有特定功能的有机整体。系统可以用状态进行描述。状态是和研究目的相关的一组变量，是在某一特定时间对系统的描述。若把仓库作为一个仓储系统来研究，关注的状态变量包括仓位的状态(忙/闲)、叉车的状态(忙/闲)、仓位的数量、货物的数量、货物进出仓库的时间等。

对系统的研究方法分为直接研究和间接研究。新药开发出来之后，需要进行临床试验，检验药物是否有效，以及是否对人体有副作用。这种临床试验方法就是直接研究方法。由于小白鼠的染色体和人类非常接近，对大多数药物的抗性和吸收能力都与人类近似，为了安全起见，在人体药理试验之前，往往会采用小白鼠进行试验。这种试验方法就是间接研究。

例如，某企业想改进现有生产线，但不知道引进的生产线是否能达到预期的生产效率。直接研究方法就是先引进生产线，如果达不到预期效果再改回旧生产线。间接研究方法是先模拟新生产线的运行，依据模拟结果来决定是否要引进新生产线。显然，间接研究方法更经济。由于现实生活中的系统多数很复杂，且具有不可逆性，因此通常采用间接研究方法进行研究。

间接研究方法主要通过系统模型进行研究。为了了解要研究的系统的行为方式和特点，需要对其如何运作作出假设。这些假设通常是系统各部分间的数学关系或逻辑关系，所有的假设就构成了一个模型。模型就是反映系统内部要素的关系，系统某些方面的本质特征，以及内部要素与外部环境关系的抽象。如果组成模型的只是简单关系，可以通过数学方法来获取所需要的准确信息。然而，现实生活中多数的系统都很复杂，对一些难以建立物理模型和数学模型的对象系统，需要通过仿真模型来解决预测、分析和评价等系统问题。

系统模型可以分为两类：连续系统模型和离散系统模型。连续系统是指系统状态随时间连续变化而连续变化的系统。例如，流动的河水是一个连续系统，因为系统中的状态变量——水位和流量随着时间连续变化。离散系统是指系统状态随时间呈离散状态变化的系统。例如，仓储系统，其状态变量——仓位仅在货物入出库的时候发生变化。对物流系统仿真而言，无论是物流过程仿真，还是物流管理仿真，都以离散变化为主导，因此，本书主要介绍离散系统。

1.2 离散事件系统简介

离散事件系统是指受事件驱动、系统状态跳跃式变化的动态系统，系统的迁移发生在一串离散事件点上。这种系统多数很复杂，具有较强的不确定性，通常难以用常规的物理、数学模型来描述。

离散事件系统的基本要素如下。

（1）实体

实体是系统活动的基础和条件。实体可以分为临时实体和永久实体两大类。在系统只存在一段时间的实体称为临时实体，如仓储系统中的仓储物品、快递系统中的包裹等。系统的工作过程实质上就是临时实体流动和接受加工、处理的过程。相对而言，永久实体一直存在于系统内，如仓储系统中的货架和叉车、快递系统中的服务柜台等。临时实体按一定规律不断到达，在永久实体作用下通过并离开系统。系统状态的变化也就是实体的状态变化。

（2）属性

属性是实体的特征。例如，仓储物品的体积、重量，叉车的行进速度等。注意这里只关心与仿真目的有关的特征。例如，就仓储系统而言，并不关心叉车的颜色属性。

（3）事件

所谓事件是系统状态变化的主要驱动力。它是某一时间点的瞬时行为，并会引起状态的改变。例如，仓储系统中物品出库、入库会引起仓位状态的变化(忙/闲)，是系统的固有事件。

（4）活动

活动是事件与事件之间的过程。它是实体在两个事件之间保持某一状态的持续过程。例如，在仓储物品入库事件和出库事件之间，仓位均保持着"忙"的状态，即存储过程。

（5）进程

进程是指有序的事件和活动组成的过程。进程描述了事件、活动的相互逻辑关系和时序。例如，物品到达仓库—叉车搬运—进仓—叉车搬运—出仓就构成一个进程。

事件是某一时刻的行为，活动和进程是某个时间段的过程。事件、活动和进程之间的关系如图 1-1 所示。

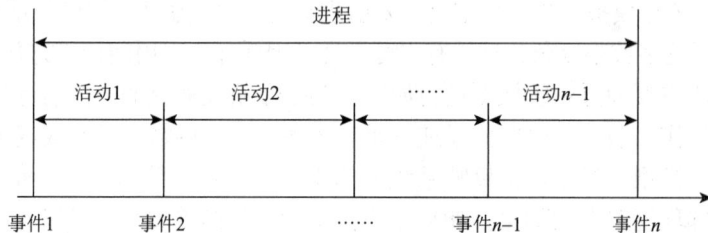

图 1-1　事件、活动和进程的关系

1.3　排队服务系统仿真

离散事件系统的一大主要类型是排队服务系统。排队模型的理论基础是排队论。排队论的先驱是丹麦工程师厄尔兰,他于 1905 年在哥本哈根电话公司的自动交换机设计时提出了排队论,使电话机既能满足需要又不至于设置过多线路。

1.3.1　排队系统概念

排队是指需要某种服务的对象加入等待的队列。

需要得到服务的对象泛称为顾客，提供服务的设施或人泛称为服务台。顾客和服务台即构成服务系统。在某一时刻，若顾客的数量超过服务台的服务能力，则称为拥挤，这时必然有部分顾客得不到服务而需要等待，从而发生排队现象。

1.3.2 排队系统仿真要素

排队系统的组成包括到达过程、排队过程和服务过程，如图 1-2 所示。

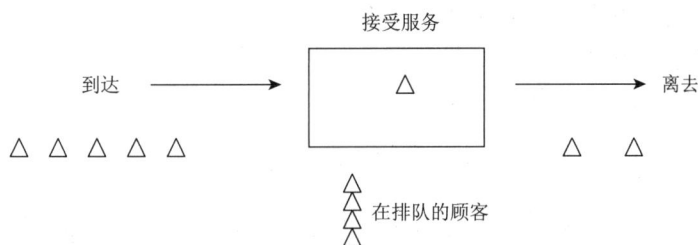

接受服务

到达 ⟶ □(△) ⟶ 离去

△ △ △ △ △   △ △

在排队的顾客

图 1-2　排队系统组成

顾客总是希望在队列中等待服务的时间尽量短。因此，排队系统仿真关注的就是效率问题。影响排队系统效率的因素包括顾客数量、顾客达到模式、服务模式、排队规则等，其仿真目标就是以最少的服务台满足最多的顾客服务需求。

1.3.2.1　到达过程

到达是指顾客来到服务系统，是排队系统的输入。到达过程是顾客到达规律的数学描述。到达过程需要描述顾客的数量、到达方式及到达时间间隔。

顾客源可能是有限的，也可能是无限的；顾客到达方式可能是单个的，也可能是成批的；顾客到达时间间隔可能是确定的，也可能是随机的。

1.3.2.2　排队过程

排队过程指顾客到达后如何进行队列的排列。排队过程主要有三种方式。

（1）损失制

顾客到达时，若所有服务台都已被占用，则顾客即离去。由于这种排队过程会失去很多顾客，因此称为损失制。例如，停车场就属于这种排队过程。

（2）等待制

顾客到达时，若所有服务台都已被占用，顾客就排队等待，这种排队过程称为等待制。大多数系统都属于这种排队过程。

（3）混合制

混合制排队过程兼有等待制与损失制两种属性。例如，排队队长有限制的情形：顾客到达时，若队列长度小于上限，则排入队伍，否则离去。

1.3.2.3　服务过程

服务过程指同一时刻有多少服务台可接纳顾客、需要多少服务时间。服务规则包括以下三种模式。

（1）先进先出

先进先出（first in first out，FIFO）即先进队列的先出队列。大多数队列均为此模式。

（2）后进先出

后进先出（last in first out，LIFO）即后进队列的先离开队列。例如，仓储中等待装卸的货物。

（3）有优先队列

有优先队列（priority range，PR）即队列中部分成员有接受服务的优先级。例如，银行的 VIP 账户具有优先办理业务的权力。

1.3.3　排队系统主要参数

排队系统关注的是系统效率，主要的特征参数如下。

1)平均队长：系统中排队等待的平均顾客数。

2)平均等待时间：顾客在系统中排队等待的平均时间。

3)平均通过系统时间：即平均等待时间与平均接受服务时间的和。

1.4　库存系统仿真

另一类典型的离散事件系统是库存系统。库存管理的目标是在有效满足客户需求的基础上使库存相关成本降到最低。

1.4.1　库存系统

库存系统就是顾客需求与库存补充两个因素引起的库存量动态变化。顾客需求使库存量减少，而为了保证供应，库存量需要不断补充(订货)，维持在一定的水平，如图1-3所示。

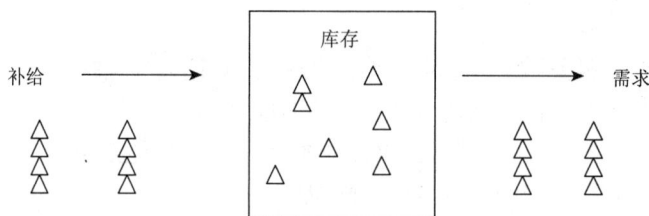

图1-3　库存系统

1.4.2　库存系统仿真要素

在满足需求的前提下，总是希望库存尽可能的少。因此，库存系统仿真关注的是效益问题。影响库存系统效益的问题包括补给模式、需求模式及成本代价，其仿真目标是比较各种订货策略，以降低成本、保证供应、防止缺货、减少资金积压。

(1)补给模式

补给是指物品来到库存系统，是库存系统的输入。补给模式是物品到达规律的数学描述。补给模式需要描述物品的数量、到达方式及到达时间间隔。

(2)需求模式

需求是指物品离开库存系统，是库存系统的输出。需求模式是物品离开的数学描述。需求模式需要描述物品出库的数量、频率和时间等。

(3)成本代价

成本代价是指当库存欠缺或盈余时，需要付出的代价。库存成本包括库存持有成本、订购成本、运输成本、缺货成本等。

1.4.3　库存系统主要参数

库存系统关注的是效益，主要的特征参数如下。

1)保管费。包括仓库、设备、人力、货物保存、损坏变质等支出的费用，一般可折算每件每日或每月的消耗费用。

2)订货费。包括货物本身价格费用、订货手续费、运费及各种额外开支。

3)缺货损失费。由于货物不足，供不应求而错过销售机会或停工待料造成的损失，也包括无法估价的信誉损失等。

1.5 Flexsim 简介

Flexsim 是美国 Flexsim 公司开发的，第一个在图形环境中集成了 C++IDE 和编译器的仿真软件。它是一个基于 Windows 的，面向对象的仿真环境，用于建立离散事件流程过程，如制造业、物料处理和办公室工作流，并配以三维虚拟现实环境。

Flexsim 是工程师、管理者和决策人对提出的"关于操作、流程、动态系统的方案"进行试验、评估、视觉化的工具。它具有完全的 C++面向对象(object-oriented)性，超强的 3D 虚拟现实(3D 动画)，直观的、易懂的用户接口，卓越的柔韧性(可伸缩性)。Flexsim 应用深层开发对象，这些对象代表着一定的活动和排序过程。要应用模板里的某个对象，只需要用鼠标把该对象从库里拖出来放在模型视窗即可。每一个对象都有三个维度的坐标、速度、旋转等属性，以及一个动态行为(时间)。对象可以创建、删除，而且可以彼此嵌套移动。它们都有自己的功能或继承来自其他对象的功能。这些对象的参数可以把任何制造业、物料处理和业务流程快速、轻易、高效地描述出来。同时，Flexsim 的资料，图像和结果都可以与其他软件共用(这是其他仿真软件不能做到的)，而且还可以从 Excel 表读取资料和输出资料(或任何 ODBC DataBase)，可以从生产线上读取现时资料以作分析功能。Flexsim 也允许用户建立自己的实体控件(objects)来满足用户自己的要求。

Flexsim 能一次进行多套方案的仿真实验。这些方案能自动进行，其结果存放在报告、图表里，可以非常方便地利用丰富的预定义和自定义的行为指示器，如用处、生产量、研制周期、费用等来分析每一个情节。同时很容易地把结果输出到微软的 Word、Excel 等大众应用软件里，利用 ODBC(开放式数据库连接)和 DDEC(动态数据交换连接)可以直接对数据库进行数据读写。

Flexsim 是一个通用工具，用来对若干不同行业中的不同系统进行建模。粗略估计，500 家《财富》企业中大约有一半是 Flexsim 的客户，包括一些著名的企业如 General Mills、Daimler Chrysler、Northrop Grumman、Discover Card、DHL、Bechtel、Bose、Michelin、FedEx、Seagate Technologies、Pratt & Whitney、TRW 和 NASA。

Flexsim 已经被成功地应用在系统设计研究和系统日常运作管理中。Flexsim 模型可以透视出真实系统中的复杂相关性和动态特性。Flexsim 可以帮助操作人员和管理人员了解系统是如何运作的，同时也可以了解如果实施替代方案系统将会怎样。Flexsim 还被用来建立交互式模型，这些模型可以在运行中被控制，可以帮助讲解和展示在系统管理中固有的因果关系的影响。

Flexsim 是帮助工程师和设计人员在系统设计和运作中做出智能决策的分析工具。可以用 Flexsim 建立 3D 计算机模型来研究真实系统；可以就备选方案提供大量反馈信息，帮助用户寻找最优化方案；可以利用动画显示和运作绩效报告识别问题并对可选方案做出评估；可以利用 Flexsim 在系统实施前试验其运作策略，以避免启动新系统后遇到的缺陷。使用 Flexsim 可以解决以下基本问题[①]。

1)服务问题——要求以最高满意度和最低可能成本来处理用户及其需求。

2)制造问题——要求以最低可能成本在适当的时间制造适当产品。

3)物流问题——要求以最低可能成本在适当的时间，适当的地点，获得适当的产品。

---

① 详见 Flexsim 软件联机帮助。

2 了解 Flexsim

2.1 Flexsim 的运行环境

Flexsim 软件对硬件的要求包括：Intel Pentium 4 以上 CPU、512MB 以上内存、64MB 以上显存的 3D 显卡。目前的家用 PC 和手提电脑均可达到该配置。

由于 Flexsim 集成了 C++ IDE 和编译，因此要安装 Flexsim 的电脑需先安装微软的 Visual C++.NET 编译器，否则 Flexsim 不能完全的运行。

正式版的 Flexsim 需使用加密狗输入授权信息。如果没有购买授权，则只能使用评估 (Evaluation)版本，该版本下实体的数量会受到限制。

提示：使用教育版可以不受模型中实体数量的限制，但在软件的模型区会有"For Educational Use Only"的水印。教育版设置的 Flexsim License Activation 菜单如图 2-1 所示。

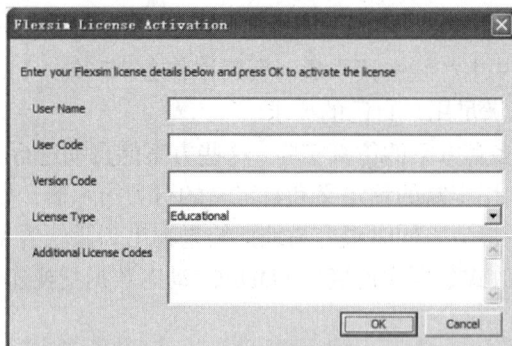

图 2-1　教育版设置

2.2 Flexsim 主界面

Flexsim 软件主界面由①菜单、②工具栏、③实体库、④模型视图、⑤仿真控制栏组成，如图 2-2 所示。

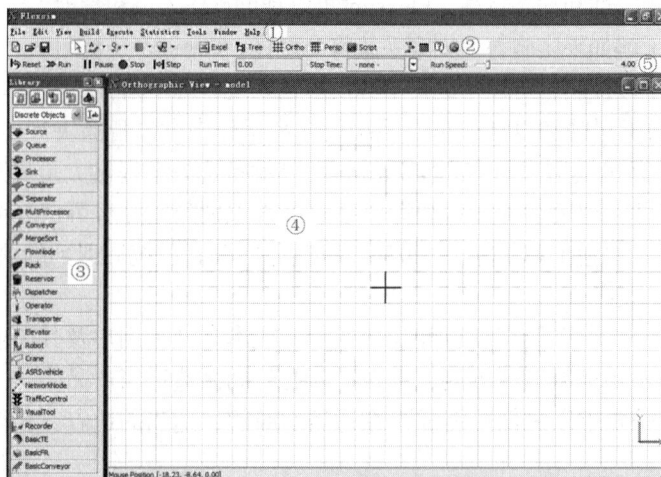

图 2-2　Flexsim 软件主界面

2.2.1 菜单和工具栏

图 2-2 中①即为菜单，②为工具栏。工具栏常用到的按钮包括连接(Connect Objects)、断开连接(Disconnect Objects)、创建实体(Create Objects)、模型树(Tree)、正投影视图(Ortho)、透视图(Persp)等。

2.2.2 实体库

图 2-2 中左侧的③区 Library 即为实体库。Flexsim 中的实体包括固定实体对象(Discrete Objects)和流实体对象(Fluid Objects)。

（1）固定实体对象

固定实体对象包括固定资源实体对象和移动资源实体对象。

1)固定实体是模型中固定不动的实体，可以代表处理流程的步骤，如处理站或存储区域。临时实体中从头到尾穿过模型，经历进入、被处理、完成各个处理步骤的过程。当一个 FlowItem 在模型中某一步被处理完成，就被发送到下一步，即发送到下一个固定实体。

固定资源实体对象有生成器(Source)、队列(Queue)、处理器(Processor)、回收器(Sink)、合成器(Combiner)、分离器(Separator)、传送带(Conveyor)、货架(Rack)、储液罐(Reservoir)、流节点(Flownode)等。

2)移动资源实体也叫做任务执行器，它们是模型中共享的可移动的资源。它们被用来在某给定步骤中处理一个 FlowItem 时使用，或者，可以在步骤之间运输临时实体。

移动资源实体对象有操作员(Operator)、叉车(Transporter)、电梯(Elevator)、机器人(Robot)、起重机(Crane)、堆垛机(ASRS vehicle)等。

（2）流实体对象

流实体对象主要用于流体物料的仿真。流实体并不要求物料一定是液态的，只要是可以用容量测量的即可。

流实体对象有流体生成器(FluidGenerator)、流体管道(FluidPipe)、流体分离器(FluidSplitter)、流体处理器(FluidProcessor)、流体终端(FluidTerminator)、流体罐(FluidTank)、流体混合器(FluidMixer)、流体搅拌器(FluidBlender)、流体到物品(FluidToItem)、物品到流体(ItemToFluid)等。

Flexsim 的核心在于应用这些实体及实体间的活动和排序过程建模，以模拟客观世界。本书第 3~11 章将通过具体案例来详细学习这些实体的用法。

2.2.3 模型区

图 2-2 中右侧的空白处④即为模型区，也就是建模工作区。用鼠标将实体库中的对象拖入模型区即可开始建模。模型区中的网格表示 1 单位距离，右下角的坐标轴表示互相垂直的 x、y 和 z 三个方向。

2.2.4 仿真控制栏

图 2-2 中模型区上方⑤即为仿真控制栏，用于对模型进行控制，包括重置、运行、停止、暂停、单步、停止时间、运行速度等控制按钮。

重置（Reset）：将模型中所有变量设置为初始值，并清除模型中所有 FlowItem。模型中的每一个实体都触发重置触发器。做好模型设计或修改后，运行前通常需要先重置。

运行（**Run**）：运行模型。

暂停（**Pause**）：暂停模型运行。

停止（**Stop**）：停止模型运行。注意停止模型后变量并不被重置。

单步（**Step**）：单步运行模型。一般用于模型调试或观察变量变化。

运行时间（**Run time**）：模型运行的时间。注意是仿真时间。

停止时间（**Stop time**）：可设定模型停止的时间。注意其时间单位为模型中约定的时间单位。

运行速度（**Run speed**）：可拖动速度条调节模型的运行速度。注意其调节的是实际 1 秒代表 Flexsim 中多少个时间单位。

2.3 Flexsim 基本要素

2.3.1 Flexsim 实体对象

Flexsim 的实体对象（Objects）与离散事件系统基本要素中的永久实体相对应，在仿真模型中模拟不同类型的资源。例如，队列实体（Queue）表示暂存区，在仿真中扮演存储或缓冲区的角色。暂存区可以代表银行中等待办理业务的一队顾客，CPU 中一队空闲处理程序，一个工厂中的地面堆存区，快递公司等待发送的包裹，或客户服务中心的等待传叫的队列。再如，处理器实体在仿真模型中模拟一段延迟或处理时间。它可以代表一个为客户服务的银行柜台出纳，CPU 对进程的处理，工厂中的车床，一个分检包裹的快递员工，或者客户服务中心的接线员等。

2.3.2 流动实体

流动实体（FlowItem）与离散事件系统基本要素中的临时实体相对应，在仿真模型中模拟按一定规律不断地到达、在永久实体作用下通过并离开系统的实体。FlowItem 可以代表零件、托盘、组装部件、纸张、集装箱、人、电话呼叫、订单，或任何移动通过仿真过程的对象。FlowItem 可以被加工，也可以被物料运输资源携带通过系统。在 Flexsim 中，临时实体产生于发生器实体对象。FlowItem 可以存储于模拟存储的实体对象，如货架、储液罐、队列等。如果希望 FlowItem 从模型中通过，也可以将它们送至吸收器实体，表示离开模型系统。

2.3.3 流动实体标签

流动实体标签（Label）和离散事件系统基本要素中的属性相对应，在仿真模型中影响 FlowItem 的行程安排。流动实体标签是置于实体上的一个标签，可以代表一个条形码、产品类型或工件号。标签一般选择会影响处理流程的属性，如快递业务中的省内包裹和省外包裹。

2.3.4 端口

端口（Port）用于实体间的通信，设定模型中 FlowItem 的流动路线。每个 Flexsim 实体对象都应该有至少一个端口，端口的数量没有限制。

端口有 3 种类型：输入端口（Input Port）、输出端口（Out Port）和中间端口（Center Port）。

输入端口和输出端口用于设定 FlowItem 在模型中的流动路线。输入端口表示 FlowItem 会流入本实体,输出端口则表示 FlowItem 会从本实体流出。例如,原料到达工厂后,先卸在暂存区,然后等待机器加工。要在 Flexsim 中模拟这个过程,需要用 Source 模拟原料到达,用 Queue 模拟等待加工,用 Processor 模拟机器加工,因此需要 Source 的输出端口连接到 Queue 的输入端口,将 Queue 的输出端口连接到 Processor 的输入端口,这表示 Source 生成的原料先到达 Queue 排队,一旦 Processor 空闲下来,模拟原料的 FlowItem 将被发送到处理器,如图 2-3 所示。

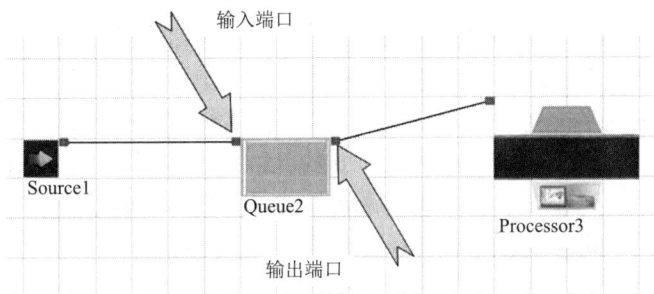

图 2-3　输入端口和输出端口

中间端口用来建立一个实体对象到另一个实体对象的引用。中间端口表示从队列、处理器、货架等固定资源实体对象到操作员、叉车等移动资源实体对象的引用。例如,图 2-3 所示案例中,如果需要有操作员将原料从 Queeu 搬运到 Processor 进行加工,则需要通过 Queue 的中间端口引用 Operator,如图 2-4 所示。

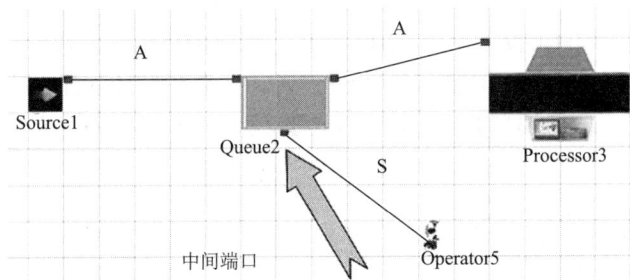

图 2-4　中间端口

中间端口只是对移动资源实体的引用,并不真正改变 FlowItem 的路径。上例中,FlowItem 到达 Queue 排队需要到 Processor 加工,因此模型中将 Queue 的输出端口连接到 Processor 的输入端口,FlowItem 的路径是 Source→Queue→Processor。Queue 加入中间端口引用 Operator 后,FlowItem 的路径并没有改变成 Source→Queue→Operator→Processor,因此也没有 Operator 的输出端口。

2.3.5　时间单位和长度单位

Flexsim 中,模型区的网格单位表示 1 单位长度,仿真控制栏中的仿真时间为 1 单位时间,这些距离和时间单位是无量纲,在创建模型的时候约定并在模型中保持一致性即可。

固定资源实体之间通过输入输出端口连接,FlowItem 在其中的流动是瞬时完成的。但通过中间端口引用的移动资源实体具有"行进速度"属性,因此距离会影响模型的结果。另外当需要在有限的工作空间内设计模型时，长度单位对模型的影响更为显著。

模型中的时间单位必须保持一致。如果在 Source 中设定 FlowItem 的到达是 4 秒，希望仿真 1 天，在仿真控制栏的结束时间填写的是 1440，那么其实只仿真了 24 分钟，结果和预期显然大相径庭。

2.4　Flexsim 基本操作

2.4.1　实体端口连接

Flexsim 模型通过实体对象间端口的连接建立 Object 间的通信，确定 FlowItem 的路径。端口的创建和连接操作方法是，按住键盘上不同字母，点击一个实体并拖动至第二个实体。如果在点击和拖动过程中按住字母 "A" 键，将在第一个实体上生成一个输出端口，同时在第二个实体上生成一个输入端口，这两个新的端口将自动连接。如果按住 "S" 键将在这两个实体上各生成一个中间端口并连接这两个新的端口。当按住的是 "Q" 键或 "W" 键时，输入输出端口之间或中间端口之间的连接被断开，端口被删除。

2.4.2　模型导航

要在模型区中移动模型，可在空白处按住鼠标左键不放，然后在模型区中拖动鼠标。鼠标右键则是旋转模型。同时按住鼠标左右键上下移动鼠标，或者用鼠标滚轮，可以放大和缩小模型视图。

2.4.3　模型视图

Flexsim 提供了模型的正投影视图（Ortho）和透视视图（Persp），均可以在 3D 环境中查看和编辑仿真模型。正投影视图使用正投影平行投射，一般在设计和建模阶段采用。透视视图视窗使用透视法投射，使得模型有更好的 3D 立体感，一般在模型建立之后需要查看效果时采用。

2.4.4　实体对象的参数和属性

双击 Flexsim 实体对象，或者右键单击实体，在弹出菜单里选择 "属性"，可以编辑实体的参数和属性，如图 2-5 所示。

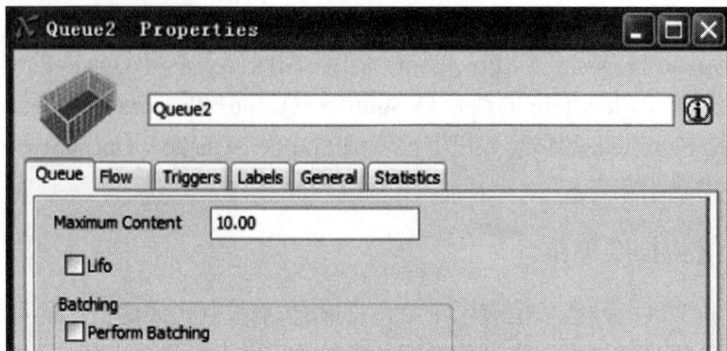

图 2-5　实体参数和属性

每个 Flexsim 实体的参数标签因实体而异，如图 2-5 中的 Queue 标签。每个实体均有 Flow 和 Trigger 参数标签，主要设定 FlowItem 的流向和各种触发器。不同实体在模型中都有特定的功能，参数的设置主要是为了反映要仿真的现实过程。参数的个性化设置将在之后各章案例中涉及具体实体时详细讲述。

不同实体的属性标签页相同，包括 Labels 标签页、General 标签页和 Statistics 标签页（图 2-5）。

（1）Labels 标签页

Labels 标签页主要用于指定实体的自定义变量 Label。例如，如果需要跟踪进入实体的类型 3 的临时实体的数量，可以使用一个标签来记录这个值，如图 2-6 所示。之后可以使用 setlabelnum（ ）、getlabelnum（ ）和 label（ ）命令来与所创建的标签 maxcontent 进行交互。

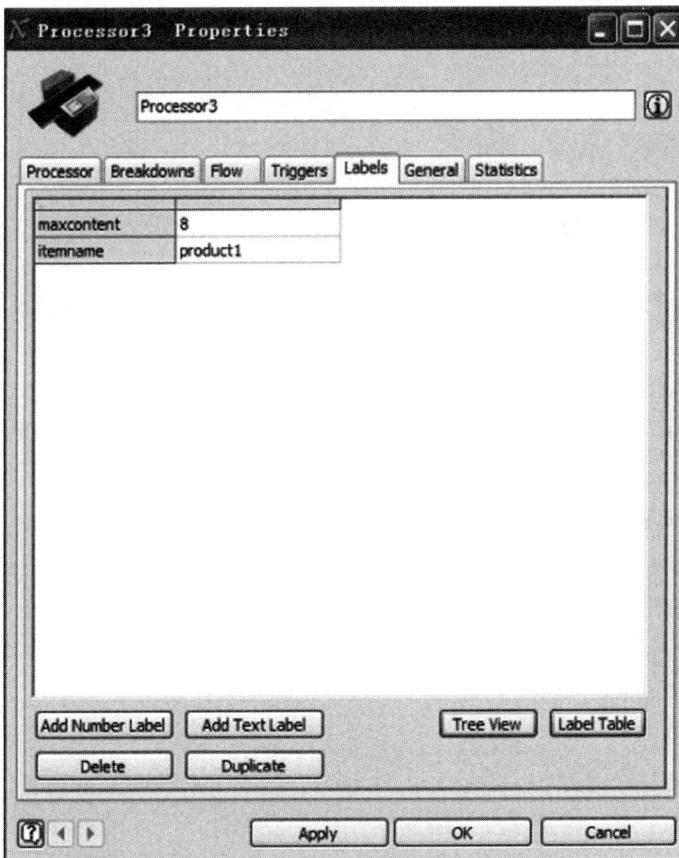

图 2-6　Labels 标签页

（2）General 标签页

General 标签页指定实体的常用信息，如名称，3D 形状、2D 形状、3D 纹理、颜色、位置、尺寸、旋转角度等外观，端口连接，显示标记等。

提示：当模型比较复杂时，给实体起个有含义易于分辨的名字是非常有用的。当实体有多个输入/输出端口时，默认的编号方式是首先连接端口编号为 1，其次为 2，依次类推。如果想改变端口的顺序，又不想全部删除连接再按新顺序连接时，可在图 2-7 下方所示的 Ports 组框里，用 Rank 按钮重新排序。

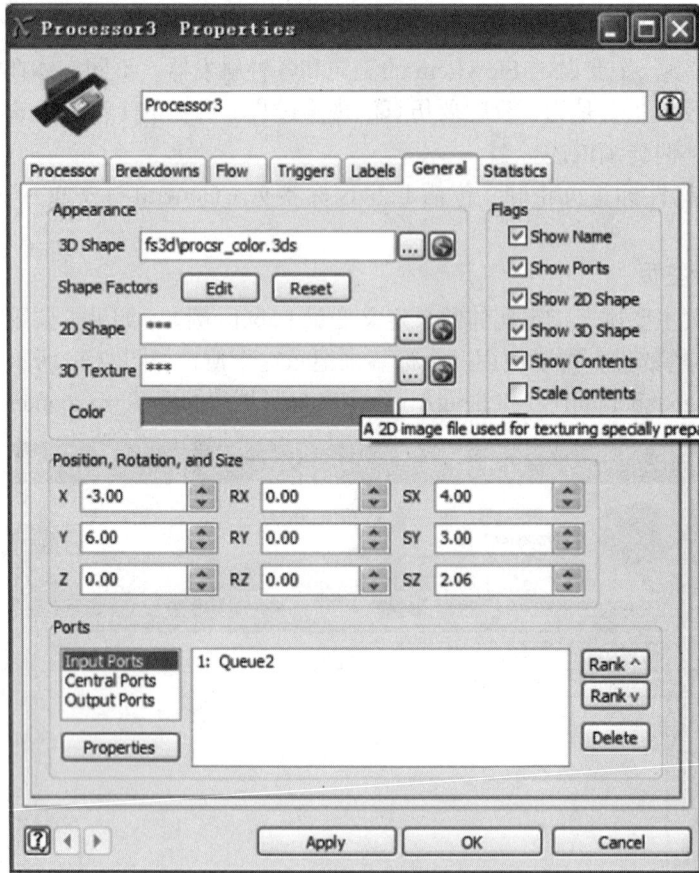

图 2-7　General 标签页

（3）Statistics 标签页

　　无论是排队系统还是库存系统，对于离散事件系统，我们都关心系统状态的变化及引发这些变化的驱动事件。Statistics 标签页的作用正是收集实体上的统计信息，并且这些信息随着模型运行动态更新。因此，Statistics 标签页对于分析模型结果十分重要。

　　如图 2-8 所示，Statistics 标签页包括 4 个组框，分别是 Throughout 组框、State 组框、Content 组框和 Staytime 组框。

　　Throughout 组框：统计吞吐量，包括输入该实体的 FlowItem 数量和该实体输出的 FlowItem 数量。如果该实体是移动资源实体，还需要统计该实体的总移动距离。

　　State 组框：显示该实体当前的状态。状态属性图表可以显示实体的各种状态占总时间的百分比。

　　Content 组框：统计该实体当前容量及变化。包括该实体中当前的 FlowItem 数量，以及最大、最小及平均数量。容量图表则显示实体容量随时间的变化。

　　Staytime 组框：统计该实体中 FlowItem 的停留时间，包括最小值、最大值、平均值、方差、置信区间等特征值。停留时间图表则显示实体中 FlowItem 的停留时间随时间的变化。

　　提示：要查看容量或停留时间图表，需选中 Record data for Content and Staytime charts。

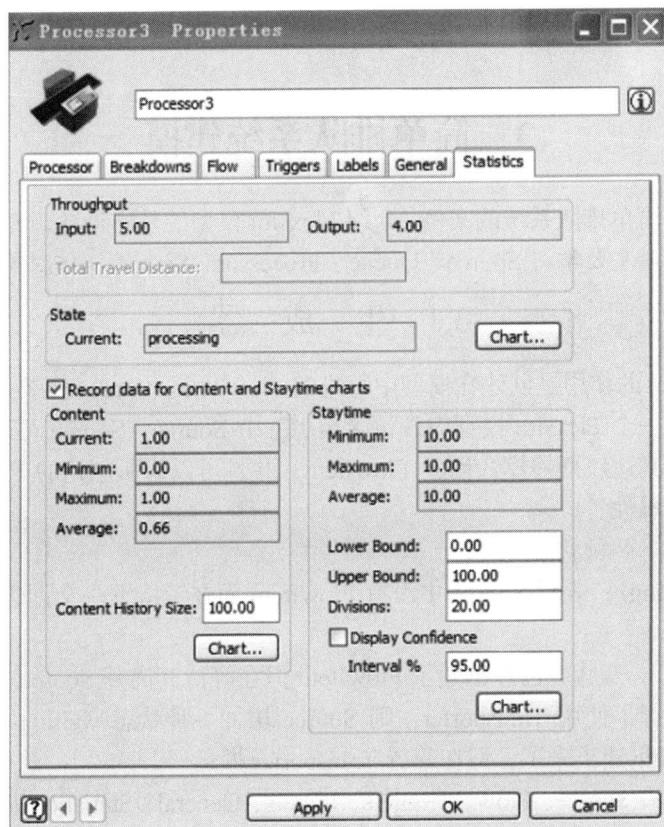

图 2-8 Statistics 标签页

3 简单排队系统建模

本章通过一个简单排队系统的案例，介绍 Flexsim 模型的基本概念，熟悉在 Flexsim 中建模的基本操作。本章主要学习 Source、Queue、Processor、Sink 等实体对象。

3.1 生 成 器

生成器(Source)的作用是创建在模型中行进的 FlowItem。Source 主要用于模拟离散事件系统的到达过程。一个 Flexsim 模型应该包含至少一个 Source。Source 可以按照到达时间间隔、到达时间表、到达序列等模式创建 FlowItem，并且可以为所创建的 FlowItem 赋予诸如类别或颜色之类的属性。

Source 具有以下两种状态。

创建(Generating)： 表示 Source 中没有 FlowItem 而在等待下一个创建 FlowItem 的事件发生。

堵塞(Blocked)： 意味着已经创建了 FlowItem 但在等待其离开 Source。

提示：如果选择了使用 Transporter，则 Source 增加一种状态 waiting-for-transporter，意味着 FlowItem 已经创建出来了，但在等待 Transporter 搬运。

Source 实体具有 Source、Flow、Triggers、Labels、General、Statistics 等参数属性标签页。第 2 章已经介绍了 Labels、General、Statistics 等属性标签页，本章主要介绍 Source、Flow、Triggers 三个参数标签页。

由于每个 Flexsim 实体都有 Flow、Triggers 参数标签页且类似，因此本书除了在 Source 实体介绍 Flow 和 Triggers 标签页外，其他实体仅介绍因实体而异的参数设置。

3.1.1 Source 标签页

Source 标签页主要设置创建 FlowItem 的相关参数，如图 3-1 所示。

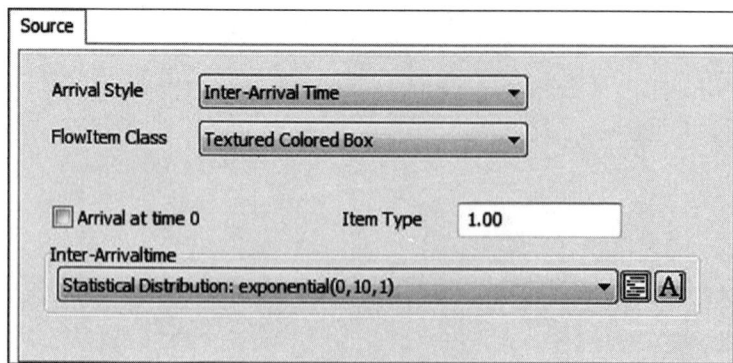

图 3-1 Source 标签页

Source 实体提供了三种 FlowItem 的创建方式，分别是到达时间间隔(Inter-Arrival Time)模式、到达计划(Arrival Schedule)模式和到达序列(Arrival Sequence)模式。到达时间间隔模式按照一定的时间间隔连续地创建 FlowItem；到达计划模式按照计划指定的时间、类型、数量创建 FlowItem；到达序列模式则是按照序列指定的类型、数量创建 FlowItem。要指定创建方式，在 Arrival Style 下拉列表中选择即可。

（1）Inter-Arrival Time 模式

FlowItem Class：选择 FlowItem 的图标。根据要仿真的系统选择图标，有助于增加动画的逼真效果。例如，银行柜台服务系统中的临时实体是顾客，因此把 FlowItem Class 设置为 person 更为形象逼真。注意该选项只是改变视觉效果，而并不影响模型的行为和功能。

Arrival at time 0：指定间隔到达时间是否在第一个到达事件上使用，即是否在 0 时刻创建第一个 FlowItem，否则 FlowItem 将在第一个时间间隔结束时被创建。

Item Type：指定 FlowItem 的类型。

提示：Item Type 与前面的 Item Class 不同。它不影响视觉效果，但是可能会影响行为。当模型中有不同的物料且存在不同的处理流程时，Item Type 参数特别有用。第 5 章将学习的 setitemtype（）、getitemtype（）函数即是对 Item Type 进行操作。

Inter-Arrival Time：指定时间间隔函数，函数返回值是创建下一个 FlowItem 之前等待的时间。当 FlowItem 离开后，再次呼叫时间间隔函数并重复这个过程。Inter-Arrival Time 下拉列表中各时间间隔函数选项的用法说明见表 3-1。

表 3-1　Inter-Arrival Time 下拉列表

选项	含义	示例	返回时间间隔
Custom Code	自定义代码	Return Bernoulli（60，2，5）	60%的时间间隔为 2，40%的时间间隔为 5
Statistical Distribution	统计分布函数	Exponential（0，10，1）	均值为 10 的指数分布
By Expression	按表达式	1+2	3
Case by Value	按 Case 语句	case 1: return 10； case 2: return 20；	如果 value 的值为 1，返回时间间隔为 10；如果 value 的值为 2，返回时间间隔为 20
By Global Table Lookup	查全局表	Table："Mytable" Row: 1 Column: 1	返回全局表"Mytable"第 1 行第 1 列的值
By Percentage	按指定比例	Percentage　Time 30　　　　1 70　　　　3	30%的时间间隔为 1，70%的时间间隔为 3
By Time of Day	按时间	If(shift ==2) return 5； else return 15；	每天 8～15 点，时间间隔为 5，其他时间为 15
Batch Processing	按批处理	Items per batch: 5 Time: uniform（2，7）	每批生成 5 个，该批的时间间隔符合 2～7 的均匀分布

提示：到达时间间隔是 FlowItem 离开的时间点和下一个 FlowItem 被创建的时间点之间的时间距离，而不是两个 FlowItem 被创建的时间点之间的时间间隔。

（2）Arrival Schedule 模式

选择此模式后，参数设置界面如图 3-2 所示。

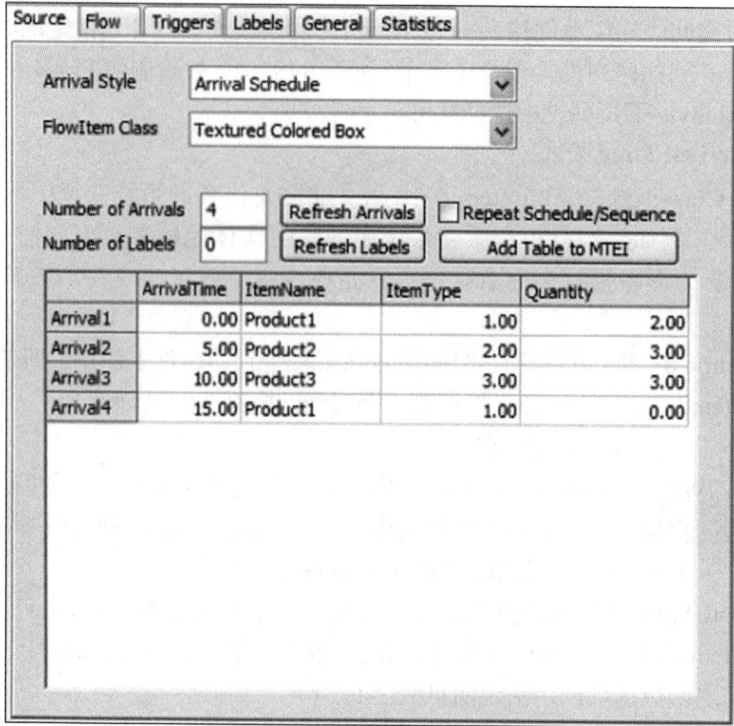

图 3-2　Arrival Schedule 模式设置

Number of Arrivals：指定进度表的到达数，即 Schedule 的行数。填好后单击 Refresh Arrivals 按钮更新。

Number of Labels：指定每次到达的 FlowItem 的标签数，即指定临时实体的属性数。填入后单击 Refresh Labels 按钮，则在下方 Schedule 中对应增加 Label 列。

Repeat Schedule：指定该进度表是否重复执行。

Schedule 表格中需定义每次到达的时间、名称、类别、数量等信息。到达时间应正确排序，即后一个到达的时间应该大于前一个到达的时间。

提示：如果选择了 Repeat Schedule，Source 执行完最后 1 条 Arrival 后立刻循环回第 1 条 Arrival，导致第 1 条 Arrival 只适用于第 1 次循环。例如，假设从 8：00 开始，则图 3-2 中 Schedule 前 3 行表示 8：00 创建 2 个 product1，5 分钟后创建 3 个 product2，8：10 创建 3 个 product3。如果希望此计划循环执行，那么前 3 行并选中 Repeat Schedule 不能正确实现。因为 Schedule 执行完后，立刻回到 Arrival1 重新执行 Schedule，即 8：10 创建完 product3 后，8：15 创建 product2，显然和预想的每隔 5 分钟分别创建 product1、product2、product3 并循环不一致。为了解决这个问题，可以在 Schedule 的最后增加一条 Arrival，但其数量设为 0，如图 3-2 所示。

（3）Arrival Sequence 模式

此模式和 Arrival Schedule 模式一样，只是在 Sequence 中无需指定 Arrival Time。也就是说，Source 按照 Sequence 表中的 Arrival 顺序创建 FlowItem，一旦某条 Arrival 对应的 FlowItem 离开 Source，则立刻按照下一条 Arrival 创建 FlowItem。

Arrival Sequence 模式的参数设置基本和 Arrival Schedule 一样，这里不再赘述。

3.1.2 Flow 标签页

Flexsim 模型的核心是模拟业务或工艺流程，这些流程主要是通过 FlowItem 的流向控制来实现的。每个 Flexsim 实体均有 Flow 标签页，用于控制 FlowItem 的流向，如图 3-3 所示。

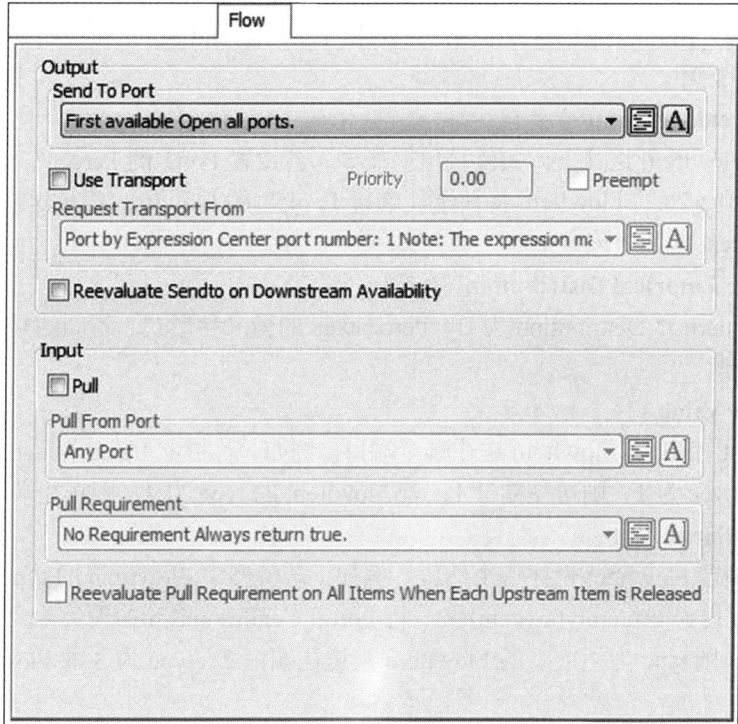

图 3-3 Flow 标签页

提示：前面课程中学习了实体间通过输入输出端口的连接，这些连接建立了实体间的"路"。但什么流程下应该走哪条"路"则是通过 Flow 参数进行控制，因此 Flow 标签页对于 Flexsim 建模极为重要。

Send to Port：指定 FlowItem 将被发送到的输出端口。当存在两个以上的输出端口时此选项异常重要。Send to Port 下拉列表的选项说明如下。

（1）**First available**

FlowItem 将被送往第一个可用的端口。Flexsim 默认是这个流向。

提示：available 指的是可用端口，意思是下游实体可接受 FlowItem 时所对应的端口可用。当下游实体的 Input 方式为 Pull，或者下游实体已达到最大容量，则对应该下游实体的输出端口为 unavailable。

（2）**By expression**

FlowItem 将被送往表达式返回的值对应的端口。例如，若设 FlowItem 的 type 为 2，而表达式为 getitemtype(item)，则发送去 Port 2。

（3）**Shortest Queue**

FlowItem 将被送往下游实体中最短队列。

（4）Longest Queue if available

FlowItem 将被送往下游实体中可用的最长队列。

（5）Random Port

FlowItem 将被随机送往下游实体端口。

（6）Round Robin

FlowItem 将被循环送往下游实体端口。若选择的是 Round Robin if avaliable，则是在下游可用的实体端口循环。

（7）By Percentage（Inputs）

按比例将 FlowItem 送往下游实体端口。例如，若设置 Port1 的 Percent 为 55，Port 2 的 Percent 为 45，则 55%的 FlowItem 将被送往端口 1，45%的 FlowItem 将被送往端口 2。

提示：Percent 的和应该为 100。

（8）Discrete Emprical Distribution

Discrete Emprical Distribution 为 By Percentage 的另一种形式。不同的是 Percent 和 Port 的值从 Table 中读。

（9）Case by Value

根据 Value 的值确定 FlowItem 送往哪个端口。例如，若指定 Value 为 getitemtype（item），若 FlowItem 的 type 为 1，则送往端口 1，若 FlowItem 的 type 为 2，则送往端口 2。

（10）Conditional Port

根据条件确定 FlowItem 送往哪个端口。例如，若模型中 FlowItem 的 type 取值为 1、2、3，将 Condition 设为 getitemtype（item）>2，将 Port if Condition is true 设为 1，Port if Condition is false 设为 2，则 type 为 1 或 2 的 FlowItem 被送往端口 2，type 为 3 的 FlowItem 将被送往端口 1。

（11）By Global Table Lookup

根据指定的行和列查指定的全局表，将 FlowItem 送往查询结果所对应的端口。

（12）Matching Itemtypes

将 FlowItem 送往 type 匹配的端口。例如，下游的 Rack 实体中已经储存了 type 为 1 的 FlowItem，那么所有 type 为 1 的 FlowItem 均将被送往该 Rack 对应的端口。

（13）By Time of Day

按时间确定 FlowItem 的送往端口。举例如下。

if（timeofday >= 0 && timeofday < 3600）return 1；

if（timeofday >= 3600 && timeofday < 7200）return 2；

该设置表示 0～1 点，将 FlowItem 送往端口 1；1～2 点，将 FlowItem 送往端口 2。

（14）Do Not Release Item

不将 FlowItem 发送出去。本选项仅当有其他将 FlowItem 发送去下游端口的处理，否则模型将在此堵塞。

（15）Default Separator Option

此选项仅当将 FlowItem 拆分的时候有效，其将拆分后的 FlowItem 分别送往指定端口。

提示：如果指定了不存在的输出端口，模型在 Reset 编译时能通过，但在运行时会因为错误的引用（找不到端口）而异常终止。

Use Transporter：如果选择了该选项，将请求移动资源对象将 FlowItem 发往下游实体。否则 FlowItem 将自动向下游移动。

Priority：当选择了"Use Transporter"选项时，可以设定发送给 Transporter 的任务序列的优先级。有较高优先级的任务将被 Transporter 优先执行。具有相同优先级的任务则按接收顺序执行。

Preempt：如果选择了此选项，请求 Transporter 运送 FlowItem 的任务序列将抢占 Transporter 在执行的任何操作。

Reevaluate Sendto on Downstream Availability：如果选择了该选项，则在下游实体变为可用的时候重新判断发送给哪个端口。例如，下游端口 1 不可用，端口 2 可用，Send To Port 设置为 First available，则 FlowItem 被送往端口 2。假设 10 分钟后，端口 1 可用了。如果此选项没被选中，则 FlowItem 继续被送往端口 2。如果此选择被选中，则按 First available 重新判断，FlowItem 将被送往端口 1。

3.1.3 Triggers 标签页

Triggers 标签页可以定义触发器。Source 可以定义 5 种触发器，如图 3-4 所示。

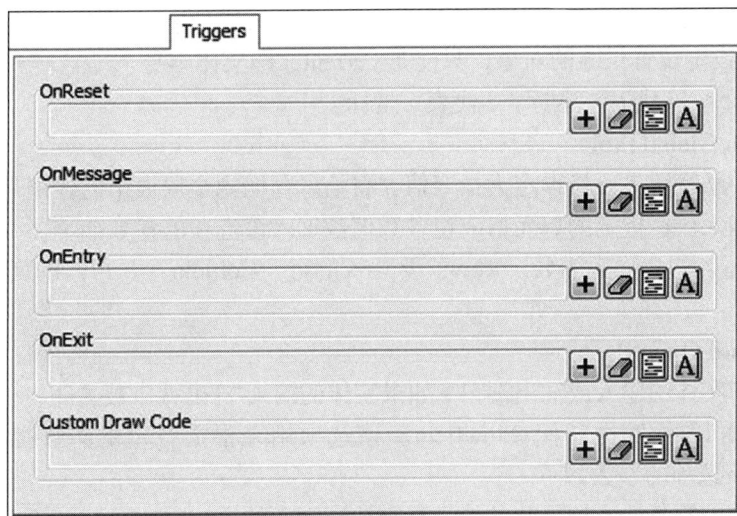

图 3-4 Triggers 标签页

OnReset：在重置模型时触发。通常 OnReset 触发器用于给系统的初始变量赋值、Reset 实体的位置，或者给实体创建和初始化 Label。

重置触发器的下拉列表说明如下。

（1）Create and Initialize Label

用来给实体或 FlowItem 添加一个数值标签并进行初始化，而不是在属性菜单中添加标签，以后再给它赋值。如果此标签已经存在，则把此标签设定为指定值。该选项的参数如下。

Object：要创建标签的对象，可以是 item 或 current。item 表示创建实体中 FlowItem 的标签；current 表示创建实体的标签。

Label：要创建的标签名称。

Value：要创建的标签值。

（2）**Set Label**

用来更新已在实体上创建的标签。该选项的参数如下。

Object：要给标签赋值的对象，只能是 current，即实体本身。

Label：要赋值的标签名称。

Value：要给标签赋的值。

提示：此功能的前提假设条件是标签已被创建。如果标签名不存在，则不做任何操作。

（3）**Set Color**

指定实体的颜色。该选项的参数如下。

Color：要设定的颜色。

Object：要设定颜色的对象。

（4）**Set Location，Rotation，or Size**

用来设定实体的位置、转角或尺寸。常与任务执行器（操作员和运输机）的重置触发器一起使用，将它们移动到起始位置或转到特定的方向，或者动态改变实体的尺寸，以使仿真的视觉效果更真实。该选项的参数如下。

Command：要设置的外观参数，可以是 setloc，setrot 或 setsize。setloc 表示设定位置，即实体左下角的坐标；setrot 表示设定旋转；setsize 表示设定尺寸，即实体右上角的坐标。

Object：要设定位置尺寸的对象，只能是 current，即实体本身。

x 代表 x 坐标。y 代表 y 坐标。z 代表 z 坐标。

（5）**Write to GlobalTable**

将全局表中某特定单元格设定为指定值。将信息存储到全局表中的作用是备后使用。指定的表名需正确无误，指定的单元格应包含数值数据。该选项的参数如下。

Table：要写入的全局表表名。Row：要写入的行。Column：要写入的列。Value：要写入的值。

（6）**Close and Open Ports**

打开或关闭实体的输入或输出端口。如果实体的输入/输出端口被关闭，在这些端口被重新打开前，不再接收/发送任何 FlowItem。该选项用来根据特定的条件控制实体之间的 FlowItem 流。该选项的参数如下。

Condition：控制条件。如果此条件为真则执行下面的 Action。

Action：要执行的端口控制。Closeinput/Openinput 表示关闭/打开实体的输入端口；Stopinput/Resumeinput 表示停止/恢复实体输入端口的输入；Closeoutput/Openoutput 表示关闭/打开实体的输出端口；Stopoutput/Resumeoutput 表示停止/恢复实体输出端口的输出。

Object：要控制端口的对象，如 inobject（current，3）表示当前实体的第 3 个输入端口对应的实体。

（7）**Send Message**

立即执行实体上的一段代码。常用来按一定顺序执行命令，以产生期望的结果。尤其对 requestoperators（请求操作员）等命令而言，由于触发器被触发有一定的顺序，所以往往在消息触发器中调用。该选项的参数如下。

Delay Time：延迟时间。NoDelay 表示无延迟；数字 n 表示从现在算起 n 仿真时间单位内，发送一条消息；getlabelnum（current，"messagedelay"）表示读取当前实体的名为 messagedelay 的标签的数字标签值作为延迟时间。

To：消息发送对象。消息发送对象为 centerobject（current，1）。centerobject 函数表示取中间端口对应的对象，第 1 个参数表示取哪个实体的中间端口，第 2 个参数表示取哪个中间端口。centerobject（current，1）表示发送消息给当前实体的中间端口 1。

From：消息发送者。消息发送者为 current，即表示是实体本身。

Param1、Param2、Param3：要传递的参数。

Condition：判断条件，当该条件为真的时候发送消息。

（8）Change 3D Shape

改变 3D 形状。该选项的参数如下。

Object：要改变 3D 形状的对象。Item 表示改变 FlowItem 的 3D 形状；current 表示改变实体本身的 3D 形状。

Shape Index：3D 形状的索引。每个导入的形状或图像都有一个号码来代表其形状序号，可以通过菜单 Tools→Media Files 查询。也可以自定义新的 3D 形状。

提示：如果是 Evaluation 版本，Tools→Media Files 菜单不可用。

OnMessage： 当其他实体使用 sendmessage（）或 senddelayedmessage（）命令给实体发送消息时触发。

消息触发器的下拉列表说明如下（和重置触发器相同的选项不再重复说明）。

（1）Close and Open Ports Based on Case

根据消息触发器中指定的参数来打开或关闭输入或输出端口。常与延迟消息一起使用，在某事件发生后的特定时间打开或关闭端口。该选项的参数如下。

Value：赖以判断的值。例如，Msgparam（2）即为根据所接收到的消息的参数 Param2。

Cases：要执行的端口控制。

（2）Create FlowItems

用来在实体中创建一定数量的 FlowItem。每创建一个 FlowItem，就移入目标实体，并触发该实体进入触发器。该选项的参数如下。

Number to create：要创建的数量。例如，Msgparam（1）创建数量位为所接收到的消息的参数 Param1。

FlowItem Bin rank：所创建的 FlowItem 在实体中的排序。实体中 FlowItem 的序号是从上到下显示的顺序数，第 1 个临时实体排号为 1，向下类推。

Destination：目标实体。通常是 current。

（3）Clear out object's content

清除实体中的 FlowItem。该选项的参数如下。

Object：要清除的 FlowItem 的实体。

（4）Free Operators

释放指定的操作员正在执行的任务，将其变为空闲状态。该选项的参数如下。

Object：要释放的操作员。例如，centerobject（current，1）表示当前实体的中间端口 1 所对应的操作员。

Involved：当中间端口对应的是 Dispatch 时，指定要释放的操作员放弃哪个实体通过 Dispatch 向其发出的任务请求。

OnCreation： 在创建 FlowItem 时触发。

（1）**Set Itemtype and Color**

用来在仿真运行过程中动态地改变 FlowItem 的类型和颜色。该选项的参数如下。

FlowItem：要设置的 FlowItem。该参数默认为 Item，即每个 FlowItem 的编号。

Itemtype：要指定的类型。指定类型后，自动将不同类型的 FlowItem 渲染成不同的颜色。

（2）**Set Itemtype**

用来在仿真运行过程中动态地改变 FlowItem 的类型。该选项的参数如下。

FlowItem：要设置的 FlowItem。该参数默认为 Item，即每个 FlowItem 的编号。

Itemtype：要指定的类型。

（3）**Set Name**

用来在仿真运行期间改变实体的名称。如果该实体被下游实体按名称引用，则常采用此选项。该选项的参数如下。

Object：要指定名称的对象。Item 表示指定 FlowItem 的名称；Current 表示改变实体本身的名称。

Name：指定的名称。

（4）**Set Color by Value**

用来在仿真运行期间根据不同情况改变 FlowItem 的颜色。该选项的参数如下。

Value：赖以判断的值。例如，getitemtype（item）即 FlowItem 的类型。

Cases：指定不同情况要设定的颜色。

（5）**Add Row and Data to Global Tabel**

当 FlowItem 创建后，给全局表增加一行并向该行写入数据。该选项的参数如下。

Table：全局表的名称。

Number of Columns：要写入的列数。例如，2 表示要写入 2 列。注意列数应该和全局表的列数一致。

Column Format：指定要写入的列是字符还是数值，1 为数值，2 为字符。例如，"2，1"表示要写入的 2 列中，第 1 列为字符，第 2 列为数值。注意要和全局表的表结构一致。

Commands to set the data in the new row：指定要写入的数据。例如，settablestr（tablename，rows，1，getname（item））；settablenum（tablename，rows，2，getitemtype（item））；即表示在第 1 列写入 FlowItem 的名称（字符），在第 2 列写入 FlowItem 的类型（数值）。

（6）**Sort by Itemtype**

Sort by Itemtype 用来根据 FlowItem 的类型对它们进行排序。该选项的参数如下。

Sort Order：排序方式。Ascending 为升序，Descending 为降序。

（7）**Sort by Labelnum**

Sort by Labelnum 用来根据数值标签对 FlowItem 进行排序。该选项的参数如下。

Sort Order：排序方式。Ascending 为升序，Descending 为降序。

Label：所使用的标签名称。

（8）**Notify Visual Tool of Entry or Exit**

通告可视化工具实体 FlowItem 已经进入或离开了。主要用于统计收集数据。该选项的参数如下。

VisualTool：引用的可视化工具实体。

FlowItem：进入或离开的 FlowItem。通常用 Item，即 FlowItem 号。

Event：事件类型，entry 或 exit。

Condition：判断表达式，如果为真意味着允许显示通告。这取决于临时实体从哪个输入端口进入。例如，如果不通告从输入端口 1 进入的 FlowItem，而只通告来自端口 2 和端口 3 的 FlowItem，则"真"表达式应为"port == 2 || port == 3"。

（9）Increment Value

将指定实体上具有指定名称的标签或者指定表格名称及行、列的单元格递增指定的值。该选项的参数如下。

Node：要递增的值所在节点。例如，label(item，"tablename"）表示 FlowItem 的某标签，gettablecell（"tablename"，1，2)表示某表格的第 1 行第 2 列。

Increment By：指定递增的步长。使用负值可实现递减。

（10）Stop the Model Run

停止模型。通常用于动态设置模型终止条件。该选项的参数如下。

Condition：判断条件，表达式为真则停止模型。例如，getinput（current)==10000，表示当前实体输入的 FlowItem 数达到 10000。

Only if Experimenting：如果选 yes 则只在使用 Experimenter（实验控制器)的情况下使用该终止条件。

OnExit：在 FlowItem 离开 Source 时触发。

离开触发器的下拉列表和进入触发器的下拉列表相同，不再重复。

Custom Draw Code：在实体的"绘图事件"之前触发。它用来执行用户定义的绘图命令和动画。

提示：Custom Draw Code 触发器的作用是动态设定形状。除了 Conveyor 和 Rack 外，大部分实体均是静态 3D 形状，较少用到该触发器。

3.2　暂　存　区

暂存区（Queue)用来在下游实体尚不能接收 FlowItem 时暂时存储它们。Queue 的排队规则是先进先出式，即当下游实体的输入端口变为可用时，等待时间最长的 FlowItem 首先离开 Queue。Queue 在建模中主要模拟临时存储过程。Queue 可以瞬时或分批向下发送 FlowItem。

Queue 具有以下 3 种状态。

空（empty)：表示 Queue 中没有 FlowItem。

收集（collecting)：表示 Queue 在收集批量 FlowItem。

释放（releasing)：意味着 Queue 中有 FlowItem，或者已完成批量的收集，正在向下游端口释放 FlowItem。

提示：如果选择了使用 transporter，则 Queue 增加一种状态 waiting-for-transporter，意味着 Queue 已经收集了 FlowItem，但在等待 transporter 向下游搬运。

3.2.1　Queue 标签页

Queue 实体可以设置的参数包括最大容量、批次、视觉设置等，其参数设置标签页如图 3-5 所示。

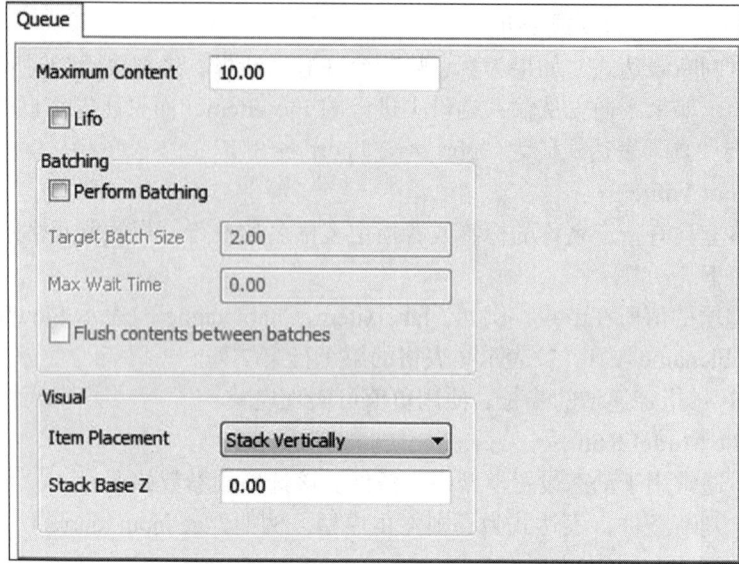

图 3-5 Queue 标签页

Maximum Comtent：设置 Queue 的最大容量。当 Queue 达到最大容量，Queue 处于 releasing 状态，不再从上游接收 FlowItem。

Lifo：Queue 默认是先进先出队列，即 FIFO（First In First Out）。如果选择了此选项，则 Queue 的排队规则变更为后进先出，即 LIFO（Last In First Out）。

Perform Batching：如果选择了该选项，则 Queue 将会等待直到接收到的 FlowItem 个数达到目标数量，然后作为一批同时释放所有 FlowItem。

Target Batch Size：指定批次的大小。

提示：批次的大小不能超过 Queue 的最大容量值。否则 Queue 将永远都不能达到其批量值，因为其最大容量太小。

Max Wait Time：等待批次收集的最大等待时间。默认为 0，表示没有最大等待时间，意味着 Queue 将一直等到收集完一批 FlowItem 才会向下游释放。如果最大等待时间是非零值，则当第 1 个 FlowItem 到达，Queue 就开始计时。只要计时达到最大等待时间，即便一个批次尚未收集完，Queue 都停止收集，并全部释放已经收集的 FlowItem。

Flush contents between batches：如果选择了此选项，则 Queue 结束收集一个批次后关闭其输入端口，并一直等到整个批次离开后才打开输入端口。这意味着任何时间 Queue 中都只有一个批次的 FlowItem，否则 Queue 结束收集一个批次后立即就开始收集下一个批次。

Item Placement：指定 Queue 中 FlowItem 的堆放方式。可以选择 Stack Vertically——垂直堆放、Horizontal Line——水平堆放、Stack inside Queue——布满 Queue 后垂直堆放、Do Nothing——将所有 FlowItem 放在同一个位置。

Stack Base Z：指定 FlowItem 垂直堆放的 Z 方向的起点坐标。

3.2.2　Triggers 标签页

Queue 特有的触发器是 OnEndCollecting 触发器，该触发器当 Queue 完成批次的收集时触发。其下拉列表选项和 OnEntry 触发器相同，不再重复说明。

3.3 处 理 器

处理器(Processor)用于接收 FlowItem 并对其进行处理。这个处理过程被模拟为一段时间延迟。每个进入处理器的 FlowItem 都将经过一段预置时间和随后的处理时间。预置和处理过程结束后，释放 FlowItem。因此，Processor 在建模时主要用来模拟处理或延时。

Processor 具有以下几种状态。

空闲(idle)：表示 Processor 中没有 FlowItem。

预置(setup)：表示 Processor 处于预置时间内。

处理(process)：表示 Processor 处于处理时间内。

堵塞(blocked)：意味着 Processor 已释放 FlowItem，但下游实体没有准备好接收。

等待操作员(waiting-for-operator)：表示 Processor 请求了 Operator，正在等待。

等待运输机(waiting-for-transporter)：表示 Processor 请求了 Transporter，正在等待。

停机(down)：表示 Processor 已停机。

3.3.1 Processor 标签页

Processor 的参数设置标签页如图 3-6 所示。

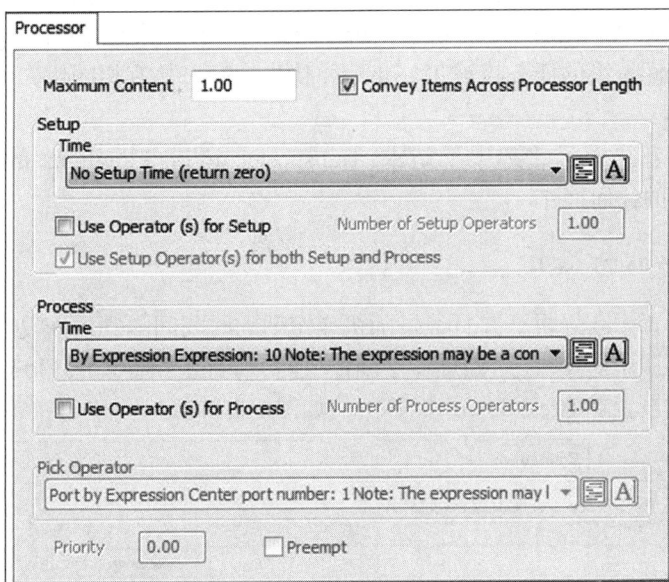

图 3-6　Processor 参数设置标签页

Maximum Content：指定可以接收的 FlowItem 的最大容量。如果最大容量大于 1，则并行处理多个 FlowItem。

提示：如果最大容量大于 1，Processor 将不能正确地请求操作员，也不能正确计算 MTBF/MTTR 时间，状态统计也不能正确记录。因此，仅当模型中有多个并行的简单 Processor 但又不想在模型中加入那么多个实体时使用大于 1 的最大容量。一旦模型中需要预置、处理时间及 Flow 标签页之外的任何其他参数，则需要加入多个 Processor 实体，并设定每个 Processor 的最大容量为 1。

Convey Items Across Processor Length：如果选择了此选项，进入 Processor 的 FlowItem

将从 Processor 的一端移动到另一端。否则，FlowItem 将被放在 Processor 的中间直到离开 Processor。

Setup Time：指定 Processor 接收到 FlowItem 之后、进行处理之前的预置时间。关于预置时间下拉列表的说明参见表 3-1。

Use Operator（s）for Setup：当 Setup Time 选项不是 No Setup Time 时，指定是否需要请求 Operator 来完成预置。

Number of Setup Operators：指定完成预置的 Operator 的数量。

Use Setup Operator（s）for both Setup and Process：当同时选中了预置使用操作员和处理使用操作员后，指定预置和处理是否使用相同的 Operator。如果选择了此选项，Processor 要等到预置和处理操作都完成后才会释放 Operator。否则，预置时间结束后，Processor 就释放 Operator，处理时重新请求新的 Operator。

Process Time：指定 Processor 对 FlowItem 进行处理的时间。关于处理时间下拉列表的说明参见表 3-1。

Use Operator（s）for process：指定是否需要请求 Operator 来完成处理。

Number of Process Operators：指定完成处理的 Operator 的数量。

Pick Operator：指定请求 Operator 的中间端口。该中间端口指向任务执行器。

Priority：当选择了"Use Transporter"选项时，可以设定发送给 Transporter 的任务序列的优先级。有较高优先级的任务将被 Transporter 优先执行。具有相同优先级的任务则按接收顺序执行。

Preempt：如果选择了此选项，请求 Transporter 运送 FlowItem 的任务序列将抢占 Transporter 在执行的任何操作。

3.3.2　Breakdowns 标签页

处理器可以设置中断停机，并且经过随机或定期的时间间隔之后恢复在线状态。处理器可在其维修时间内调用操作员。当处理器中断停机时，所有正在处理的 FlowItem 都会被延迟。处理器中断的参数设置在 Breakdowns 标签页，如图 3-7 所示。

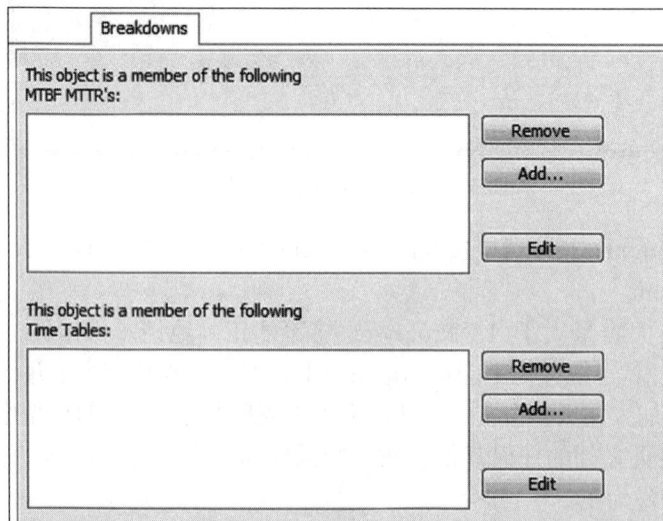

图 3-7　Breakdowns 参数标签页

MTBF MTTR'S 成员列表：指定给处理器使用的 MTBF/MTTR 列表。所谓 MTBF 是平均故障间隔时间，MTTR 是平均修复时间。模型中建立的每个 MTBF/MTTR 都可以连接多个实体，而每个实体都可以被多个 MTBF/MTTR 控制。

Add...：为处理器指定 MTBF/MTTR。如果选择"Add New MTBF/MTTR"，则在模型中增加一个新 MTBF/MTTR 并指定给处理器。也可以选择已有的 MTBF/MTTR 指定给处理器。

Remove：移除指定给处理器的 MTBF/MTTR。

Edit：编辑选中的 MTBF/MTTR 的中断、修复时间等参数，也可以指定在 MTBF 时间里应用哪种状态。

Time Tables 成员列表：指定给处理器使用的时间表列表。模型中建立的时间表和实体是多对多的关系。

Add...：为处理器指定时间表。如果选择"Add New Time Table"，则在模型中增加一个新时间表并指定给处理器。也可以选择已有的时间表指定给处理器。

Remove：移除指定给处理器的时间表。

Edit：编辑选中的时间表的停机时间、重复时间、停机操作等参数。

提示：处理器只有在预置或处理操作中才可能中断停机，并且处理器在一次预置或处理过程中，最多只执行一次停机。

3.3.3　Triggers 标签页

Processor 特有的触发器是 OnSetupFinish 和 OnProcessFinish 触发器。OnSetupFinish 触发器当 Processor 完成对 FlowItem 的预置时触发，OnProcessFinish 触发器当 Processor 完成对 FlowItem 的处理时触发。其下拉列表选项中的新选项为 Create a Global Task Sequence，一般用来创建一个全局的任务序列。该选项的参数如下。

Name：创建的任务序列名称。

Dispatch To：将这个任务序列分发给谁来执行。例如，centerobject(current，1)表示把创建的任务序列分发给当前实体的中间端口 1。

Dynamic Parameter1～5：相关实体的引用。如果创建的任务类型中，指定的相关实体是可选的，则可以简单地传递 NULL。

Condition：判断条件。当该条件为真时创建任务序列。

3.4　吸　收　器

吸收器(Sink)用来回收模型中已经完成全部处理的 FlowItem。一旦 FlowItem 进入 Sink，就不能再恢复。因此，任何涉及进入 Sink 的 FlowItem 的数据收集，都应该在进入 Sink 之前或者在 Sink 的进入触发器内完成。

由于 Sink 清除掉接收到的所有 FlowItem，因此 Sink 是 Flexsim 模型的终点，其 Flow 标签页不再有向下游的 Send To 逻辑，只有向上游的 Pull 逻辑。有时候为了提高模型性能，希望循环利用 FlowItem，那么可以用 Queue 代替 Sink。

Sink 实体的参数设置标签页如图 3-8 所示。

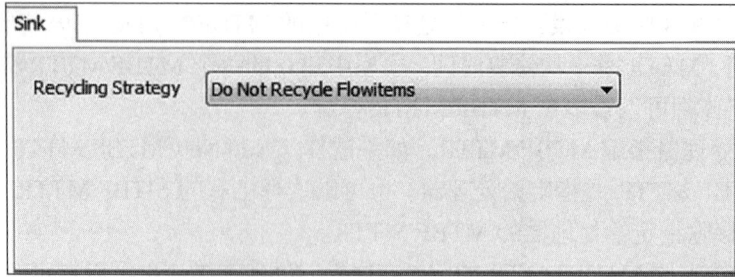

图 3-8　Sink 参数设置标签页

Recycling Strategy：指定 Sink 回收 FlowItem 的策略。默认情况下，Sink 的策略是 Do Not Recycle Flowitems，即只是清除掉接收的 FlowItem。选择回收策略则是把 FlowItem 回收到 FlowItem 箱。对复杂模型而言，采用回收策略能显著提高模型速度。

3.5　练　　习

3.5.1　练习一：流向的控制

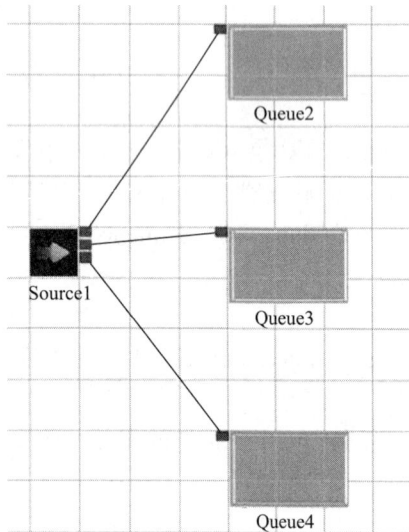

图 3-9　流向控制练习模型正投影视图

当 Flexsim 模型中的实体存在多个输出端口时，FlowItem 的流向控制对模型流程的实现十分重要。练习一通过一个简单的例子来理解几种流向控制方法。

从实体库中拖入 1 个 Source、3 个 Queue，实体参数均采用默认设置，按图 3-9 所示建立连接。

（1）理解 First available

运行模型。观察 FlowItem 的流向。可以看到 FlowItem 先被发送到第 1 个 Queue，当第 1 个 Queue 的容量达到 10 个后，FlowItem 被发送到第 2 个 Queue。当第 2 个 Queue 达到最大容量后，FlowItem 被发送到第 3 个 Queue。

这种发送机制即为默认的 First available。模型开始运行时，端口 1、端口 2、端口 3 均为可用，按照 First available 的原则，FlowItem 被发送到第 1 个可用的端口，即端口 1。当第 1 个 Queue 接收到 10 个 FlowItem 后，其容量达到上限无法再接收 FlowItem，因此端口 1 变为不可用。此时，按照 First available 的原则，端口 2 变为了第 1 个可用端口，因此，之后的 FlowItem 被发送往端口 2。

（2）理解 Shortest Queue

将 Source 的 Send To Port 属性设为 Shortest Queue，然后运行模型。可以看到 FlowItem 先被发送到第 1 个 Queue，接着被发送到第 2 个 Queue，然后被发送到第 3 个 Queue。然后再次发送到第 1 个、第 2 个、第 3 个 Queue，依次循环。

这种发送机制即为 Shortest Queue，也是最常见的排队方式。FlowItem 创建后，判断下游 3 个 Queue 的队列长度，找到其中最短的队列然后被发送往该队列。如果队列长度相同，则发送往靠前的 Queue。

(3) 理解 Shortest Queue if available

将第 1 个 Queue 的最大容量改为 5，然后运行模型。观察 FlowItem 的流向。可以看到下游 3 个 Queue 各接收 5 个 FlowItem 后，模型堵塞。

将 Source 的 Send To Port 属性设为 Shortest Queue if available，然后运行模型。可以看到最后下游第一个 Queue 接收了 5 个 FlowItem，其他 2 个 Queue 接收了 10 个 FlowItem。

出现这种差别是因为当下游 3 个 Queue 均接收了 5 个 FlowItem 后，按照 Shortest Queue 的发送机制，应该发送给第 1 个 Queue，但其达到了最大容量；而按照 Shortest Queue if available 的发送机制，应该发送给第 2 个 Queue。

(4) 理解 Longest Queue if available

将 Source 的 Send To Port 属性设为 Longtest Queue if available，然后运行模型。观察 FlowItem 的流向。可以看到 FlowItem 先送往第 1 个 Queue，当第 1 个 Queue 的容量达到 5 个后，FlowItem 被发送到第 2 个 Queue。当第 2 个 Queue 达到最大容量后，FlowItem 被发送到第 3 个 Queue。

这种发送机制即为 Longtest Queue if available，也是生活中常见的从众的排队方式。FlowItem 创建后，找下游最长的队列。如果队列长度相同，则发送往靠前的 Queue。

(5) 理解 Round Robin

将 Source 的 Flow 标签页的 Send To Port 属性设为 Round Robin，然后运行模型。可以看到 FlowItem 被顺序发送到第 1 个、第 2 个、第 3 个 Queue，然后又被发送到第 1 个、第 2 个、第 3 个 Queue，循环下去。这种发送机制即为 Round Robin。

(6) 理解 Round Robin if available

Round Robin 模式下，当下游 3 个 Queue 的容量达到 5 后，出现了 Blocked。因为此时遍历到了端口 1，但对应的第 1 个 Queue 不可用了。

将 Source 的 Flow 标签页的 Send To Port 属性设为 Round Robin if available，然后运行模型。可以看到每个 Queue 接收 5 个 FlowItem 后，第 2 个 Queue 和第 3 个 Queue 继续循环接收 FlowItem 直到 10 个。这种发送机制即为 Round Robin if available。

3.5.2 练习二：Trigger 的使用

Trigger Method 是 Flexsim 的重要建模方法。Trigger Method 主要决定何时、何地传递什么信息给 FlowItem 或实体对象。Trigger 的重点在于其触发时间、顺序。

1) 将练习一的模型中 Source 的 Send To Port 属性设为 Do Not Release Item，运行模型。此时 Source 创建 1 个 FlowItem 后即处于 Releasing 状态，下游的 Queue 无法接收到 FlowItem。

2) 在 Source 的 OnCreation 触发器选择 Send Message 选项，参数设置如下：

Delay Time: **0**

To: **outobject（current，1）**

From: **current**

Param1: **2**

Param2: **3**

Param3: **1**

Condition: **True**

这意味着当 Source 创建 FlowItem 后，向输出端口 1 对应的实体即第 1 个 Queue 发送 1 个无延迟的消息，消息传递的参数为 2、4、0。

在第 1 个 Queue 的 OnMessage 触发器选择 Change 3D Shape，参数设置如下：

Object: **current**

Shape index Number: **msgparam(1)**

运行模型。可以看到第 1 个 Queue 的形状发生了改变。因为 Source 创建 1 个 FlowItem 后即触发了 OnCreation 触发器，向第 1 个 Queue 发送了消息。Queue 接收到消息后，触发了其 OnMessage 触发器，改变了 3D 形状。

3）在第 1 个 Queue 的 OnMessage 触发器添加 Create Flowitems，参数设置如下：

Number to create: **msgparam(1)**

Flowitem Bin rank: **msgparam(2)**

Destination: current

这意味着创建 FlowItem，类型为收到消息的参数 2，数量为收到消息的参数 1，目的地为当前实体。

运行模型，可以看到第 1 个 Queue 里出现了 2 个 FlowItem，图标为可乐罐。

4）在第 1 个 Queue 的 OnEntry 触发器添加 Create Flowitems，参数设置如下：

To: **inobject(current，1)**

From: **current**

Param1: **0**

Param2: **0**

Param3: **0**

Condition: **True**

这意味着当 Queue 接收 FlowItem 后，触发了 OnEntry 触发器，向输入端口 1 对应的实体即 Source 发送 1 个无延迟的消息。

在 Source 的 OnMessage 触发器选择 Clear out object's content，参数设置如下：

Object: **current**

运行模型。可以看到第 1 个 Queue 里一直在增加 FlowItem。因为 Source 接收到消息后，触发了 OnMessage 消息，清除了当前实体 Source 里的 FlowItem。此时 Source 的状态为 Empty，可以继续创建 FlowItem，继而再次触发了 OnCreation 触发器，如此循环下去。

提示：本例最后，Queue 没有受到最大容量 5 的限制。因为当 Queue 从输入端口接收 FlowItem 时，会判断是否达到最大容量。而本例中 FlowItem 是通过 OnMessage 触发器创建的，并没有经过 Queue 的输入端口。

3.5.3　练习三：Queue 批次的使用

练习三通过一个简单例子来理解 Queue 批次的概念。

从实体库中拖入 1 个 Source、1 个 Queue、1 个 Processor、1 个 Sink，实体参数均采用默认设置，按图 3-10 所示建立连接。

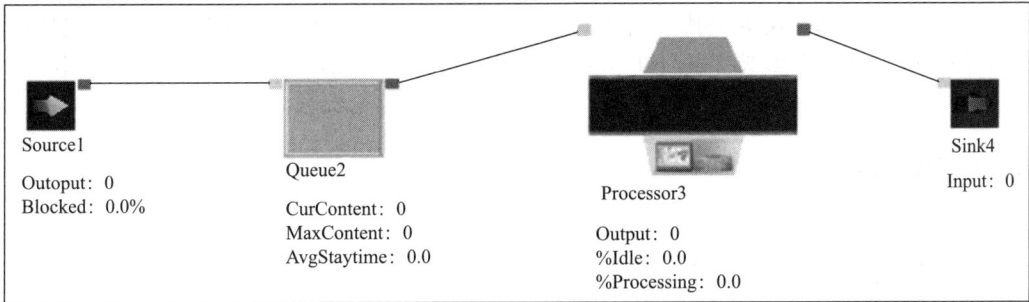

图 3-10　Queue 批次练习模型正投影视图

（1）理解 Target Batch Size

将 Queue 的 Target Batch Size 参数设为 10，将 Processor 的 Maximum Contnet 参数设为 10，运行模型。观察模型运行，可以看到 Queue 每接收 10 个 FlowItem 后，发送至 Processor 处理，然后发送至 Sink。

（2）理解 Flush contents between batches

将 Processor 的 Maximum Contnet 参数改为 1，运行模型。可以看到 Queue 接收满 10 个 FlowItem 后，开始向下游 Processor 释放 FlowItem。释放的同时也在接收上游 Source 的 FlowItem。

将 Queue 的最大容量设为 50，并选中 Queue 的 Flush contents between batches 参数，然后运行模型。可以看到 Queue 收集满 10 个 FlowItem 后，开始向下游释放。但一直到全部释放后，Queue 才重新继续接收 Source 的 FlowItem。因为 Flush contents between batches 选项要求 Queue 全部释放完 FlowItem 后，才重新打开输入端口。

（3）理解 Max Wait Time

将 Source 的 Arrival Style 改为 Arrival Schedule，运行模型。可以看到 Queue 接收了 1 个 FlowItem 后模型就 Blocked 了，而 Processor 和 Sink 没有接收到 FlowItem。因为此时 Queue 的 Max Wait Time 参数为 0，即 Queue 要等到收集完一批（10 个）FlowItem 才会向下游释放。但按照 Source 的 Schedule，只创建了 1 个 FlowItem，因此 Queue 始终达不到 Target Batch Size 设定的 10 个。

将 Queue 的 Max Wait Time 参数改为 4，运行模型。可以看到 Queue 接收了 1 个 FlowItem，Processor 和 Sink 也接收了 1 个 FlowItem。因为此时 Queue 的最大等待时间为 4，时间到后即便没有收集满 1 个 Target Batch Size（10 个），也会把已经收集到的 FlowItem（1 个）向下游释放。

3.6　实　验　案　例

3.6.1　案例描述

某工厂制造 3 种类型产品，比例为 1 : 1 : 1。3 种类型产品以平均 5 分钟的间隔从工厂其他部门到达，到达时间服从指数分布。工厂中有 3 台机器，每台机器加工一种特定的产品类型，平均加工时间为 10 分钟，加工时间服从指数分布。产品在它们各自的机器中完成加工后，所有 3 种类型的产品必须在一个共享的检验站中检验其正确性，检验时间 4 分钟。如果产品的制造完好，就被送到工厂的另一部门；如果制造有缺陷，则必须返工重新处理。已知返工率为 20%。仿真的目的是找到瓶颈的所在。该检验设备是否导致其他 3 台加工机器前实体的堆积,或者是否会因为 3 台加工机器不能跟上它的节奏而使之空闲等待?两机器间的缓冲空间是否必要?

3.6.2　建模思路

要仿真的系统的概念模型如图 3-11 所示。

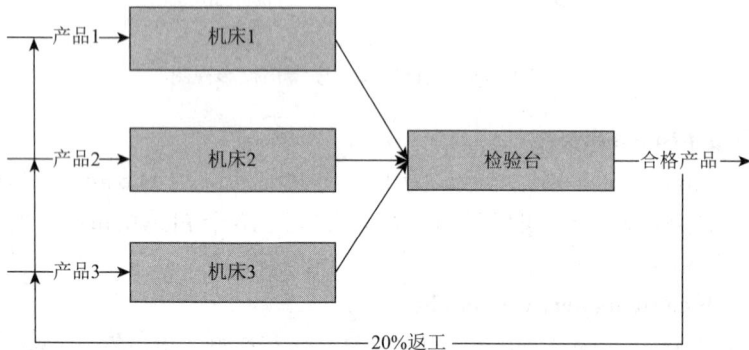

图 3-11　系统概念模型

要建立 Flexsim 仿真模型,先对系统进行分析。

1)在系统中流动的临时实体是产品,产品分为 3 种类型。因此,用 FlowItem 来模拟产品,用 FlowItem 的 type 属性来区分不同类型。

2)既然产品是 FlowItem,那么产品的到达即 FlowItem 的创建应该用 Source 来模拟。

3)对产品进行加工,以及对产品进行检验均是对产品(FlowItem)有一定延时的处理过程,因此可以用 Processor 来模拟。

4)产品等待加工和检验的队列属于临时存储,用 Queue 来模拟。

5)产品完成检验后送往另一个部门不是本次仿真关心的流程,因此可以用 Sink 表示离开仿真系统。

3.6.3　建立模型

步骤 1:在模型中创建一个实体。

从 Library 中拖动一个 Source 到模型区。具体操作是,点击并按住 Library 中的 Source,然后将它拖动到模型区,放开鼠标左键。这将在模型中建立一个 Source 实体。一旦创建了实体,将会给它赋一个默认的名称,如 Source#(数字#为 Flexsim 软件打开后生成的实体编号)。可以通过属性标签页对实体进行重新命名。

步骤 2:创建其他需要的实体。

从 Library 中拖动 2 个 Queue、4 个 Processor、1 个 Sink 进入模型区,按图 3-12 放置。

步骤 3:连接端口。

连接端口安排 FlowItem 的逻辑路径。要连接一个实体的输出端口至另一个实体的输入端口,按住键盘上的"A"键,然后点击第一个实体并按住鼠标左键,拖动鼠标到下一个实体然后放开鼠标键。将会看到拖动出一条黄色连线,放开鼠标键时,会出现一条黑色的连线。

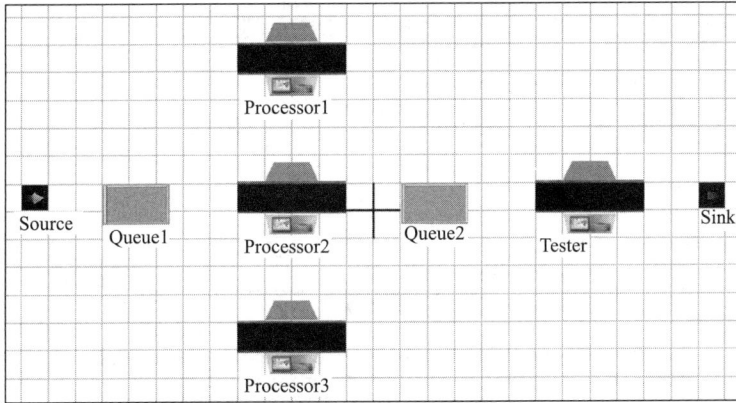

图 3-12 创建 Flexsim 实体

首先，连接 Source 第 1 个加工 Queue。其次，分别连接加工 Queue 和 3 个机床 Process。再将 3 个机床 Processor 连接到检验 Queue。再次，连接检验 Queue 到检验 Processor。最后，先将检验 Processor 连接到 Sink，再将检验 Processor 连接到模型前端的加工 Queue。连接完毕的模型如图 3-13 所示。

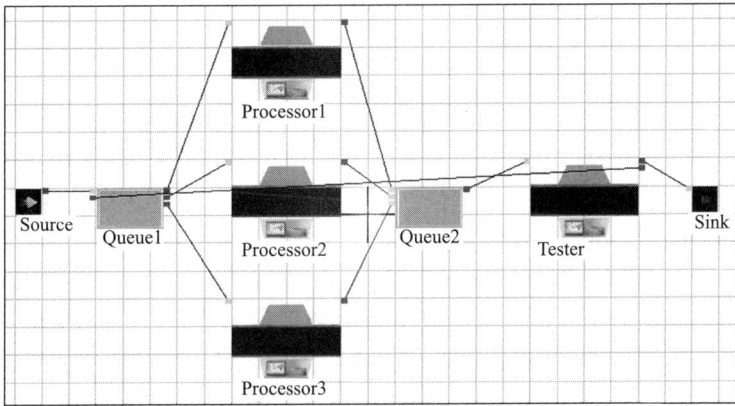

图 3-13 连接后的模型

3.6.4 设置模型参数

接下来是改变各实体的参数，以使它们按模型的描述来工作。

步骤 4：设置 Source 参数。

根据案例描述，平均 5 分钟产品到达等待加工，到达间隔时间服从指数分布。要实现这一点，需要设置 Source 的 Arrival Style 和 Inter-Arrival time 参数。

首先将 Source 的 Arrival Style 参数指定为 Inter-Arrival Time，即指定 FlowItem 按时间间隔模式到达。然后将 Inter-Arrival time 参数指定为 Statistical Distribution，意思是指定到达时间间隔为统计分布。接下来选择 Exponential 分布，并将分布参数设置为 Exponential（0，5，1）。此即指定了 FlowItem 的到达时间间隔为均值为 5 的指数分布，如图 3-14 所示。

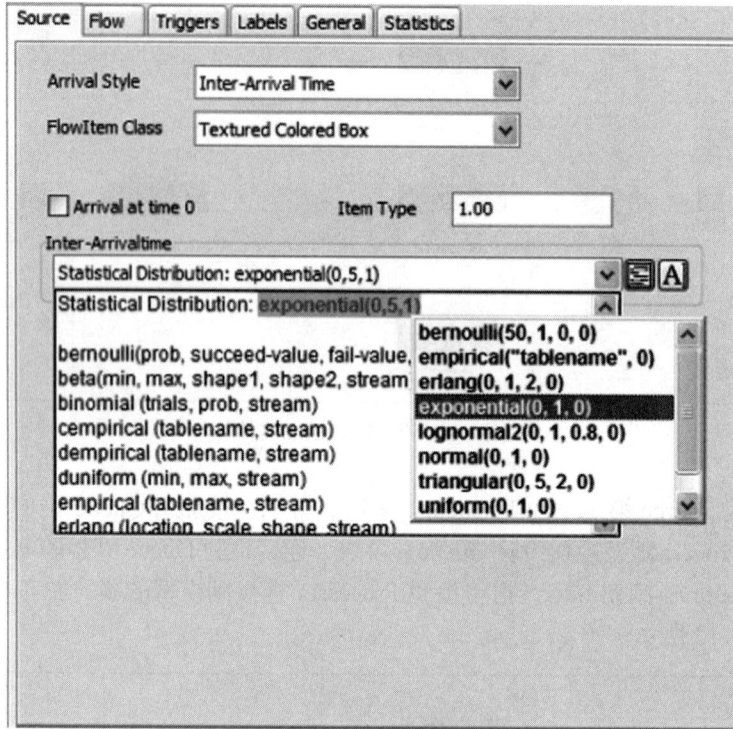

图 3-14　设置 Inter-Arrival Time

按照案例，FlowItem 分为 3 种产品，且三者比例为 1：1：1。要实现这一点，可以通过 Source 的 Triggers 进行控制。

在 Source 的 OnCreation 触发器，选择 Set Itemtype and Color 选项，将 FlowItem 参数设为 item，将 Item Type 参数设为 duniform(1，3)。此设置表明 Source 在创建 FlowItem 的时候，将 FlowItem 类型均匀的设为 1，2，3(duniform 为离散均匀分布)，并渲染成不同的颜色，从而可以在模型中直观的看到 3 种产品的分别。OnCreation 触发器的设置如图 3-15 所示。

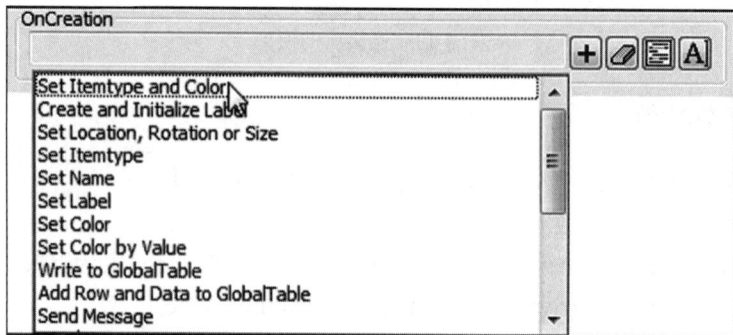

图 3-15　设置 OnCreation 触发器

步骤 5：设置加工 Queue 的参数。

由于仿真的目的是为了考察系统中等候的产品数量，因此不希望 Queue 的容量限制导致模型出现堵塞。为了做到这一点，把 Queue 的 Maximum Content 参数改为 10000，这实际上将得到一个无限容量的 Queue，如图 3-16 所示。

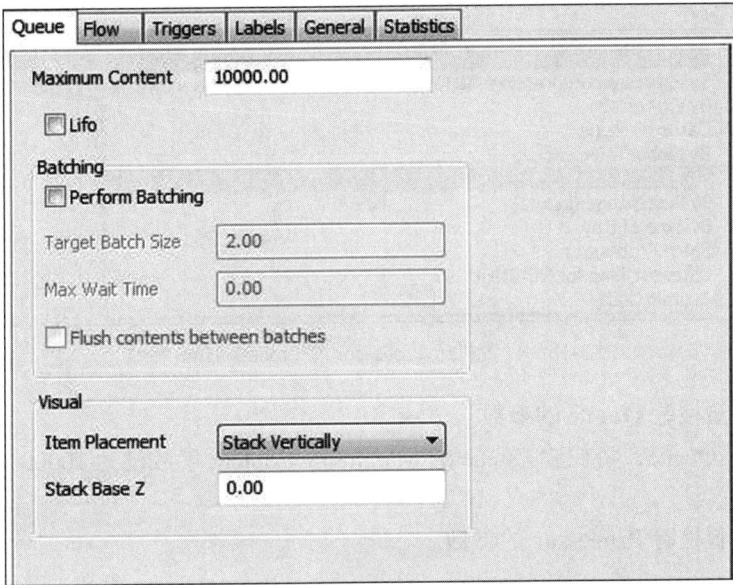

图 3-16　设置 OnCreation 触发器

　　根据案例描述，3 种产品分别由不同的机床进行加工，因此需要对 Queue 进行流向控制，希望 Queue 把不同类型的 FlowItem 送往不同的机床 Processor。为此，在 Queue 的 Flow 标签页中，把 Send To Port 参数 By Expression，Expression 设为 getitemtype(item)，如图 3-17 所示。此设置表示按照 getitemtype 取到的产品类型，送去相应的端口。因此，类型 1 的产品被送去了机床 1，类型 2 的产品被送去了机床 2，类型 3 的产品被送去了机床 3。

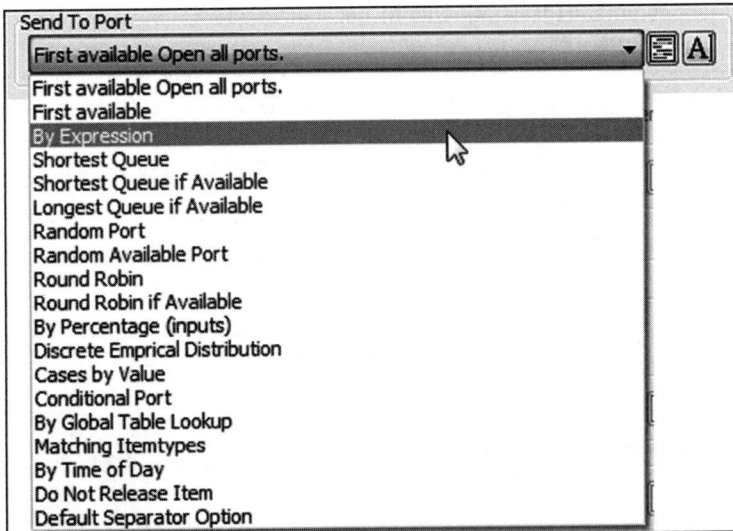

图 3-17　设置 Queue 的 Send To Port 参数

步骤 6：设置前 3 个机床 Processor 的参数。

　　按照案例描述，机床的平均加工时间为 10 分钟，服从指数分布。因此，将机床 Processor 的 Process Time 参数指定为 Statistical Distribution，并设置为 Exponential(0, 10, 1)，如图 3-18 所示。另外 2 个机床 Processor 做同样的设置。

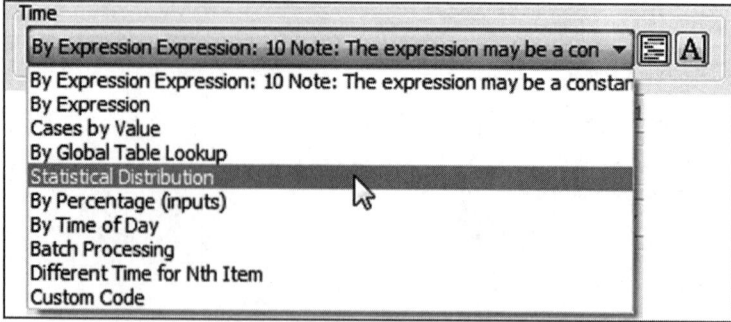

图 3-18　设置机床 Processor 的 Process Time 参数

步骤 7：设置检验 Queue 的参数。

类似于加工 Queue，将检验 Queue 的 Maximum Content 参数设为 10000，模拟一个无限容量的 Queue。

步骤 8：设置检验 Processor 的参数。

检验 Processor 有两项内容需要设定。首先，设定 Process Time 参数。案例中检验时间为定值 4，因此，将检验 Processor 的 Process Time 参数指定为 By Expression，并设置为 4，如图 3-19 所示。

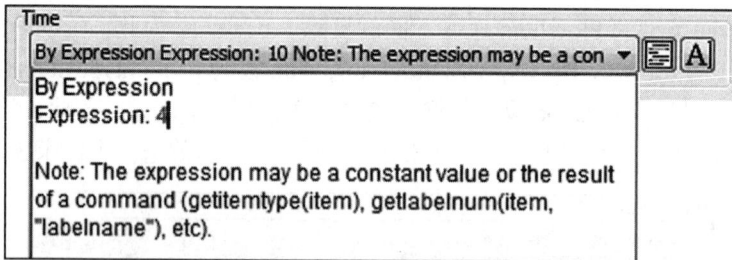

图 3-19　设置检验 Processor 的 Process Time 参数

其次，根据案例有 20%的返工率，要实现这一点，需要在 Flow 标签页进行控制。将 Send To Port 参数指定为 By Percentage（inputs），设置 Port 1 的 Percent 为 80，Port2 的 Percent 为 20，如图 3-20 所示。意思是，将 80%的合格产品，从输出端口 1 发送到 Sink；而将 20%的不合格产品，从输出端口 2 送回加工 Queue 返工。

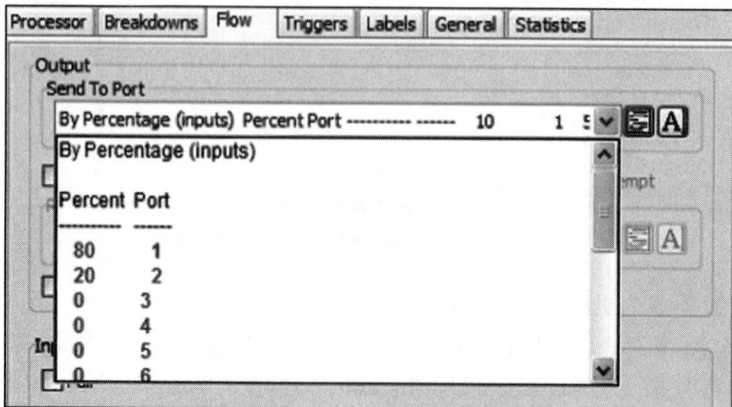

图 3-20　设置检验 Processor 的 Send To Port 参数

为了直观表示出返工货物，可以利用离开触发器将 FlowItem 染成黑色。具体做法是，在 Processor 的 OnExit 触发器，选择 Set Color 选项，设定颜色为黑色，如图 3-21 所示。

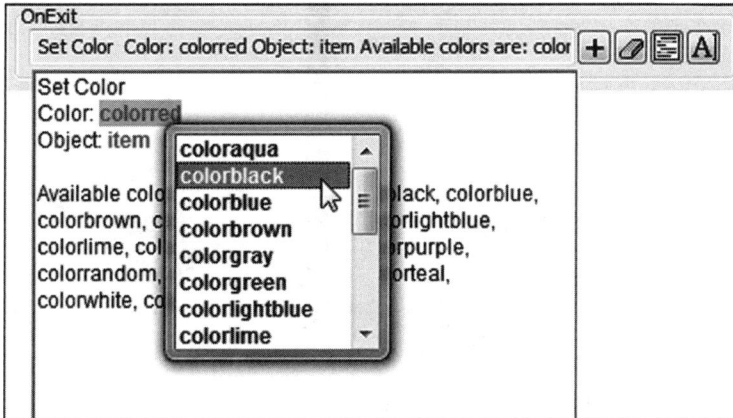

图 3-21　设置检验 Processor 的 OnExit 触发器

3.6.5　重置运行模型

点击仿真工具栏上的 Reset 按钮。对模型进行重置以确保所有系统变量被设置回初始值，并将模型中所有 FlowItem 清除。

点击仿真工具栏上的 Run 按钮。现在模型应该开始运行了。FlowItem 应该从加工 Queue 开始移动，进入 3 个机床 Processor 中的一个，然后到检验 Queue，再进入检验 Processor，并从这里进入 Sink。也有一些被重新发送回加工 Queue，被发回的 FlowItem 将变成黑色。模型运行如图 3-22 所示。

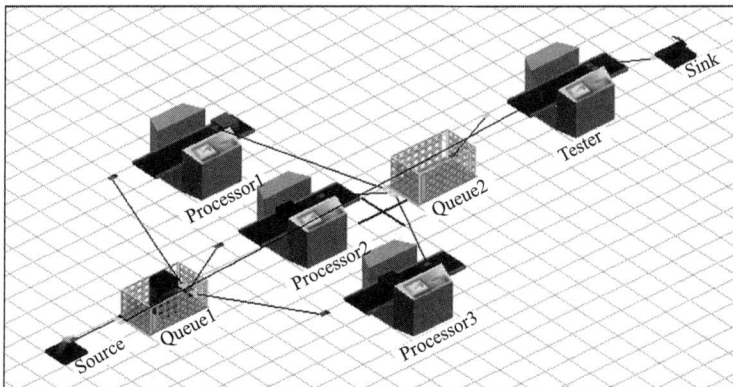

图 3-22　运行中的模型

要停止模型运行，可随时按仿真工具栏上的 Stop 按钮。要加快或减慢模型运行速度，可左右移动仿真工具栏上的运行速度滑动条。移动该滑动条能改变仿真时间与真实时间的比率，它完全不会影响模型运行的结果。

运行此模型至少 50000 秒。从图 3-23 所示的模型运行结果来看，检验 Queue 有很多 FlowItem 在等待检验，而在加工 Queue 等待机床 Processor 加工的 FlowItem 比较少。这种直观观察到的 FlowItem 堆积往往表明流程在该位置造成了系统的瓶颈。如果要进一步了解系统的瓶颈，则需要查看分析模型产生的统计数据。

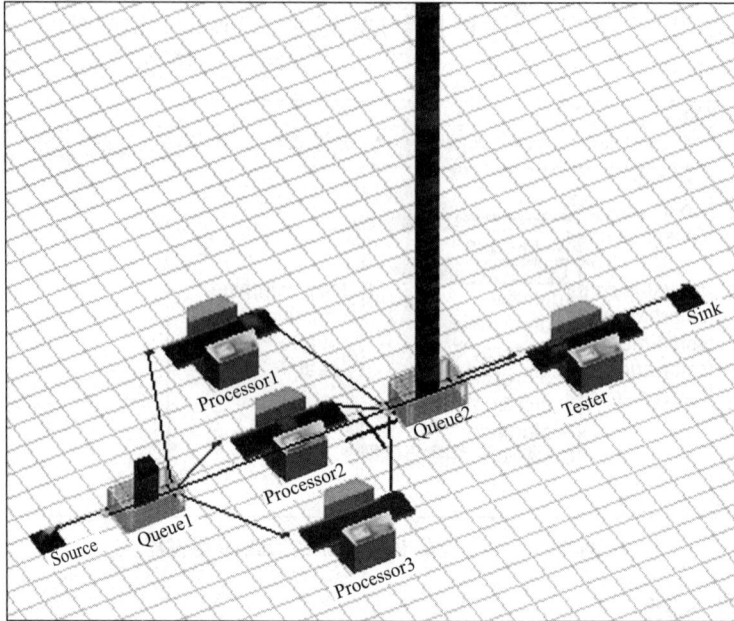

图 3-23　模型运行情况

将本章的模型保存为.fsm 文件。后续的部分课程将在此模型的基础上展开。

4 Flexsim 模型的分析和输出

Flexsim 建模的目的是为了分析模型数据以找出系统中的瓶颈并寻求解决之道。第 3 章学习了如何建立一个简单的排队模型。本章在第 3 章建立的模型基础上，学习如何查看模型的统计数据及报告等输出结果。

4.1 简单统计数据

Flexsim 模型运行时，会在实体下方显示名称和简单的统计数据。不同的实体显示的数据略有差异，主要是输入输出等吞吐量或者是容量、停留时间、等队列参数，如图 4-1 所示。如果选中了某实体，在下方的状态栏会显示该实体的位置、旋角等尺寸信息及当前状态，如图 4-2 所示。

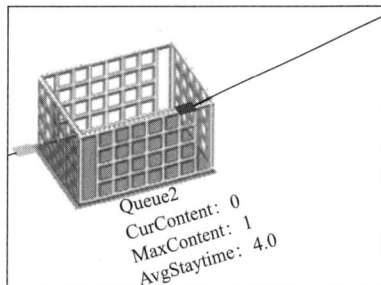

图 4-1　模型运行情况

Object：Queue2 Position [–10.00，3.00，0.00] Rotation [0.00，0.00，0.00] Scale [2.00，2.00，1.10] State：releasing

图 4-2　模型运行时的状态栏

默认情况下，正投影视图显示名称和简单的统计数据，而透视视图隐藏名称和统计数据。可以在模型区的空白处单击鼠标右键弹出的 View Settings 菜单进行切换，如图 4-3 所示。

在弹出的视窗里，可以设置是否显示连接线、是否显示格网，也可以设定实体是 Show Names and Stats、Show Names 还是 Show Nothing，如图 4-4 所示。

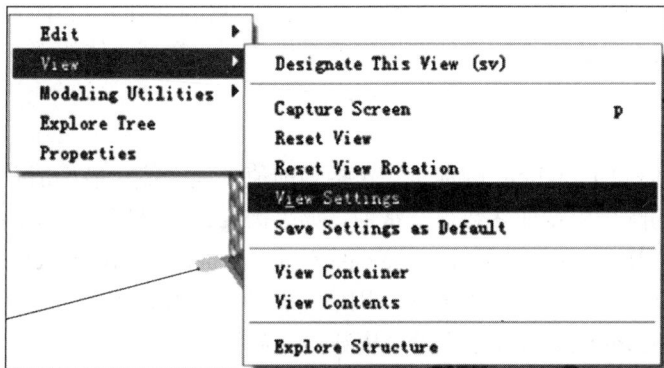

图 4-3　View Settings 菜单

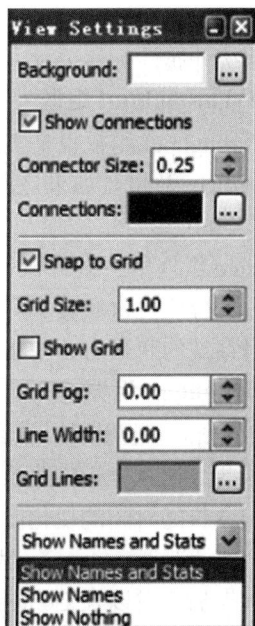

图 4-4　View Settings 对话框

4.2　统计属性数据

模型运行后，可以通过每个 Flexsim 实体的统计属性标签页查看实体的利用率等模型运行数据。通常来说，如果某个实体总是处于繁忙，而其他实体处于空闲，那么系统的瓶颈往往位于繁忙的实体。

双击 Flexsim 实体打开参数属性页选择统计标签页即可看到统计数据，如图 4-5 所示。

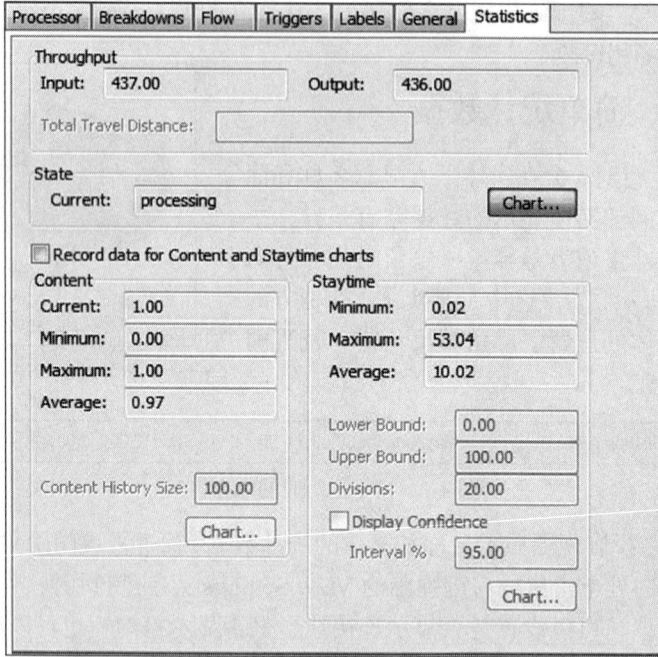

图 4-5　统计属性标签页

从统计属性标签页，可以看到实体的一些基本运行数据，说明如下。

(1)Throughput 组框

Throughput 组框里是实体的吞吐量数据，包括进入实体的 FlowItem 数量，以及实体释放的 FlowItem 数量。如果是操作员、叉车等移动资源类实体，还能看到行进总距离数据。

(2)State 组框

State 组框里可以看到实体当前的状态，点击 Chart 按钮可以打开仿真时间内实体各种状态所占百分比。这些数据可以用来分析实体资源的利用率或工作效率，根据实体的繁忙程度也能对系统的瓶颈有个初步判断。

(3)Content 组框

Content 组框里可以看到实体中 FlowItem 的数量，包括当前值、最大值、最小值及平均值。这些数据对分析排队系统的队长等特征参数很有帮助。如果需要，还可以点击 Chart 按钮看到队长随时间的变化曲线。当然这需要选中 Record data for Content and Staytime charts 选项。默认情况下，Flexsim 是不记录队列的历史数据的，因为这很消耗计算机资源。选择记录历史数据后，可以在 Content History Size 里设定记录历史数据的数量。

(4)Staytime 组框

Staytime 组框里可以看到实体中 FlowItem 的停留时间，包括最小值、最大值、平均值等特征值。和 Content 一样，出于节省计算机资源的考虑，默认情况下 Flexsim 也不记录停留时间的历史数据。选择记录历史数据后，可以单击 Chart 按钮看到停留时间的柱状图。通过该柱状图可以看到停留时间在设定区间里的 FlowItem 的数量，还可以设定 90%、95%或者 99%的置信区间。这些统计数据对分析排队系统的平均等待时间、平均通过系统时间等特征参数十分有用。

下面就利用统计数据对第 3 章建立的模型进行分析。

在仿真控制栏将模型停止时间设为 50000，然后运行模型待其停止。双击模型中的第 1 个机床 Processor，选择统计标签页，单击 Chart 按钮，即可打开该实体的状态饼图，如图 4-6 所示。

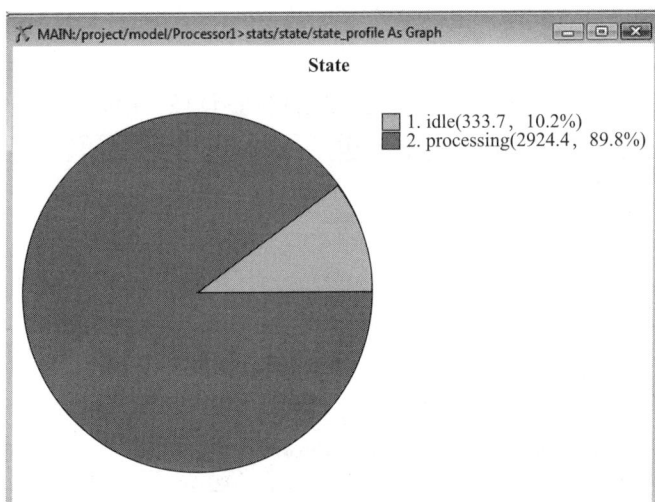

图 4-6 机床 Processor1 状态饼图

该饼图即显示了该实体在仿真时间内的利用情况。可以看出，第 1 个机床 Processor 在 10.2%的仿真时间内处于空闲(idle)，89.8%的仿真时间内处于处理状态(processing)。另外 2 个机床 Processor 具有类似的统计数据。

打开检验处理器 Tester 的统计标签页，可以看到它的状态饼图如图 4-7 所示。

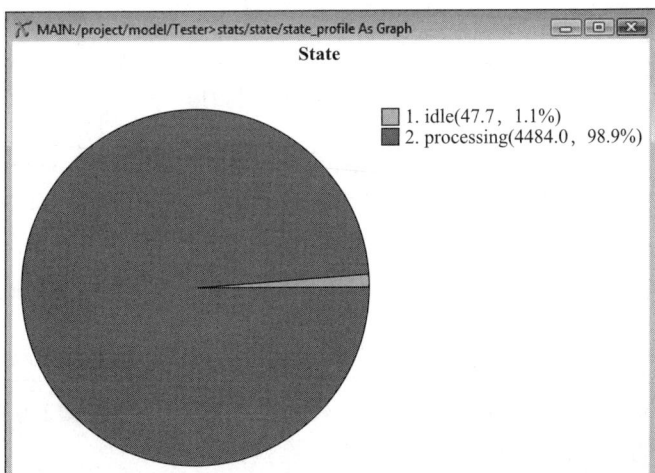

图 4-7 检验处理器 Tester 状态饼图

从图 4-7 来看，在 98.9%的仿真时间内，检验处理器 Tester 均处于处理状态。对比这些 Tester 的状态饼图可以明显看出，系统的瓶颈在检验处理器 Tester。

在模型中，平均每 5 单位时间制造一个产品。检验处理器 Tester 的检测周期为 4 单位时间，考虑到 20%的返工率，检验处理器 Tester 平均每 5 单位时间送一个成品到 Sink。如果未来工厂要处理更多的产品，即 Source 要有更快的到达速率，那么不改变检验处理器 Tester 的话，无疑系统中将会积压更多的产品。所以应该增加新的检验处理器 Tester，因为它是模型的瓶颈。

现在的模型中，为了找出系统的瓶颈，假设了 Queue 的容量无限大。但实际上，暂存区的空间必定是有限的。检验 Queue 的队列长度持续增加，意味着成本大幅增高。为了降低成本，需要暂存区不是太大，同时产品在暂存区的等待时间不是太长。现在看一下 Queue 的统计数据。

双击检验 Queue 打开其参数属性页，选择统计标签页（Statistics），如图 4-8 所示。

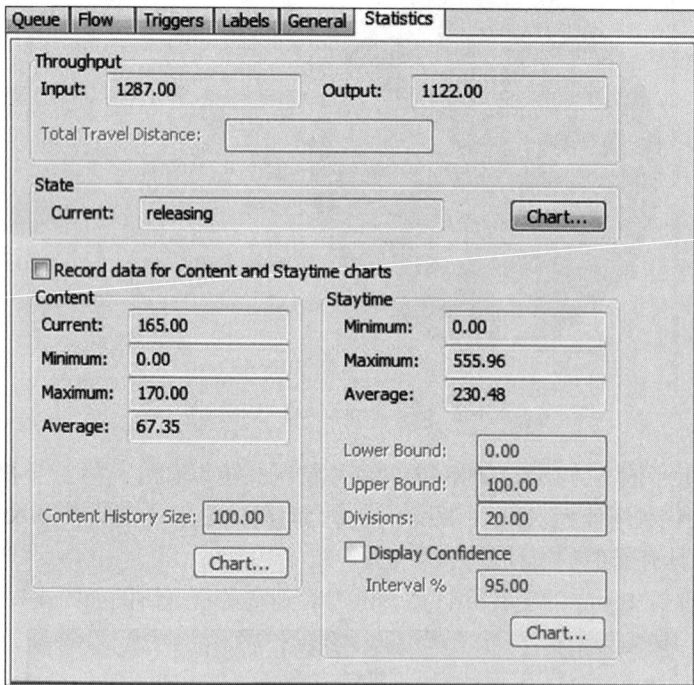

图 4-8　检验 Queue 统计数据

继续运行模型，将会注意到这些统计数据随着仿真运行而改变。观察平均容量和平均停留时间的变化。在仿真的前期，Queue 的平均容量值较低，但随着仿真继续，它将达到较高的数值如 200 或 300。

选中 Record data for Content and Staytime charts 选项后，可以看到容量随时间变化的曲线，如图 4-9 所示。

从图 4-9 也可以看出，检验 Queue 的容量随着时间变化逐渐增大。这意味着为了储存这些待检验的产品，需要很大的存储空间，这无疑需要增加成本。如果 200 或 300 的平均暂存区大小是无法承受的，那么就有必要增加第 2 个检验 Processor。

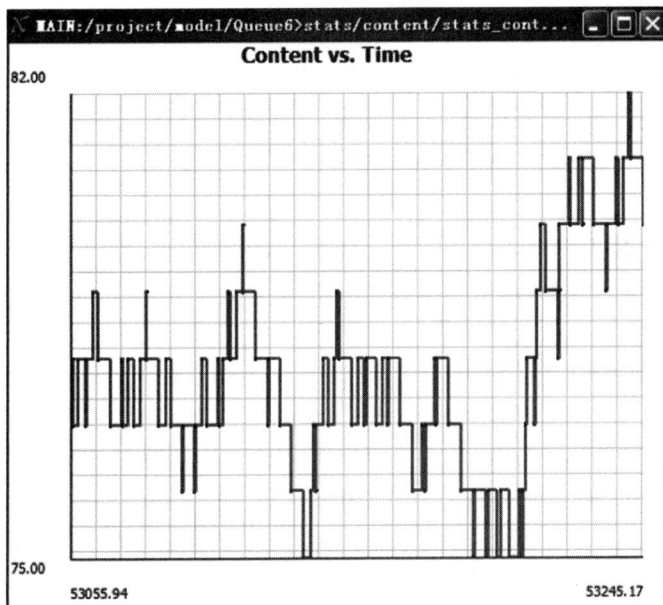

图 4-9　检验 Queue 的容量变化曲线

4.3　使用记录器查看运行数据

Flexsim 提供了记录器对象，可以在模型中直观、动态地显示实体或节点的统计数据。

4.3.1　记录器

记录器（Recorder）是一个强大的数据表达工具，用来在模型中以图形的形式记录和显示信息。更特殊一些的用法是用记录器来捕获表数据、标准数据和用户定义的数据。模型中所有数据类型都可用图形显示，并在 Flexsim 中写入表中，导出到 Excel、Access 或任何 ODBC 数据库中。

如图 4-10 所示，记录器可以设定需要显示或捕获的数据类型。可以捕获的数据有 3 种：表数据（Table Data）、标准数据（Standard Data）和用户定义数据（User-defined Data）。

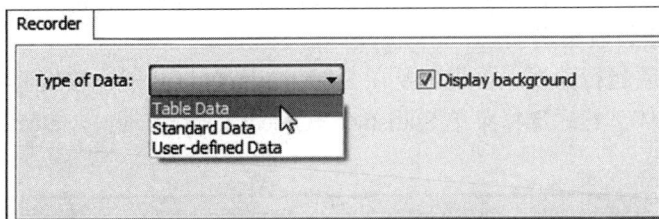

图 4-10　Recorder 参数标签页

4.3.1.1　表数据

表数据指的是包含在当前 Flexsim 表中的信息。通过下拉列表可以选择要显示的表和数据，但表中数据必须是事先就用触发器选项或其他方式写入到表中的。记录器将根据输入产生一系列的 x/y 点，并按照指定的图形类型来绘制这些点构成的图形。

4.3.1.2　标准数据

标准数据是指对每个 Flexsim 实体自动收集的数据。标准数据包括停留时间、当前数量和状态信息。当需要在模型中动态显示 3D 容量图形、3D 停留时间柱状图或者 3D 状态饼图时，可使用标准数据。当然必须告诉记录器希望显示信息的实体，以及标准数据的类型。

4.3.1.3　用户定义数据

用户定义数据指建模者需要显示的特定数据。记录器"监视"模型中某节点的值，如实体状态或者实体容量等。用户定义数据可以以图形、最小/最大/平均或表格的形式显示。

(1)图形

图形(Graph)选项用来绘制模型中某实体的一个节点的不断变化的值。模型中任何实体的任何数值数据节点都可以采用图形表示。从 Object Name 下拉列表中选择实体后，单击"…"按钮将列出该实体所有可以使用的节点名称。选择需要绘图的节点名称，定义图形的标题并选择图形的类型。注意条形图和曲线图需要指定记录器在图中显示的数据点的最大数目。例如，如果键入100 作为某曲线图记录的数据点数，则可以看到指定节点的最后 100 个记录数据。对于饼图和柱状图来说，记录器将自动记录对图形指定的每组或每个区间中所落进的节点值的次数。

(2)最小/最大/平均

最小/最大/平均(Min/Max/Average)选项用来以表格形式查看特定节点的最小、最大和平均值。需要指定节点总数，实体名称以及该实体上的希望记录的节点名称。注意该选项的输出在 Output 标签页，输出结果随着模型运行而动态变化。

(3)表格

需要指定哪些节点需要捕获数据。与"最小/最大/平均"选项只记录节点的点统计数据不同，表格(Table)选项下每次指定节点的值发生改变，或者在设定的间隔时间点上，都会向表中写入其值。换句话说，表格选项记录的是指定节点的连续数据流。表格选项的输出同样在 Output 标签页，但表格中每次显示的只是一个节点的连续数据流，但可以通过下拉列表指定其他的节点。这些表格数据也可以通过 Export 按钮输出到外部文件中。

4.3.2　记录器使用示例

本节学习在模型中使用记录器来查看第 3 章模型中检验 Queue 的容量运行数据。

步骤 1：打开统计收集选项。

要用记录器查看运行数据，首先，要在 Statistics 菜单打开统计收集选项。打开方式是首先选中要统计的实体，然后选择菜单 Statistics→Object Graph Data→Selected Objects On，如图 4-11 所示。

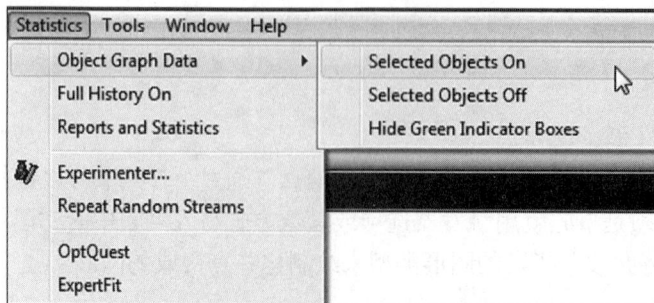

图 4-11　打开统计收集选项

步骤 2：添加记录器。

从 Library 中拖入一个记录器，放在模型区的空白处。

步骤 3：设置记录器参数。

双击记录器打开其参数视窗，在 Record 标签页，将 Type of Data 参数设为标准数据，下方即会出现标准数据的相关选项。在 Object Name 下拉列表里，选择要记录数据的实体 Queue4，在 Data to Capture 下拉列表里，选择要记录的数据内容 Content，然后输入 Graph Name，如图 4-12 所示。

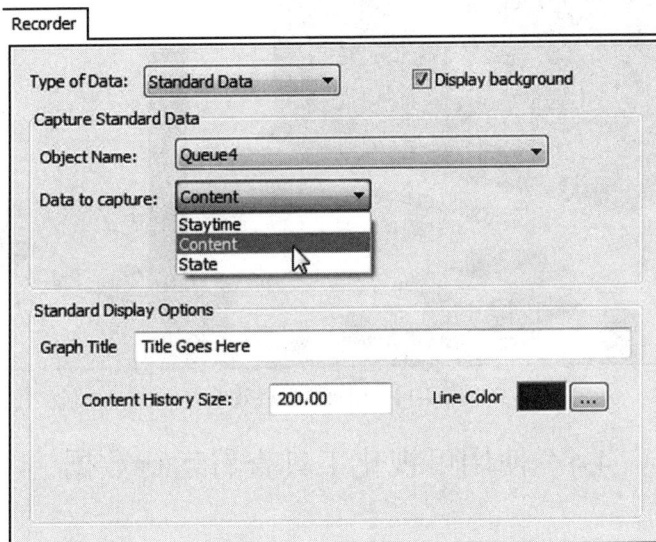

图 4-12　Record 参数设置

默认情况下，记录器是平放在模型地板上的。为了达到更好的视觉效果，可以把记录器直立起来，这可以通过改变记录器的旋转和高度参数来实现。将 Z 坐标改为 7.8，以让记录器底部在模型地板上；将 RX 设为 90，即让记录器绕 X 轴旋转 90 度，以便让记录器直立起来，如图 4-13 所示。

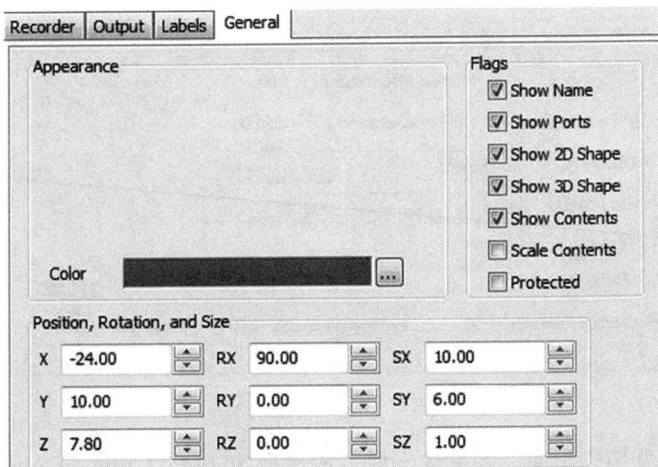

图 4-13　记录器 General 参数设置

步骤 4：运行模型。

重置并运行模型，即可看到记录器显示了检验 Queue 当前容量随时间变化的曲线图，如图 4-14 所示。

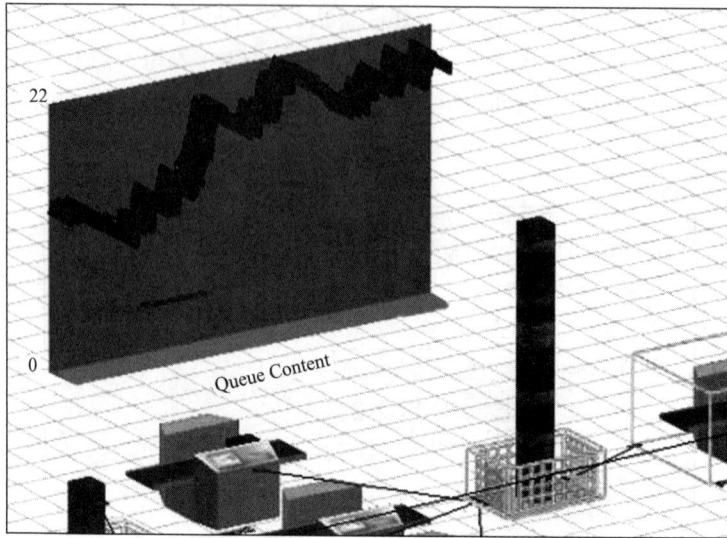

图 4-14　记录器运行效果

4.4　使用可视化工具查看运行数据

4.4.1　可视化工具

可视化工具（VisualTool）采用道具、风景、文字和展示幻灯片来装饰模型空间，目的是给模型更逼真的外观。它们可以是简单如彩色方框、背景之类的东西，或者是精细如 3D 图形模型、展示幻灯片之类的东西。可视化工具的另一种用法是用做模型中其他实体的容器实体。当用做容器时，可视化工具就成为一个分级组织模型的便利工具。容器也可以保存在用户库中，作为将来开发模型的基本建模模块。其显示参数设置对话框如图 4-15 所示。

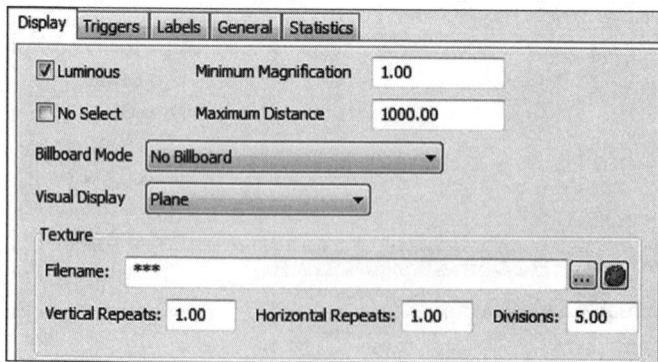

图 4-15　可视化工具参数

(1)将可视化工具用作平面、立方体、柱形或球形(Plane、Cube、Column、Sphere)

将可视化工具在模型中用作可视化道具是一个简单的过程，只要选择所需要的道具类型然后定义参数就可以了。

平面可以定义为背景，如 Autocad 布局、纹理或图片，或者要在模型中特定部位贴补的颜色。平面是可视化工具的默认显示。只需要设定平面的尺寸然后选择纹理就可以了。纹理可以在垂直和水平方向上重复。

(2)将可视化工具用作导入形状

使用可视化工具来导入形状时(Imported Shape)，需要有一个要导入到模型的 3D 模型或者实体。Flexsim 支持多种 3D 形状的文件格式，如 3D Studio Max(.3ds, .max)、RML1.0(.wrl)、3D DXF(.dxf) 和 Stereo Lithography(.stl)。

(3)将可视化工具用作可视化文本

3D 可视化文本(Text)可以添加到模型中来显示标签、统计数据或其他模型信息。选项包括仿真时间、内容、状态、输出、输入及其他。如果选择了任何统计项，则必须将可视化工具的中间端口连接到想要显示其相关信息的实体。

(4)将可视化工具用作展示幻灯片

可视化工具也被用作展示幻灯片(Presentation Slide)，与使用幻灯片制作 PowerPoint 演示文稿很相似。幻灯片在模型中用以展示数据、模型结果等。可以使用演示菜单中的演示生成器开发一个"漫游"序列。

可视化工具用作"展示幻灯片"时，可以单击 Add 按钮添加可视化工具实体到幻灯片上来创建幻灯片的文本。每个放置在展示幻灯片上的可视化工具都被直接切换成可视化文本，并在幻灯片上被格式化。添加的第 1 个可视化工具是 Text1，第 2 个是 Text2，依次类推。每个文本在幻灯片上都会给定一个默认的位置。可以在 Text Display 下拉列表中选择要显示的文本内容，内容可以输入，也可以选择显示统计数据。

(5)将可视化工具用作容器

可视化工具默认设置是平面。当放置在模型中时，可视化工具显示为一个带有 Flexsim GP 位图纹理的平面。平面的尺寸和位置可以在正投影视图中进行设置。当把可视化工具用作容器时，建议在开始时使用默认视图(一个平面)设置，可以以后再改变其视觉表达。要往容器中添加实体，只要从 Library 中将它们拖出并放置到可视化工具上就可以了。把可视化工具用作容器后，可以设定容器的输入输出端口，也可以通过统计标签页查看容器的吞吐量、容量、停留时间等统计数据。

4.4.2 可视化工具使用示例

下面使用可视化工具在第 3 章建立的模型中添加可视化文本并添加容器。

(1)在模型中添加可视化文本显示加工 Queue 中 FlowItem 的平均停留时间

步骤 1：在模型中拖入可视化工具。

在模型运行中往往希望动态查看模型的绩效指标，使用可视化工具能够实现此操作。从 Library 中拖出一个可视化工具放到模型区的空白处。

步骤 2：设置可视化工具的参数。

双击打开可视化工具的参数页，在 Display 标签页将 Visual Display 参数设为 Text，也就是将可视化工具用作可视化文本。Text Display 参数设为 Display Object Stat，选项的具体参数如图 4-16 所示。

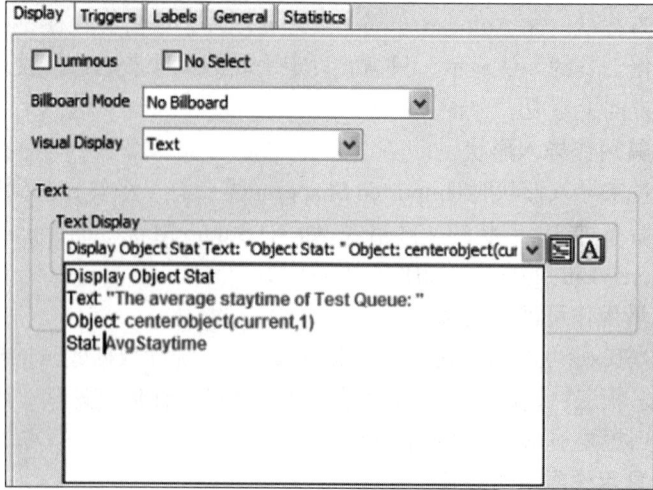

图 4-16　可视化文本参数设置

如图 4-16 所示，在 Text 参数输入想要显示的文本，注意用引号表示字符。在 Stat 参数选择要显示的统计数据，本例为 AvgStaytime 即平均停留时间。在 Object 参数输入想要显示数据的实体，本例为 centerobject(current，1)，即当前实体的中间端口 1 对应的实体。

步骤 3：建立可视化工具和检验 Queue 的连接。

步骤 2 的参数 centerobject(current，1)意味着必须在加工 Queue 和可视化工具之间建立一个中间端口连接。这可以通过按住键盘上的 S 键并点击可视化工具拖动到加工 Queue 来实现。

(2)在模型中添加容器

容器通常用于模型的分级组织。本例将第 3 章模型中的检验 Queue 和检验 Processor 封包成一个容器。由于要把实体放入容器需要从 Library 中拖出实体并放置到可视化工具上，因此，本例需先删除模型中的相关实体再从 Library 重新拖入。

步骤 4：在模型中拖入作为容器的可视化工具。

将模型中的检验 Queue 和检验 Processor 删除。从 Library 中拖入 1 个可视化工具放在模型的空白区，从 Library 中拖入 1 个 Queue 和 1 个 Processor 放在可视化工具上，如图 4-17 所示。如果实体被放入了容器，那么当移动可视化工具时，里面的实体也跟着移动。

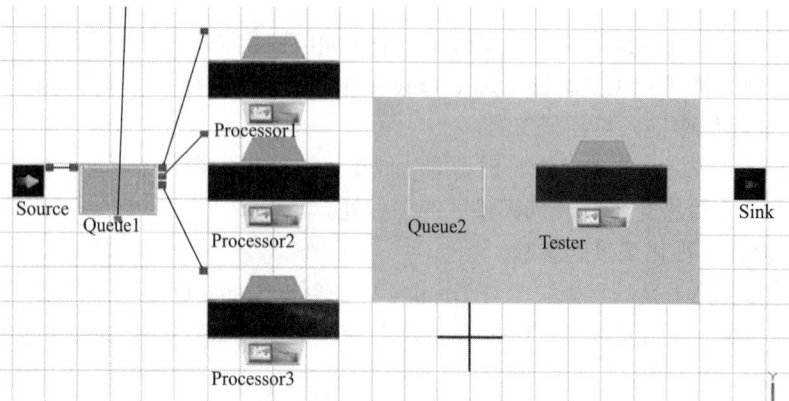

图 4-17　放入容器后的模型正投影视图

步骤 5：建立连接。

连接包括 2 部分，如图 4-18 所示。首先是容器外实体和容器的连接：按住键盘 A 键，将 3 个机床 Processor 分别连接到容器，然后将容器先连接到 Sink，再连接到加工 Queue。其次是容器内的连接：按住键盘 A 键，先将容器连接 3 次到容器内的 Queue，再将容器内的 Queue 连接到容器内的 Processor，再将容器内的 Processor 连接两次到容器。

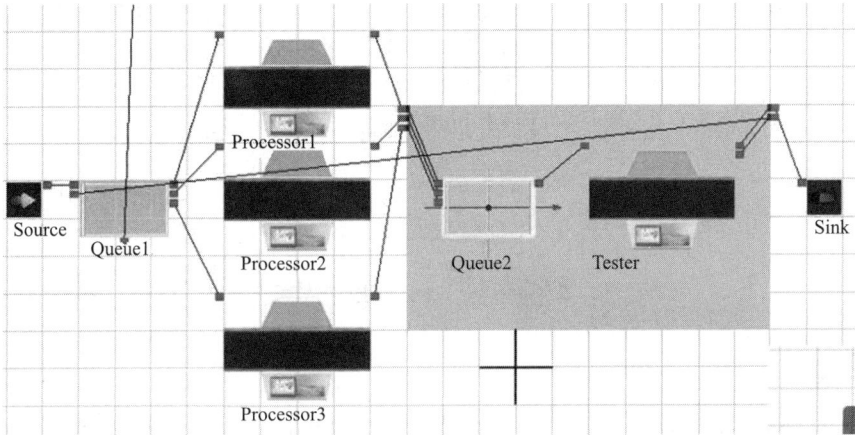

图 4-18 连接后的模型

提示：连接出或入容器有两种方式。一种是通过容器"出入"，另一种是将要出去的实体直接连接到容器外的实体。本例采用的是第 1 种方式。也可以采用第 2 种方式：将容器内的 Processor 直接连接到外部的 Sink 和加工 Queue。

步骤 6：设置容器的 Container Functionality 参数。

现在容器内包含了一个子模型。接下来要设置容器（或者说"黑箱"）的 Container Functionality 参数。如图 4-19 所示，指定 Pass Input Connect Actions To 参数为 Queue1，指定 Pass Output Connect Actions 参数为 Processor2。这两个参数的作用是对容器输入/输出端口的 OpenInput、OpenOutput 之类的操作转移至容器内实体的输入/输出端口。

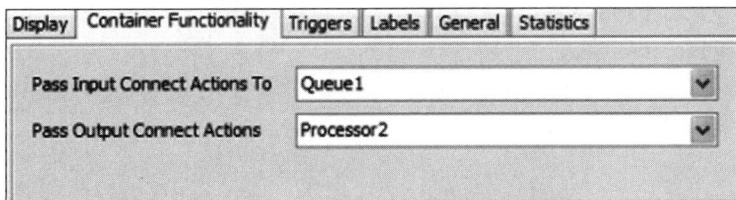

图 4-19 设置 Container Functionality 参数

提示：如果希望容器是真正的"黑箱"，即仿真运行期间隐藏容器的内容，可以切换关闭内容显示选项，操作方法是在可视化工具的 General 标签页去除"Show Contents"复选框。

步骤 7：由于本例是对第 3 章模型进行改造，因此需要将容器内实体的参数设置按照上一章的模型恢复。

步骤 8：重置并运行模型。现在模型中可以看到加工 Queue 的动态数据，而容器里的内容被设为不可见，如图 4-20 所示。

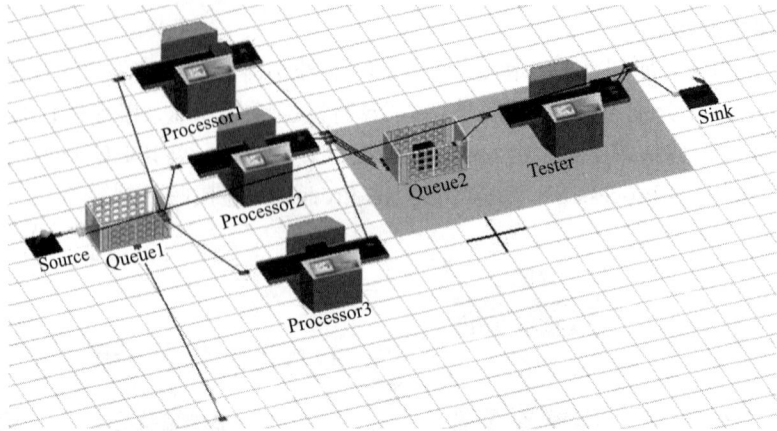

图 4-20 模型运行结果

4.5 统 计 报 表

4.5.1 报表

统计报表（Reports and Statistics）用来创建模型的输出报表。建模者用它可以创建基于仿真运行统计数据的各种报表，是建模者据以分析模型、优化模型的基础。统计报表可以定制模型中 FlowItem 的吞吐量、停留时间、历史状态等信息，也可以包括模型实体的各种重要细节。统计报告通过菜单 Statistics→Reports and Statistics 访问。Flexsim 中提供了 Full Report、Summary Report、State Report、Model Documentation 等几种报表。

(1)完整报表

完整报表（Full Report）在 Full Report 标签页创建，如图 4-21 所示。

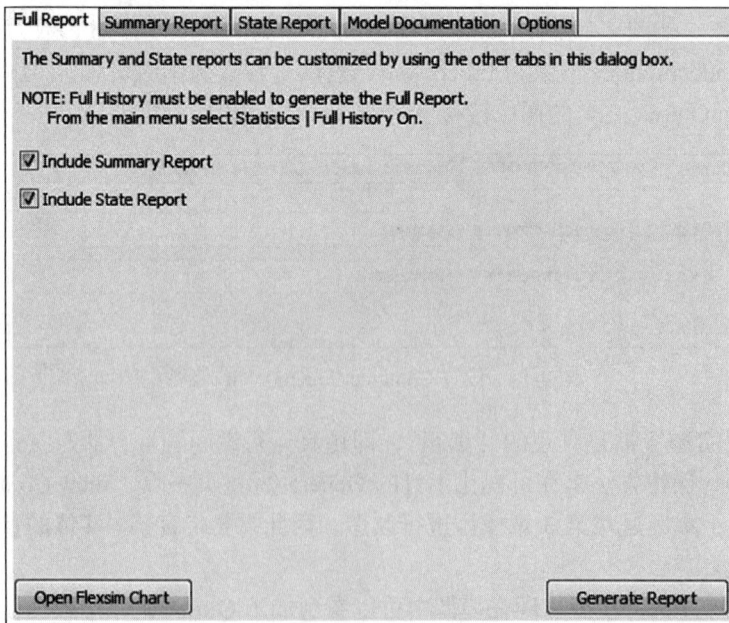

图 4-21 Full Report 标签页

完整报表标签页可以创建模型运行的完整报表。该报表储存为后缀名为.mdb 的数据库文件，可以用 Flexsim 的 charting and reporting 应用程序打开。要创建完整报表，必须打开菜单 Statistics→Full History On，否则报表里收集不到数据。

Include Summary Report：如果选择了此选项，完整报告的数据库文件里包括标准报表。但注意 charting and reporting 应用程序只能打开前 32 列。如果需要更多的列，用 Summary Report 标签页创建标准报表。

Include State Report：如果选择了此选项，完整报告的数据库文件里包括状态报表。同样，charting and reporting 应用程序只能打开前 32 列。如果需要更多的列，用 State Report 标签页创建状态报表。

Open Flexsim Chart：打开已有的完整报表。

Generate Report：创建完整报表。

(2)标准报表

标准报表（Summary Report）标签页可以创建标准报表并用 Excel 输出，如图 4-22 所示。

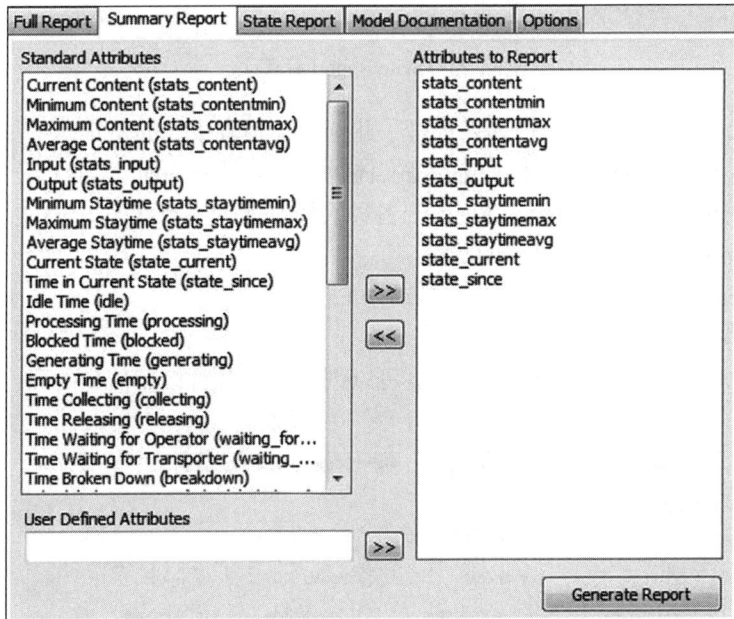

图 4-22　Summary Report 标签页

Standard Attributes：此列表用来选择标准属性，诸如容量、停留时间、状态变量等。使用>>按钮可以将选中的属性添加到要生成报表的属性列表中。

User Defined Attributes：可以输入想要输出报表的标签或变量的名称。例如，如果模型中一个或多个实体有一个叫做"ItemWeight"的标签，想知道关于这些标签及其值的报告，则可以输入"ItemWeight"并点击>>按钮。

Attributes to Report：报表中显示的属性。要从列表中移除某一项属性，只要选中并按<<按钮即可。

Generate Report：生成标准报表，输出为 csv 文档，并自动用 Excel 打开。

(3)状态报表

状态报表（State Report）标签页可以创建状态报表并用 Excel 输出，如图 4-23 所示。

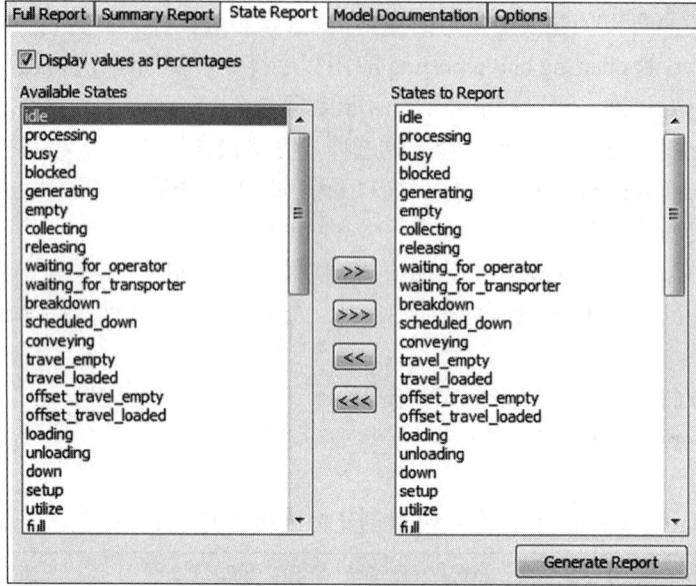

图 4-23　State Report 标签页

Display values as percentages：如果选择了此选项，报表生成的是实体每种状态历时占整个仿真时间的百分比。否则，报表生成的是实体每种状态的总历时。

Available States：此列表列出了 Flexsim 各种实体可能的所有状态。

States to Report：报表中要显示的状态。

Generate Report：生成状态报表，并自动用 Excel 打开。

(4)模型文档

模型文档(Model Documentation)标签页可以创建包括各种模型信息的 txt 文档，如图 4-24 所示。

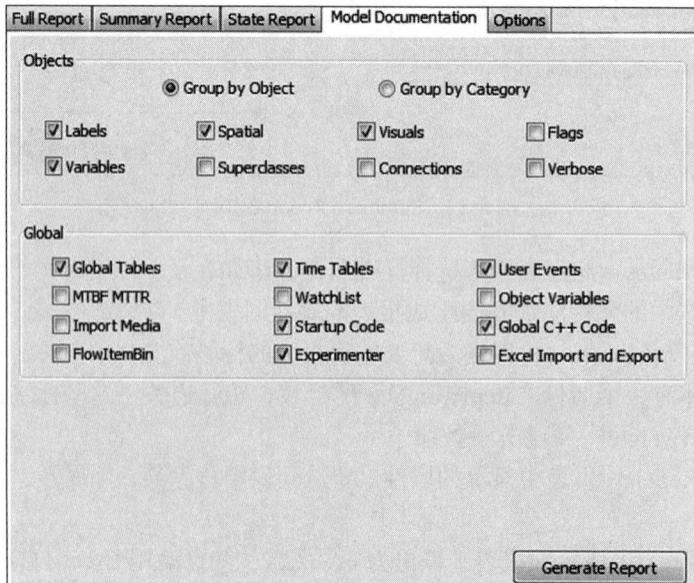

图 4-24　State Report 标签页

Objects：选择报表中要包含的模型实体属性，如位置、尺寸、外观、标签等。选择 Group by Object 的话，报表按实体分组。选择 Group by Category 的话，报表按属性分组。

Global：选择报表中要包含的全局对象，如全局表、平均故障时间/平均修复时间、FlowItem 箱等。

Generate Report：生成模型文本文档。

(5)Option 标签页

前面几个标签页是设置报表中要显示的数据，Option 标签页是设定报表中要包含的实体类别。

4.5.2 使用报表查看输出结果

本小节简单示例使用报表查看第 3 章模型的运行数据。

4.2 节使用统计属性数据分析了模型瓶颈，具体操作是通过查看检验 Processor 和 3 个机床 Processor 的统计属性标签页。但这样的操作比较繁琐，尤其是在模型中增加了更多处理器的情况下。如果使用报表来查看，操作会比较简单。

(1)设置报表显示内容

4.2 节对系统瓶颈的初步判断是基于 Processor 是否繁忙，因此选择状态报表进行查看。由于关心的是处理器"忙"或"闲"，因此在 State Report 标签页里先用"<<<"按钮清空 State to Report 列表，再选择"Idle"和"Processing"两种状态用>>按钮添加到 State to Report 列表。

(2)设置要显示的实体

由于关心的只是处理器，因此在 Option 标签页里先用"<<<"按钮清空 Classes to Report 列表，再选择 Processor 实体用>>按钮添加到 Classes to Report 列表。

(3)生成报表

回到 State Report 标签页，点击 Generate Report 按钮即可。生成的报表如图 4-25 所示。从报表中可以很容易地看出 Processor2 的利用率明显高于其他 3 个 Processor，因此可以判定系统的瓶颈在 Processor2，也就是检验处理器。

	A	B	C	D
1	Flexsim State Report			
2	Time:	24126.55866		
3				
4	Object	Class	idle	processing
5	Processor3	Processor	19.68%	80.32%
6	Processor4	Processor	17.11%	82.89%
7	Processor5	Processor	22.81%	77.19%
8	Processor2	Processor	4.37%	95.63%
9				

图 4-25　生成的状态报表

5 全局表及时间表的使用

本章在第 3 章的案例基础上，增加全局表以实现流程控制。本章主要学习全局表（Global Table）、时间表（Time Table）等全局对象，以及传送带、货架等 Flexsim 实体。

5.1 案 例 引 入

现在，第 3 章的案例中，工厂的流程发生了以下一些变化。

1）工厂购置了传送带，当产品完成加工后，3 种产品分别进入 3 条传送带送去检验。

2）产品检验完后用不同的货架存储起来。

3）机器并非 24 小时连续生产，而是周一至周五工作时间为 9：00～17：00。周六工作时间为 9：00～12：00，周日休息。

另外，工厂的经营者比较关心以下问题。

1）生产过程中，到底有多少个产品返工了？

2）生产线中有没有产品被返工 2 次？

3）如果返工产品达到 10 个，则需要停机维护 1 小时。

要解决这些问题，需要对第 3 章的模型进行改变。下面先学习建模相关的内容。

5.2 传 送 带

传送带（Conveyor）用于在模型中沿一系列路径移动 FlowItem。当 FlowItem 到达传送带时，先是 FlowItem 的前端到达传送带的起始端，然后开始沿着传送带的传送方向向下输送。一旦 FlowItem 的全长通过了传送带的起始端，传送带就重新打开其输入端口，可以接收另一个 FlowItem 了。当 FlowItem 的前端碰到传送带的末端时输送机就释放掉此 FlowItem。

传送带一次只接收一个 FlowItem，且一次只释放一个 FlowItem。意思是说，如果使用一个任务执行器将 FlowItem 运入或运出传送带，一次只能有一个 FlowItem 被运进来，一次也只能有一个 FlowItem 等待一个任务执行器来从输送机上将其捡取。当同时有多个任务执行器捡取 FlowItem 并将其运送到传送带上时，这一点很重要。如果要实现同时操作，可以在传送带前端设置一个暂存区，因为暂存区可以同时接收多个 FlowItem。

传送带有以下几种状态。

空（empty）：传送带上没有 FlowItem。

输送（conveying）：传送带上的所有 FlowItem 都在向下移动。

阻塞（blocked）：前面的 FlowItem 到达了传送带的末端，且已被释放，但是还没有被下游实体接收。

等待运输机（waiting-for-transporter）：前面的 FlowItem 到达了传送带的末端，且已被释放，也已被下游实体接收，但是任务执行器还没有来捡取它。

5.2.1 Conveyor 标签页

Conveyor 实体可以设置的参数包括操作模式、速度、视觉设置等，其参数设置标签页如

图 5-1 所示。

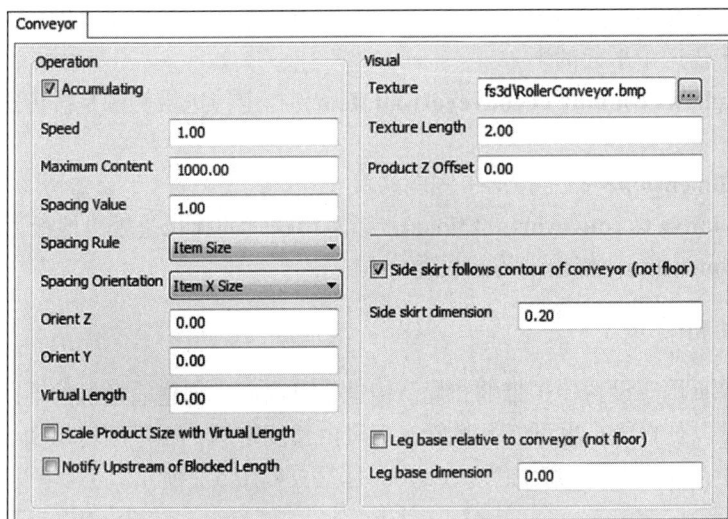

图 5-1　Conveyor 标签页

Accumulating：设定传送带的模式。传送带有两种操作模式，可积聚模式与非积聚模式。选中此选项即为可积聚模式。可积聚模式下，传送带像辊道传送带一样运作，即使传送带末端被阻塞，FlowItem 也可以在上面积聚；在非积聚模式下，传送带像皮带传送机一样运作，如果传送带被阻塞，则传送带上的所有 FlowItem 都会停下。

Speed：设定传送带的传送速度。仿真过程中，传送带的速度不能动态地改变。

Maximum Content：设定传送带上 FlowItem 的最大数量。

Spacing Value：设定传送带上 FlowItem 的间距。当两个 FlowItem 之间的距离达到这个间距值，后面的 FlowItem 就会停下来。

Spacing Rule：设定间距的计算规则。间距可以设定为 FlowItem 的尺寸 (Item Size)、尺寸和间距值的和 (Item Size + Spacing Value)、间距值 (Spacing Value)、或者尺寸和间距值的积 (Item Size ∗ Spacing Value)。

Spacing Orientation：如果设定的间距使用了 FlowItem 的尺寸，此选项设定所使用的 Item Size 是 FlowItem 的长度、宽度，还是高度。

Orient Z、Orient Y：如果 Spacing Orientation 使用的是 FlowItem 的宽度或高度，需要在此指定转角。例如，Spacing Orientation 指定了 FlowItem 的宽度 (Item Y Size)，那么需要在此设定转角为 90 度或 270 度，这样才能让 Y 轴转到和传动带一样的方向。

Virtual Length：指定传动带的视觉长度。如果这里设为 0，那么传送带显示为实际长度；如果这里填写大于 0 的数，那么传送带显示为此视觉长度。当要模拟很长的传送带，但又不想其占据模型太大的空间时使用此选项。

Scale Product Size with Virtual Length：当设定的视觉长度和传送带的实际长度不一致时，选择此选项让传动带上的 FlowItem 和传送带同比例缩放。

Notify Upstream of Blocked Length：选择此选项后，当传送带上的 FlowItem 超过了传送带的边缘时会"通知"上游传送带。

Texture：指定传送带外观使用的 bmp 文件。

Texture Length：指定传送带外观的拉伸程度。

Product Z Offset：指定传送带上的 FlowItem 在 Z 方向的偏移。例如，指定为负值，FlowItem 将位于传送带平面的下方。

Side skirt follows contour of conveyor(not floor)：指定传送带侧围是按传送带的厚度还是拖到地板上。

Side skirt dimension：指定传送带侧围的尺寸。

Leg base relative to conveyor(not floor)：指定传送带的腿长是否以地板为计算基数。

Leg base dimension：传送带的基数腿长。

5.2.2　Layout 标签页

Layout 标签页用于设置传送带的布局。传送带可以通过创建输送机的不同分段来定义路径。每个分段可以是直段，也可以是弧段。直段由长度定义，弧段用转角和半径定义。这样可以使输送机具有其所需的弯曲度。Layout 标签页如图 5-2 所示。

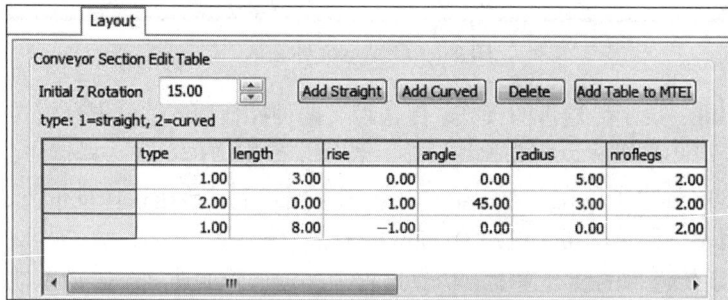

图 5-2　Layout 标签页

Initial Z Rotation：设置传送带在 Z 方向的转角。

Add Straight：为传送带增加一个直段。

Add Curved：为传送带增加一个弧段。

Delete：删除选中的分段。

分段表中的字段含义如下。

type：分段的类型。1 表示直段，2 表示弧段。

length：直段的长度。如果是弧段，该值被忽略。

rise：分段末端和始端的高度差。使用该值可以设定传送带的升起或下降效果。

angel：指定弧段弯曲的角度。如果是直段，该值被忽略。

radius：指定弧段的半径。如果是直段，该值被忽略。

nrofLegs：指定该分段的支脚数。

提示：如果传送带的第一段是弧段，FlowItem 是沿着弧度被输送到此传送带上的。如果这种效果不满足动画显示的要求，那么插入一个长度为 0 的直段作为第 1 段，FlowItem 就能直着输送到传送带上了。

5.2.3　光电传感器标签页

可以在传送带上设置光电传感器(Photo Eyes)。光电传感器置于传送带上的指定位置，当光电传感器被/不被遮挡时，触发 OnCover 触发器和 OnUncover 触发器。光电传感器有两个用户定义的域段：沿传送带方向的从始端算起的位置和跳转时间。

光电传感器有三种状态。

未遮挡/绿色：表示没有 FlowItem 遮挡光电传感器。

部分遮挡/黄色：表示 FlowItem 正遮挡着光电传感器，但是还未遮挡到其跳转时间。

遮挡/红色：表示 FlowItem 正遮挡着光电传感器，而且至少已经被遮挡了跳转时间。

当光电传感器发生状态转移时，会触发相应的触发器。

绿到黄：FlowItem 经过光电传感器并遮挡它。这时开始跳转时间计时。

黄到红：光电传感器被部分遮挡，且跳转时间计时期满。此时将触发 OnCover 触发器。注意，如果指定光电传感器的跳转时间为 0，则 FlowItem 经过时即触发 OnCover 触发器。

黄到绿：光电传感器被部分遮挡处于黄色状态时，当跳转时间计时未满时 FlowItem 已通过，这时触发 OnUncover 触发器。

红到绿：光电传感器被遮挡处于红色状态时，FlowItem 已通过，使光电传感器变为未遮挡状态。这将触发 OnUncover 触发器。

提示：不是每个 FlowItem 经过光电传感器都会触发 OnUncover 触发器。如果在 FlowItem 后面紧跟着一个 FlowItem，则此 FlowItem 经过光电传感器之后，光电传感器仍然保持遮挡状态。如果将 Spacing Orientation 参数设定为大于 FlowItem 长度，则在两个 FlowItem 之间就会有空隙，这会使得每个 FlowItem 经过都触发 OnUncover 触发器。

Photo Eyes 标签页的相关参数设置如图 5-3 所示。

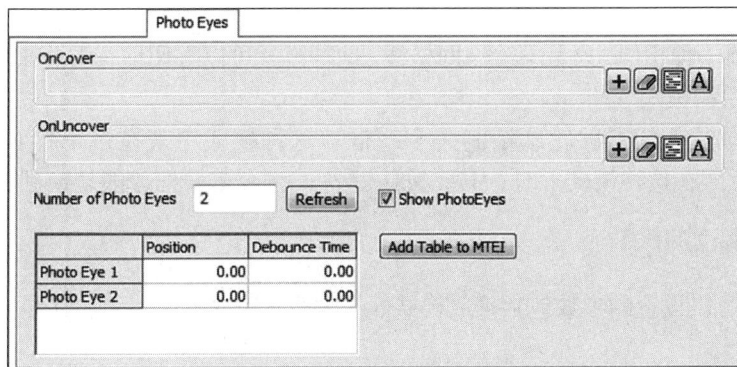

图 5-3　Photo Eyes 标签页

OnCover：定义遮挡触发器的动作。可以是发送消息或者延迟消息给相关实体，也可以是打开或关闭端口，或者是发送消息给输出控制台。通过菜单 View→Output Console 打开输出控制台后可以看到。

OnUncover：定义未遮挡触发器的动作。动作列表同 OnCover 触发器。

Number of Photo Eyes：指定光电传感器的数量。

Position：指定光电传感器的位置，沿传送带方向从始端算起。

Debounce Time：指定光电传感器的跳转时间。当光电传感器被遮挡即开始计时，一旦遮挡时间超过此跳转时间即触发 OnCover 触发器。

Show PhotoEyes：光电传感器显示为横跨在传送带上的绿线。此选项可以隐藏光电传感器。

提示：如果将光电传感器的跳转时间设为 0，则遮挡触发器将同时被触发两次：一次是状态由绿变黄，另一次是从黄变红。

5.2.4　Triggers 标签页

Conveyor 特有的触发器是 OnConveyEnd 触发器，当 FlowItem 被传送到 Conveyor 末端并被释放时触发。

5.3　货　　架

货架(Rack)用来像在仓库货架上一样存储 FlowItem，也可以用来当作一个仓库的地面堆存，它将持续接收 FlowItem 直到达到其最大容量。可以指定货架的列数和层数，也可以为进入货架的 FlowItem 指定放置位置。如果使用运输机从一个货架捡取或传递 FlowItem，运输机将行进到货架中分配给那个 FlowItem 放置的特定货格。

货架有几种显示模式以更好地观察货架中的产品。可按住键盘 X 键重复点击货架，则货架将在不同的显示模式之间切换。

(1)完全绘制模式

显示每个货格，货架的每层有一个平台可以放置 FlowItem。

(2)带货格线的后板面绘制模式

该模式只显示货架的后板面，因此总可以看到货架内部。它还在后板面上绘制网格来代表货架的列和层。这种模式可以更好地查看货架中 FlowItem 所在的列和层。

(3)后板面绘制模式

该模式与前一种相似，只是不绘制网格线。这种模式可以方便地查看货架中的 FlowItem。

(4)线框架绘制模式

该模式围绕货架的形状轮廓绘制一个线框。这种模式用来在多个背对背货架中查看FlowItem。当货架在这种模式下时，需要按住键盘 X 键点击线框才能切换到其他模式。

5.3.1　Rack 标签页

Rack 实体可以设置的参数包括堆放模式、最大容量、放置位置等，其参数设置标签页如图 5-4 所示。

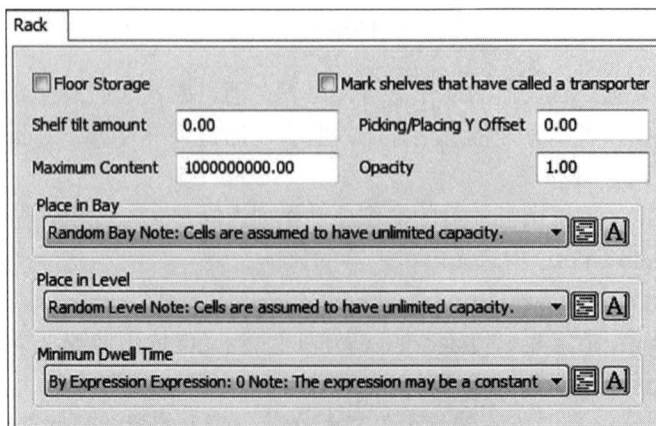

图 5-4　Rack 标签页

Floor Storage：如果选中此复选框，货架将模拟地面存储空间，排是垂直的列，层是水平的行，即用列号来指定在地面上放置 FlowItem 的水平位置，用层号来指定放置 FlowItem 的垂直位置。如果货架是垂直存储货架，则进入货架的 FlowItem 将放置在给定的列与层，并从货架的 y 边缘开始向后堆积；如果货架被用作地面堆存，则 FlowItem 将放置在地面上给定的列和层，并从那一点开始垂直堆积。

Shelf tilt amount：指定 FlowItem 放在货架给定货格上的倾斜度，因为有些货架上的货物是从后端向前端滑动的。

Maximum Content：指定货架可以接受的最大 FlowItem 数。

Mark shelves that have called a transporter：选择此选项，当货架调用运输机来进行捡取时，会用红色将该架子高亮显示。

Picking/Placing Y Offset：指定任务执行器从货架选取或者放下 FlowItem 时的偏移量，即任务执行器与货架之间的距离。当使用操作员从货架选取或者放置 FlowItem 时尤为有用，因为通常操作员会走到货架"里"去捡取 FlowItem。如果指定偏移值为 1，操作员在选取或者放下 FlowItem 时，将与货架保持更适合的距离。

Opacity：此选项指定货架的不透明性。当模型中具有多排货架时，将前排的货架绘制为半透明性的，就可以看到同一区域中的多排货架。Opacity 为 0 表示全透明，为 1 表示完全不透明。

Place in Bay：当有 FlowItem 进入货架时，调用放入列函数，它返回 FlowItem 将要放置进去的那一列。

Place in Level：当有 FlowItem 进入货架时，调用放入层函数，它返回 FlowItem 将要放置进去的那一层。

提示：调用放入列和放入层函数的时间取决于 FlowItem 是被运输到货架的，还是直接从上游实体移动来的。如果它们是被移动进来的，则在 OnReceive 触发器中调用放置函数。如果是被运输机运送到货架中的，则在运输机完成行进任务并开始卸载任务的偏移行进时调用放置函数。此时，运输机向货架询问将 FlowItem 放在哪儿。货架调用放置函数告诉运输机让它行进到正确的列和层。

Minimum Dwell Time：指定 FlowItem 被释放到下游之前必须在货架里停留的时间。每当一个 FlowItem 进入货架时，就对该 FlowItem 开始计时。当计时达到最小停留时间后，货架才可以释放该 FlowItem。如果该值指定为–1，货架将不向下游释放 FlowItem。

5.3.2 SizeTable 标签页

SizeTable 标签页用于布局配置货架的排与层，如图 5-5 所示。

Basic 组框：如果是简单的各层完全一致的货架，就使用基础面板。设定货架的基本尺寸后，点击"Apply Basic Settings"按钮，这些设定就会应用到货架。

Number of Bays：指定货架的列数。

Width of Bays：指定货架每列的列宽。

Number of Levels：指定货架的层数。

Height of Levels：指定货架各层的层高。

Advanced 组框：可以单独地设置货架的各列与各层。左边是货架的所有列，右边可以对选中列进行配置。在正投影/透视视图中，所做的设置将立即显示在货架上。

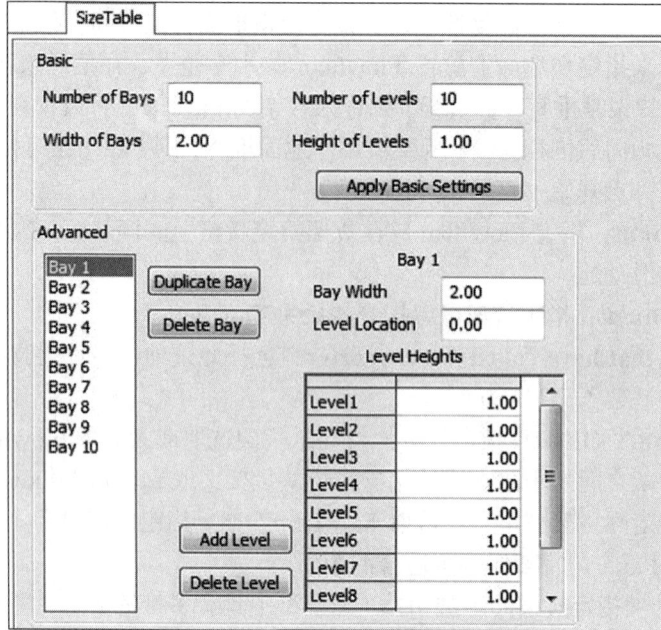

图 5-5　SizeTable 标签页

Duplicate Bay：复制选中列并且添加到货架末尾。

Delete Bay：删除选中的列。

Add Level：在选中的列的顶部添加一层。

Delete Level：从选中列删除顶部的层。

Bay Width：指定选中列的宽度。

Level Location：指定选中列的第一层的起始 z 坐标。

Level Heights：指定选中列各层的高度。

5.4　全　局　表

全局表（Global Table）对象通过菜单工具→全局表访问。全局表可以存储数字型或字符串型数据，一个 Flexsim 模型可以有多个全局表。模型中任何实体都可以用 gettablenum（ ）、gettablestr（ ）、settablenum（ ）、settablestr（ ）、reftable（ ）等函数访问这些数据。全局表的设置界面如图 5-6 所示。

Name：指定全局表的名称。名称应便于记忆，并能描述表的功能。各种函数通过表的名称访问它们，进行读写。

Rows：指定全局表的行数。

Columns：指定全局表的列数。

Clear on Reset：如果选择了此选项，当模型被重置时，表中所有数值类型单元将被清零。

提示：如果全局表中记录的是模型的初始数据，请慎用此选项。如果全局表中记录的是模型的统计数据，则通常使用此选项。

要编辑全局表中某个单元，点击该单元，即可在单元中填写数据。默认情况下，全局表中只能输入数值型数据。如果要输入字符串型数据，在该单元上右击鼠标，在弹出菜单里选择"添加字符串数据"。

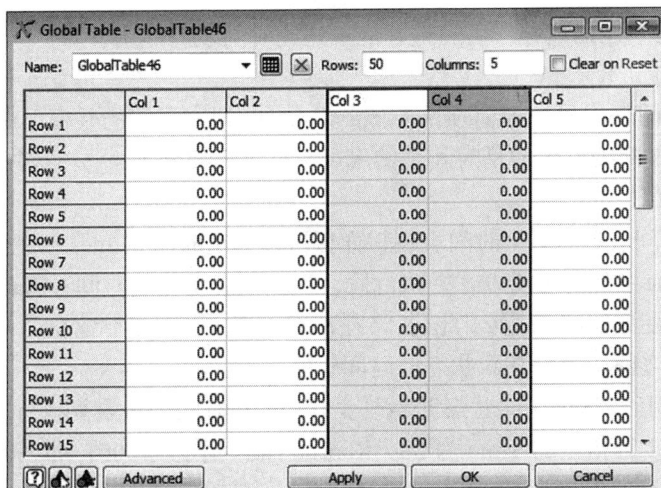

图 5-6　全局表设置界面

5.5　时　间　表

　　时间表(Time Table)对象通过菜单工具→时间表访问，也可以通过具有中断属性的实体的参数对话框来访问，如 Processor 实体的 Breakdown 标签页，或 Operator 实体的 Break 参数标签页等。

　　时间表用来进行模型中指定实体的状态更改的设定，如设定停机时间。每一个时间表可以控制多个实体，每个实体又能被多个时间表所控制。一个模型可以包含多个时间表。时间表的设置界面如图 5-7 所示。

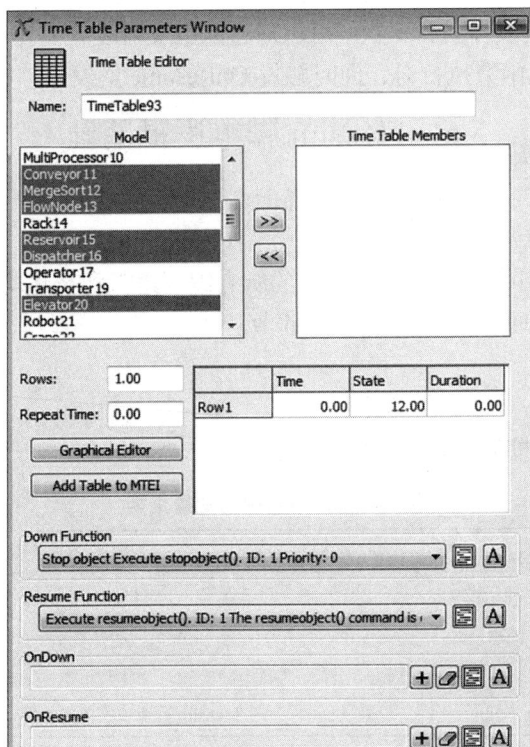

图 5-7　时间表设置界面

Name：指定时间表的名称。名称最好能描述此时间表的作用，如"Weekend（周末）"或者"Shift Change（轮班）"。

添加与移除时间表成员：视窗顶部左侧的 Model 列表显示的是模型中的实体，右侧的 Time Table Members 列表显示的是时间表的成员。可以通过>>或<<按钮将模型中的实体添加或移出成员列表。

Rows：指定时间表的行数。时间表编辑面板可以指定时间（Time）、状态（State）及持续时间（Duration）。**Time：**指定时间表开始执行后，发生状态变化的时间；**State：**指定受此时间表控制的实体将要变成的状态。点击此列，将在顶部出现一个可能状态的下拉列表。**Duration：**指定恢复原有状态之前，保持在新状态的时间长度。

Repeat Time：指定从第 1 次状态开始改变开始，到时间表被重复执行所经历的时间。例如，如果时间表第 1 行指定的 Time 为 60，Repeat Time 指定为 300，那么第 1 次停机将发生在时刻 60，而时间表将在时刻 360、660、960 等时刻被重复执行。

Down Function：指定成员列表中的实体发生停机时要执行的操作。Down Function 将对成员列表中的每个实体执行一次操作。可以指定的停机操作包括停止实体（Stop Object）、停止输入（Stop Input）、停止输出（Stop Output）、停止输入输出（Stop Input and Output）、创建任务序列（Create Task Sequence）等。

Resume Function：指定成员列表中的实体终止停机时，执行什么操作使实体恢复运行。同样的，Resume Function 将对成员列表中的每个实体执行一次操作。可以指定的恢复操作包括恢复实体（Resume Object）、恢复输入（Resume Input）、恢复输出（Resume Output）、恢复输入输出（Resume Input and Output）等。

OnDown：当停机函数执行时，同时触发 OnDown 触发器。注意此触发器只运行一次，而不是对成员列表中每个实体执行一次。可以通过此触发器设置实体的位置、颜色、标签等。

OnResume：当恢复函数执行时，同时触发 OnResume 触发器。

5.6　Flexsim 脚本逻辑基础

Flexsim 软件提供了丰富的图形化操作界面。但要建立比较复杂的模型，必须掌握一些 Flexsim 中的基本命令，以及如何在模型中建立用户逻辑。

Flexsim 集成了 C++ IDE 和编译器。C++的所有编程逻辑和技巧均可在 Flexsim 模型的逻辑脚本中应用。熟悉 C++编程的读者可跳过此节。

5.6.1　变量类型

Flexsim 脚本中的变量类型只有 4 种，见表 5-1。

表 5-1　Flexsim 中的变量类型

类型	说明
int	整数
double	双精度浮点数
string	字符串
treenode	Flexsim 节点或实体的指针

变量命名时不能使用空格或特殊字符,同时变量名对大小写敏感,即 Index 和 index 是不同的变量。声明和设定变量的示例如下:

int index = 1;

double weight = 175.8;

string category = "groceries";

treenode destination = next(current);

5.6.2　运算符

Flexsim 脚本中可以使用的运算符有数学运算符、关系运算符、逻辑运算符,以及赋值运算符等。

(1)数学运算符

Flexsim 脚本支持的数学运算符包括+、−、*、/四则运算,以及%(整数取模)、sqrt(开方)、pow(次方)、round(四舍五入)、frac(取小数)、fmod(浮点数取模)等。

(2)关系运算符

Flexsim 脚本支持的关系运算符包括>(大于)、<(小于)、>=(大于等于)、<=(小于等于)、= =(等于)、!=(不等于)、compartext(字符串等于)等。其中 compartext 是比较两个字符串是否相同,如 compartext("processor","processor3")的结果为假。

(3)逻辑运算符

Flexsim 脚本支持的逻辑运算符包括&&(逻辑 AND)、‖(逻辑 OR)、!(逻辑 NOT)等。

(4)赋值运算符

Flexsim 脚本支持的赋值运算符包括=、+=、−=、*=、/=、++、−−等。例如,$x += 2$ 等同于 $x = x + 2$,$x ++$等同于 $x = x + 1$。

5.6.3　代码流程结构

Flexsim 脚本中可以使用 If 判断、While 循环、For 循环、Switch 判断等逻辑结构。

(1)If 判断

If 语句用作逻辑判断,表达式为真时,执行某些代码,而表达式为假时,执行另一部分代码。例如,如果要把类型为 2 的 FlowItem 渲染成红色,其他的渲染为黑色,代码如下:

```
if(getitemtype(item)== 2)
{
    colorred(item);
}
else
{
    colorblack(item);
}
```

(2)While 循环

While 语句用作逻辑循环,当表达式为真时,循环执行某些代码,直到表达式为假时停止。例如,如果当实体内的 FlowItem 数量小于 10 时,向输出控制台发送一条消息,代码如下:

```
while(content(current)== 10)
{
    pt("I am still in the range of content");
}
```

(3)For 循环

For 语句用作逻辑循环，当计数器未超过循环次数时，循环执行某些代码。例如，如果要把实体内的 FlowItem 都设置一个标签，代码如下：

```
for(int index = 1;
    index <= content(current);
    index ++)
{
    setlabelnum(item, "Qualified", 1);
}
```

(4)Switch 判断

Switch 语句用作逻辑判断，根据 Switch 变量的取值，在几个备选的代码段中选择一段执行。例如，如果要把标签为"合格"的产品渲染成绿色，其他为红色，代码如下：

```
int label = getlabelnum(item, "Qualified");
switch(label)
{
    case 1:
    {
        colorgreen(item);
        break;
    }
    default:
    {
        colorred(item);
        break;
    }
}
```

5.6.4　Flexsim 基本命令

Flexsim 基本命令包括实体引用、实体属性操作、实体位置操作、实体标签操作、实体控制、实体变量操作、实体统计、表操作、输出命令等几类。执行命令语句包括命令名称，括号内的参数，最后需要输入分号。命令的参数可以是变量、表达式，甚至也可以是另一命令。常见的命令参数有 current 和 item。变量 current 表示对当前实体的引用，变量 item 表示对实体内的当前 FlowItem 的引用。

(1)实体引用命令

对实体或节点进行引用。主要命令和说明见表 5-2。

表 5-2 实体引用命令

命令（参数）	说明
first（node）	引用节点中排序第一的对象，如 first（current）表示引用当前节点中第一个对象
last（node）	引用节点中排序倒数第一的对象，如 last（current）表示引用当前节点中最后一个对象
rank（node，ranknum）	引用节点中指定排序的对象，如 rank（current，3）表示引用当前节点中第三个对象
inobject（object，portnum）	引用与实体的输入端口号相连的对象，如 inobject（current，1）表示引用与当前实体第一个输入端口相连的实体
outobject（object，portnum）	引用与实体的输出端口号相连的对象，如 outobject（current，2）表示引用与当前实体第二个输出端口相连的实体
centerobject（object，portnum）	引用与实体的中间端口号相连的对象，如 centerobject（current，1）表示引用与当前实体第一个中间端口相连的实体
next（node）	引用实体中下一个对象，如 next（item）表示引用实体中下一个 FlowItem

(2)实体属性操作命令

对实体的名称、标签、类型等属性进行操作。主要命令及说明见表 5-3。

表 5-3 实体属性操作命令

命令（参数）	说明
getname（object）	读取实体名称，如对模型中的加工处理器来说，getname（current）返回 "Testor"
setname（object，name）	设定实体名称，如 setname（current，"Testor"）将当前实体名称设定为 "Testor"
getitemtype（object）	读取 FlowItem 的类型，如 getitemtype（item）读取实体中当前 FlowItem 的类型值
setitemtype（object，num）	设定 FlowItem 的类型属性，如 setitemtype（item，3）表示把当前 FlowItem 的 Item Type 属性设定为 3
setcolor（object，red，green，blue）	用 RGB 值设定实体颜色，如 setcolor（current，255，0，0）把当前实体的颜色设为红色
colorblue（object）	直接设定实体颜色，如 colorred（item）表示把当前 FlowItem 的颜色设为红色
setobjectshapeindex（object，indexnum）	设定实体的 3D 形状，如 setobjectshapeindex（item，4）表示把 FlowItem 的形状设为球形
setobjecttextureindex（object，indexnum）	设定实体的 3D 纹理
setobjectimageindex（object，indexnum）	设定实体的 2D 纹理，通常只在平面视图中使用

(3)实体位置操作命令

对实体的位置、转角、尺寸等空间属性进行操作。主要命令及说明见表 5-4。

表 5-4 实体空间属性操作命令

命令（参数）	说明
xloc（object）yloc（object）zloc（object）	返回实体 x、y、z 轴向的位置
setloc（object，xnum，ynum，znum）	设定实体 x、y、z 轴向的位置
xsize（object）ysize（object）zsize（object）	返回实体 x、y、z 轴向的尺寸大小
setsize（object，xnum，ynum，znum）	设定实体 x、y、z 轴向的尺寸大小
xrot（object）yrot（object）zrot（object）	返回实体围绕 x、y、z 轴向的旋转角度
setrot（object，xdeg，ydeg，zdeg）	设定实体围绕 x、y、z 轴向的旋转角度

(4)实体标签操作命令

对实体标签进行读、写、引用等操作。主要命令及说明见表 5-5。

表 5-5　实体标签操作命令

命令(参数)	说明
getlabelnum(object, labelname) getlabelnum(object, labelrank)	读取指定标签名或标签序号的数值型标签的值
setlabelnum(object, labelname, value) setlabelnum(object, labelrank, value)	设定指定标签名或标签序号的数值型标签的值
getlabelstr(object, labelname) getlabelstr(object, labelrank)	读取指定标签名或标签序号的字符串型标签的值
setlabelstr(object, labelname, value) setlabelstr(object, labelrank, value)	设定指定标签名或标签序号的字符串型标签的值
label(object, labelname) label(object, labelrank)	引用作为节点的标签

(5)实体控制命令

对实体进行开/关端口、停止、恢复、消息等操作。主要命令及说明见表 5-6。

表 5-6　实体控制命令

命令(参数列表)	说明
closeinput(object)	关闭实体的输入端口
openinput(object)	打开实体的输入端口
closeoutput(object)	关闭实体的输出端口
openoutput(object)	打开实体的输出端口
sendmessage(toobject, fromobject, parameter1, parameter2, parameter3)	从 fromobject 向 toobject 发送一条消息
senddelayedmessage(toobject, delaytime, fromobject, parameter1, parameter2, parameter3)	从 fromobject 向 toobject 发送一条有延迟的消息
stopobject(object, downstate)	停止实体，进入指定的状态
resumeobject(object)	恢复实体原有操作
stopoutput(object)	停止实体的输出，并累计停止输出的请求
resumeoutput(object)	恢复实体的输出
stopinput(object)	停止实体的输入，并累计停止输入的请求
resumeinput(object)	恢复实体的输入
insertcopy(originalobject, containerobject)	往容器里添加新的实体
moveobject(object, containerobject)	将实体从容器中移除

(6)实体变量操作命令

对实体的变量进行读、写、引用等操作。主要命令及说明见表 5-7。

表 5-7　实体变量操作命令

命令（参数）	说明
getvarnum（object，"variablename"）	读取指定名称的数值型变量的值
setvarnum（object，"variablename"，value）	设定指定名称的数值型变量的值
getvarstr（object，"variablename"）	读取指定名称的字符型变量的值
setvarstr（object，"variablename"，string）	设定指定名称的字符型变量的值
getitemsendto（item）	读取 FlowItem 被送往的端口
setitemsendto（object，num）	设定 FlowItem 被送往的端口
getvarnode（object，"variablename"）	引用指向指定名称的变量的节点

(7)实体统计命令

对实体的容量、状态、吞吐量等进行统计。主要命令及说明见表 5-8。

表 5-8　实体统计命令

命令（参数）	说明
content（object）	返回实体中 FlowItem 的当前数量
getinput（object）	返回输入实体的 FlowItem 数量
getoutput（object）	返回输出实体的 FlowItem 数量
setstate（object，statenum）	设定实体的当前状态
getstatenum（object）	返回实体的当前状态的索引值
getstatestr（object）	以字符串返回实体当前状态
getrank（object）	返回实体在节点中的排序
setrank（object，ranknum）	设定实体在节点中的排序
getentrytime（object）	返回 FlowItem 进入当前实体的时刻
getcreationtime（object）	返回 FlowItem 的创建时刻

(8)表操作命令

对模型中的全局表、时间表进行读、写操作。主要命令及说明见表 5-9。

表 5-9　表操作命令

命令（参数）	说明
gettablenum（tablename/tablenode/tablerank，rownum，colnum）	读取表中特定行列的数值型单元格的值
settablenum（tablename/tablenode/tablerank，rownum，colnum，value）	设定表中特定行列的数值型单元格的值
gettablestr（tablename/tablenode/tablerank，rownum，colnum）	读取表中特定行列的字符型单元格的值
settablestr（tablename/tablenode/tablerank，rownum，colnum，value）	设定表中特定行列的字符型单元格的值
settablesize（tablename/tablenode/tablerank，rows，columns）	设定表的行数与列数
gettablerows（tablename/tablenode/tablerank）	返回表的行数
gettablecols（tablename/tablenode/tablerank）	返回表的列数
clearglobaltable（tablename/tablenode/tablerank）	重置全局表中所有数值

(9)输出命令

用于向输出控制台输出，或者创建消息对话框。主要命令及说明见表 5-10。

表 5-10 输出命令

命令（参数）	说明
pt（textstring）	向输出控制台输出文本
pf（floatvalue）	向输出控制台输出浮点数值
pd（discretevalue）	向输出控制台输出整数值
pr（）	向输出控制台输出换行符
concat（string1，string2，etc.）	合并字符串
msg（"title"，"caption"）	打开"是、否、取消"的消息对话框

5.7 练 习

5.7.1 练习一：传送带的视觉效果

练习一通过几个例子来熟悉传送带灵活的视觉外观效果设置。注意这些练习中的设置只是更改传送带的外观，增强其逼真效果，而并不更改传送带的功能特征。

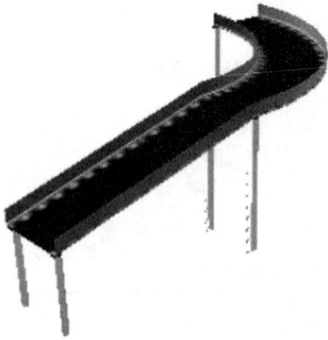

图 5-8 有侧轨的带状传送带效果图

(1)设置有侧轨的带状传动带

1)为了将传送带的外观设为带状传动带，将其 Texture 参数设为 BeltConveyor.bmp。

2)为了让传送带显示侧轨，将其 Side skirt dimension 参数设为-0.2。

3)在传送带的 Layout 标签页里增加一段弧段。将直段的长度设为 3，升起设为 0.8；将弧段的半径设为 3。

4)单击 OK 按钮即可。完成设置的传送带效果如图 5-8 所示。

(2)设置有侧围的悬挂传动带

1)为了让传送带显示为悬挂，不选中 Leg base relative to conveyor 选项，将其 Leg base dimension 参数设为 2.5。

2)取消选中 Side skirt follows contour of conveyor (not floor)选项，并将传送带的 Side skirt dimension 参数设为 0，即表示传送带的侧围尺寸为 0，但从地面开始绘制。

3)将传送带的 Texture 参数设为空，即表示传送带没有纹理。

4)将传送带的 General 属性页里的颜色设为蓝色。

5)单击 OK 按钮即可。完成设置的传送带效果如图 5-9 所示。

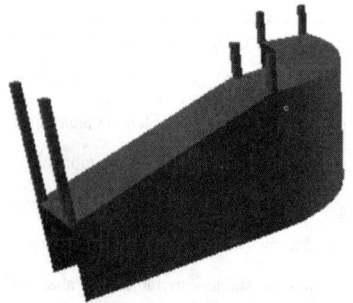

图 5-9 有侧围的悬挂传送带效果图

提示：将传送带的 Texture 参数设为空后，需要 Reset 模型才能看到相应的效果。

(3)设置 FlowItem 在下方的悬挂带传送带

1）选中 Leg base relative to conveyor 选项，将其 Leg base dimension 参数设为 0，即传送带没有支脚。

2）选中 Side skirt follows contour of conveyor（not floor）选项，并将传送带的 Side skirt dimension 参数设为 0，即传送带没有侧围。

3）将传送带的 Texture 参数设为 FlexBox.bmp，即改变传送带的纹理。

4）将传送带的 Texture Length 参数设为 1，调整纹理的拉伸程度。

5）为了让 FlowItem 在传送带的下方，将传送带的 Product Z Offset 参数设为 −0.5。

6）将传送带 General 属性页里的颜色设为灰色。

7）单击 OK 按钮即可。完成设置的传送带效果如图 5-10 所示。

图 5-10　FlowItem 在下方的悬挂带效果图

5.7.2　练习二：光电传感器的使用

本练习通过一个简单的例子来理解光电传感器的使用。

步骤 1：建立模型。

从实体库中拖入 1 个 Source、1 个 Conveyor、1 个 Sink，实体参数均采用默认设置，按图 5-11 所示建立连接。

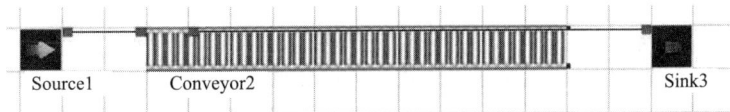

图 5-11　光电传感器练习模型正投影视图

步骤 2：设置光电传感器。

在传送带的 Photo Eyes 标签页，将 Number of Photo Eyes 参数设为 4，单击 Refresh 按钮。在下方的列表里，将 4 个 Photo Eyes 的 Position 参数分别设为 0、2.5、5、9.9，Debounce Time 参数设为 0、1、1、1。

运行模型。可以看到模型中出现的 4 条横跨传送带的绿线即为光电传感器。当 FlowItem 经过光电传感器时，可以看到光电传感器的颜色发生了变化，表示其状态的改变。注意第一个光电传感器的颜色是绿变红，其他光电传感器的颜色是绿变黄。因为第一个光电传感器的跳转时间为 0，因此状态直接从未遮挡（绿色）跳转到了遮挡（红色）。

提示：光电传感器的 Position 参数不能超过或等于传送带的长度。如果要把光电传感器布置在传送带末端，可将其 Position 设置得比传动带长度略小。如本练习中传送带默认长度为 10，第 4 个光电传感器的 Position 参数设为 9.9。

步骤 3：设置光电传感器的触发器。

现在的模型中，传送带的操作模式是 Accumulating，因此模型运行过程中，会出现传送带上有多个 FlowItem 的情况。如果希望传送带上只有不超过 1 个 FlowItem，可以通过光电传感器的触发器进行控制。

在传送带的 OnCover 触发器选择 Handle each Photo Eye Differently，代码如下：

```
case 1: closeinput(current); break;
case 2: pt("The state of Photo Eye covered is"); pd(covermode);
pr( ); break;
```

这段代码的意思是当触发第 1 个光电传感器的遮挡事件时关闭传送带的输入端口；当触发第 2 个光电传感器遮挡事件时在输出控制台输出一段消息。

在传送带的 OnUncover 触发器选择 Handle each Photo Eye Differently，代码如下：

```
case 3: pt("The state of Photo Eye uncovered is"); pd(covermode);
pr( ); break;
case 4: openinput(current); break;
```

这段代码的意思是当触发第 3 个光电传感器的未遮挡事件时在输出控制台输出一段消息；当触发第 4 个光电传感器的未遮挡事件时打开传送带的输入端口。

现在通过菜单 View→Output Console 打开输出控制台，重置并运行模型。可以看到，传送带上始终只有 1 个 FlowItem，仅当 FlowItem 通过第 4 个光电传感器后，传送带才接受新的 FlowItem。也可以看到，每当 FlowItem 经过第 2 个和第 3 个光电传感器时，输出控制台都有一条消息。

步骤 4：理解 0 跳转时间。

现在把第 2、第 3 个光电传感器的 Debounce Time 更改为 0，打开输出控制台，重置并运行模型。

可以看到，当 FlowItem 经过第 2 个光电传感器时，输出控制台有两条消息，而经过第 3 个光电传感器时依然是 1 条消息。因为现在的跳转时间为 0，即没有跳转时间，因此，当 FlowItem 经过第 2 个光电传感器时，其状态同时发生了两次变化：未遮挡(绿)到部分遮挡(黄)、部分遮挡(黄)到遮挡(红)，因此相应地触发了两次 OnCover 触发器。

5.7.3　练习三：时间表使用示例

练习三通过一个简单的例子来熟悉时间表的使用。

步骤 1：建立模型。

从实体库中拖入 1 个 Source、2 个 Processor、1 个 Sink，实体参数均采用默认设置，按图 5-12 所示建立连接。

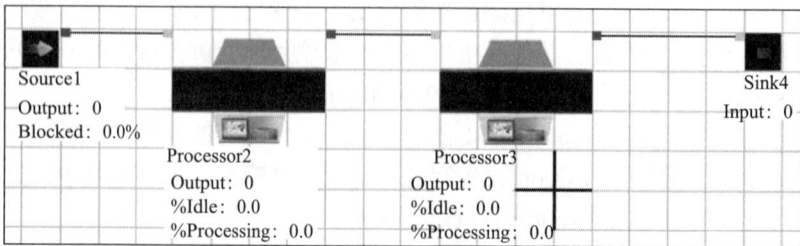

图 5-12　时间表练习模型正投影视图

步骤 2：添加时间表。

通过菜单 Tools→Time Tables 添加一个新的时间表。设置时间表如图 5-13 所示。图中的设置表明在时刻 50 状态变为 12(Schedule Down)，持续 10 单位时间；在时刻 80 状态再次改变，持续 10 单位时间。此时间表 100 单位时间循环一次。

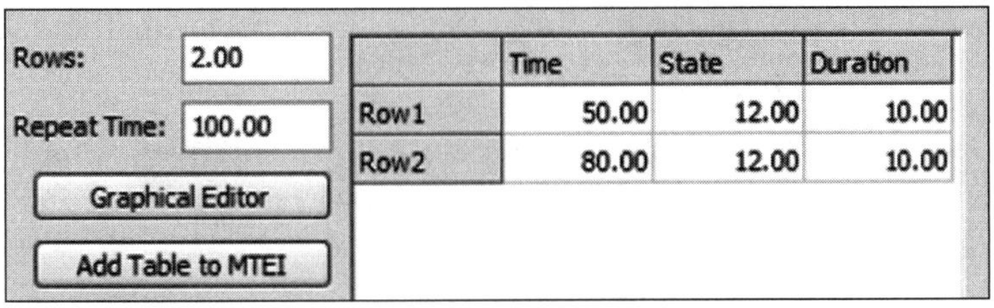

		Time	State	Duration
Rows: 2.00	Row1	50.00	12.00	10.00
Repeat Time: 100.00	Row2	80.00	12.00	10.00
Graphical Editor				
Add Table to MTEI				

图 5-13　时间表设置

步骤 3：将时间表指定给第 1 个 Processor。

双击第 1 个 Processor，打开其参数窗口。选择 Breakdown 标签页，单击下方 Add 按钮添加步骤 2 新建的时间表(当然也可以在此添加新的时间表)。

运行模型。可以看到，在时刻 50，第 1 个处理器出现了停机(在模型运行时显示为黄色方框)。在时刻 60，处理器恢复了工作。在时刻 80，该处理器再次出现了停机并持续 10 单位时间。在时刻 150，处理器再次停机，并循环此过程。

提示：如果所设置的持续时间的和超过了重复时间，处理器将一直处于停机状态。有兴趣的读者可以自行试验。

步骤 4：理解时间表成员。

打开时间表，在对话框顶部左侧的 Model 列表中选择另一个处理器，使用>>按钮将其增加为时间表成员。

重置并运行模型。可以看到，当时间表被调用时，所有成员都执行了 Down Function 指定的操作，因此两个处理器同时出现了停机。

5.8　实　验　案　例

现在载入第 3 章的模型，来实现 5.1 节里模型流程的改变。

5.8.1　添加传送带

按 5.1 节的案例描述，产品完成加工后，分别由不同的传送带送去检验。因此，这里在模型中添加传送带。

步骤 1：在模型中拖入传送带实体。

由于第 3 章的模型中产品从加工处理器出来是直接进入检验 Queue，而现在流程变化为由传送带输送，因此，首先按住键盘 Q 键，断开加工处理器和检验 Queue 的连接，然后从 Library 中拖出 3 个传送带实体分别放到加工处理器的后面。

步骤 2：设置传送带布局并建立连接。

更改传送带布局，使传送带在末端有一个弧段，以便让传送带末端离检验 Queue 更近。具体做法如下：为第 1 个传送带增加一个弧段，将直段的长度设为 3，弧段的角度设为–90，半径设为 3；把第 2 个传送带的长度设为 4；为第 3 个传送带增加一个弧段，将直段的长度设为 3，弧段的角度设为 90，半径设为 3。

按照模型中 FlowItem 的逻辑路径，分别建立 3 个处理器和 3 个传送带的连接，再把 3

个传送带连接到检验 Queue。现在的模型如图 5-14 所示。

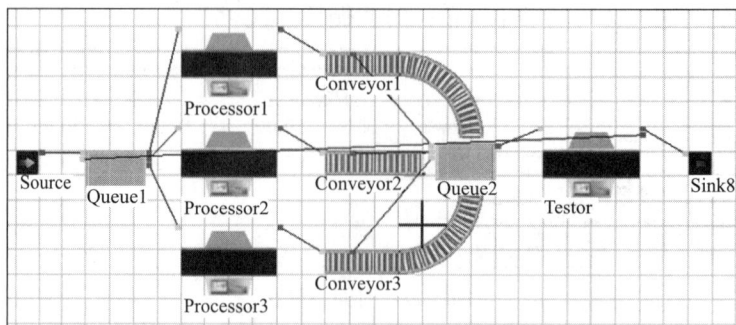

图 5-14　加入传送带后的模型

5.8.2　添加货架

根据 5.1 节的描述，产品加工完后要送去货架存储。因此，接下来在模型中添加货架。

步骤 3：删除模型中的 Sink。

由于检验完毕的产品不再送往 Sink，因此，先要把模型中的 Sink 删除。选中 Sink 使其黄色高亮显示，按 "Delete" 键即可将其删除。

提示：当删除模型中的实体后，所有与该实体相关的连接都同时被删除。注意，这可能会影响到与实体相连的实体的端口编号。例如，本案例模型中，原本检验处理器的输出端口 1 是到 Sink，输出端口 2 是到加工 Queue。现在，检验处理器到加工 Queue 的输出端口变成了端口 1。

步骤 4：在模型中添加货架并建立连接。

从 Library 中拖入 3 个货架放在检验处理器的后面。然后按住键盘 A 键，创建从检验处理器到每个货架的端口连接。现在的模型如图 5-15 所示。

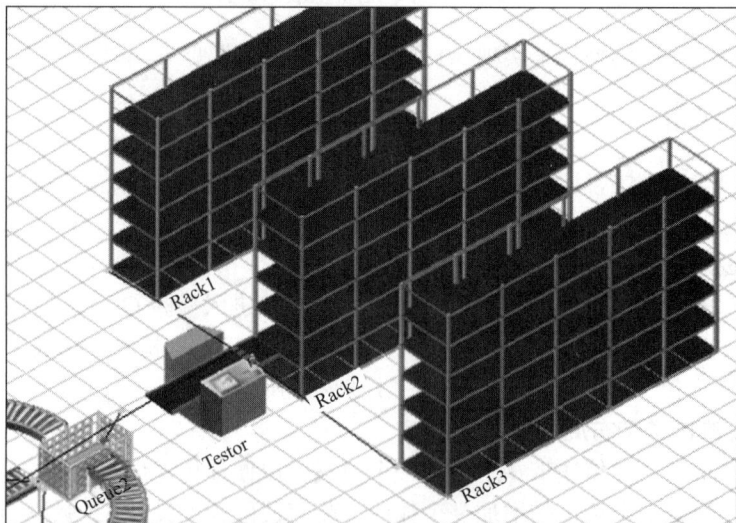

图 5-15　加入货架后的模型

步骤 5：设定全局表安排 FlowItem 的逻辑路径。

按照案例描述，检验完后的产品分别放置在不同的货架存储。现在设定一个全局表，用来查找 FlowItem 将从检验处理器的哪个输出端口发送出去。假定类型 1 的产品将被送往货架 1，类型 2 的产品将被送往货架 2，类型 3 的产品将被送往货架 3。由于检验处理器本来有个输出端口连接到加工 Queue 表示返工，因此，现在检验处理器的输出端口 2 连接到货架 1，输出端口 3 连接到货架 2，输出端口 4 连接到货架 3。

按以下步骤设定全局表：①通过菜单 Tools→Global Tables 打开全局表。②点击 Add，新增一个全局表。③将全局表的名称设定为"Rout"。④将行数设定为 3，列数设定为 1。⑤将 3 行分别命名为 Product 1、Product 2 和 Product 3，然后在 3 行分别填入 2、3、4，即设定 FlowItem 要被送到的输出端口号（货架号）。⑥单击"Ok"按钮保存全局表。

步骤 6：设定检验处理器的 Send to Port 参数。

按照案例的流程，产品经过检验后有 20%的返工率，其他 80%合格的产品将被送往 3 个货架分别存储。现在，检验处理的输出端口 1 对应着加工 Queue，即表示返工；输出端口 2、端口 3、端口 4 分别对应着货架 1、货架 2、货架 3。为了实现这一流向控制，需要设置检验处理器的 Send to Port 参数。

双击检验处理器打开其参数视窗，选择 Flow 标签页。在 Send to Port 参数的下拉列表中选择 By Expression，将 Output Port 参数设定如下：

bernoulli（20，1，gettablenum（"Rout"，getitemtype（item），1））

此表达式的意思是，将 20%的产品送往端口 1，80%的产品送往 gettablenum（"Rout"，getitemtype（item），1)指定的端口。gettablenum（"Rout"，getitemtype（item），1)的意思是，读取全局表 Rout 中行号为 getitemtype（item）、列号为 1 的单元格。行号为 getitemtype（item）即产品类型号对应的行。

重置并运行模型，可以观察到产品按期望的流向流动。

5.8.3 设定机器的轮班

按照 5.1 节的案例描述，工厂中的处理器不是连续生产的。要设定机器的轮班，需要使用时间表。

步骤 7：设定时间表。

由于机器的工作时间为周一至周五的 9：00～17：00，以及周六的 9：00～12：00。因此设定一个时间表，用来控制机器的工作时间。

1）通过菜单 Tools→Time Tables 打开时间表。

2）单击 Add，创建一个时间表。

3）将时间表的名称设定为"Shift Change"。

4）单击 Graphical Editor 按钮，进入图形编辑界面。

5）在图形编辑界面，选择工作时间段，单击"Make Selection Operational Time"按钮将其设定为工作时间。类似地，选择非工作时间段，单击"Make Selection Down Time"按钮将其设定为停机时间。为了让轮班的时间单位和模型中处理器的加工时间单位一致，将对话框上方的"Simulation Time Units"设定为 Minutes。为了让模型开始运行时处理器处于工作状态，将对话框上方的"Simulation Start Time"设定为周一上午 9：00。设置完的对话框如图 5-16 所示。

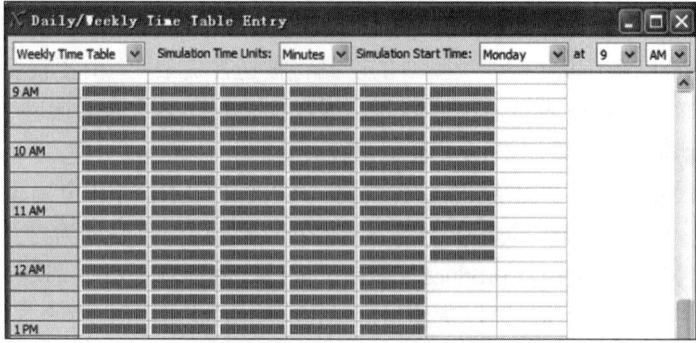

图 5-16　设置完毕的时间表 Graphical Editor 对话框

6) 单击"OK"按钮保存时间表。

步骤 8：设定加工处理器使用创建的时间表。

要让处理器按创建的时间表进行工作，可以通过时间表的成员列表进行设置。通过菜单 Tools→Time Tables 打开刚创建的时间表"Shift Change"，在其参数视窗上方，从左侧的 Model 列表中选择要停机休息的处理区，通过">>"按钮加入到成员列表中即可，如图 5-17 所示。

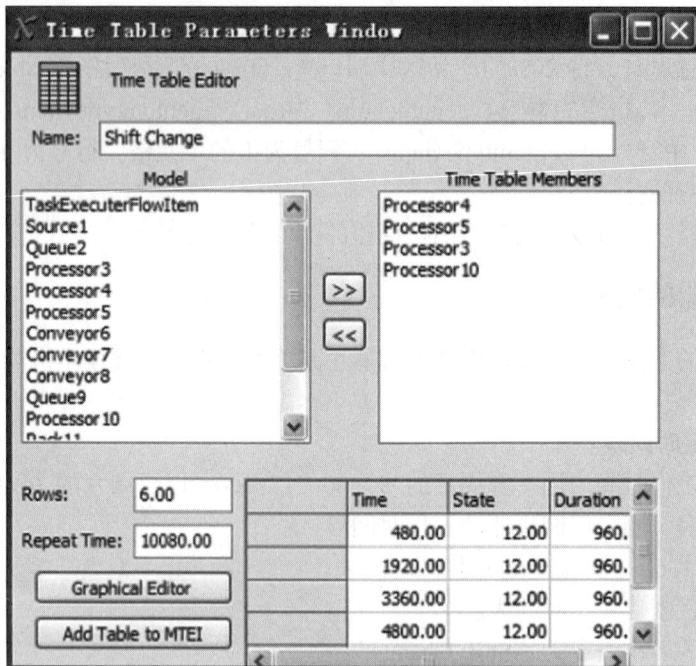

图 5-17　指定时间表的成员列表

让实体按创建的时间表进行工作的另外一种方法是设置实体的 Breakdown 参数。例如，双击第 1 个加工处理器打开其属性视窗，在 Breakdown 标签页下方的时间表面板，单击"Add"按钮，在弹出的列表里选择刚才创建的时间表"Shift Change"即可。类似地设定其他 3 个处理器使用该时间表。

重置并运行模型，可以看到模型从 9：00 开始运行，运行 480 分钟后 3 个加工处理器和 1 个检验处理器进入停机状态，持续 960 分钟后再次运行。当时间表执行完毕后开始循环执行。

提示：需要注意的是，在时间表中指定的"Simulation Time Units"参数，必须和模型中约定的时间单位一致，否则会导致仿真结果严重失真。

5.8.4 统计返工产品数量

根据 5.1 节的案例描述，工厂的经营者希望知道返工产品的确切数量。这一要求可以通过全局表来实现。

步骤 9：添加用于记录返工产品数的全局表。

现在在模型中添加一个全局表，用来记录返工的产品数量，步骤如下。

1）通过菜单 Tools→Global Tables 打开全局表。

2）点击 Add，新增一个全局表。

3）将全局表的名称设定为"Rework"。

4）将行数设定为 1，列数设定为 1。

5）选中 Clear on Reset 选项，这样在重置模型的时候将该全局表清 0，重新计数。

6）单击"Ok"按钮保存全局表。

步骤 10：设定检验处理器的 OnExit 触发器。

由于检验处理器的输出端口 1 与加工 Queue 连接，即意味着返工，因此在检验处理器的 OnExit 触发器里写代码如下：

```
int rework;
if(getitemsendto(item)== 1)     //判断条件，是否 FlowItem 送往端口 1
{
    rework = gettablenum("Rework", 1, 1);     //从全局表"Rework"读取返
工数量
    rework ++;     //将返工数量加 1
    settablenum("Rework", 1, 1, rework);     //将新的返工数量写入全局表
}
```

重置并运行模型。运行一段时间后，打开全局表"Rework"即可看到返工的产品数。

5.8.5 统计返工 2 次产品数量

步骤 11：在全局表"Rework"里新增一行。

打开全局表"Rework"。将 Rows 设定为 2，单击 Apply 按钮。将第 2 行的名称设为 twice，单击 OK 保存全局表。

步骤 12：设定 Source 的 OnCreation 触发器。

为了区分返工产品是返工 1 次还是返工 2 次，可以给 FlowItem 设定一个标签。

双击 Source 打开其参数视窗，选择 Triggers 标签页，在 OnCreation 触发器点击"+"按钮，选择 Create and Initial Label，参数设定如下：

Object: item

Label:"times"

Value: 0

步骤 13：修改检验处理器的 OnExit 触发器。

为了标识出返工次数，可以当产品返工时候修改其标签值。在检验处理器的 OnExit 触发器里增加以下代码(斜体为已有代码)：

```
int times;
if(getitemsendto(item)== 1)
{
    rework = gettablenum("Rework", 1, 1);
    rework ++;
    settablenum("Rework", 1, 1, rework);
    times = getlabelnum(item, "times");        //读取当前 FlowItem 的标签值
    times++;      //将返工次数加 1
    setlabelnum(item, "times", times);          //将新的返工次数写入标签
}
```

步骤 14：设定加工 Queue 的 OnEntry 触发器。

当进入加工 Queue 的 FlowItem 的标签大于 1 时，即意味着该产品是多次返工。因此在加工 Queue 的 OnEntry 里写代码如下：

```
int times;
if(getlabelnum(item, "times")> 1)     //判断条件，是否多次返工
{
    times = gettablenum("rework", 2, 1);        //读取全局表中的 2 次返工
数量
    times ++;       //2 次返工数量加 1
    settablenum("rework", 2, 1, times);         //将新的 2 次返工数量写入全
局表
}
```

重置并运行模型。运行一段时间后，打开全局表"Rework"即可看到 2 次返工的产品数。

5.8.6　设定返工 10 个产品的机器停机

根据工厂的设备情况，当返工产品达到 10 个的时候，机器需要停机 1 个小时。要实现这一点，可以按以下思路进行控制：当产品进入加工 Queue 时，如果返工数达到 10 了，则发送消息给下游的处理器，通过 OnMessage 触发器关闭加工处理器的输入端口；当产品离开加工 Queue 时，发送延迟 60 分钟的消息给下游的处理器，通过 OnMessage 触发器打开加工处理器的输入端口。

步骤 15：修改加工 Queue 的 OnEntry 触发器。

在加工 Queue 的 OnEntry 触发器里补充以下代码：

```
if gettablenum("rework", 1, 1)==10     //判断条件，返工产品是否达到 10 个
{
    sendmessage(outobject(current, 1), current, 1);
    sendmessage(outobject(current, 2), current, 1);
    sendmessage(outobject(current, 3), current, 1);
    /*分别发送消息给当前实体的输出端口连接的实体，消息参数为 1*/
}
```

步骤 16：设定加工 Queue 的 OnExit 触发器。

在加工 Queue 的 OnExit 触发器里写以下代码：

```
if gettablenum("rework", 1, 1)==10       //判断条件，返工产品是否达到 10 个
{
    senddelayedmessage(current, 60, outobject(current, 1), 2);
    senddelayedmessage(current, 60, outobject(current, 2), 2);
    senddelayedmessage(current, 60, outobject(current, 3), 2);
    /*分别发送延时 60 分钟的消息给当前实体的输出端口连接的实体，消息参数为 2*/
    settablenum("rework", 1, 1, 0);       //将返工数量清 0
}
```

步骤 17：设定加工处理器的 OnMessage 触发器。

在第 1 个加工处理器的 OnMessage 触发器里写以下代码：

```
switch(msgparam(1))       //根据消息传递的第 1 个参数作判断
{
    case 1:       //如果消息参数为 1，即第 10 个返工产品进入加工 Queue
    {
        closeinput(current);       //关闭当前处理器的输入端口
        colored(current);       //将当前处理器的颜色设定为红色
        setstate(current, STATE_DOWN);       //将当前处理器的状态设为停机
        break;       //跳出 Switch 语句
    }
    case 2:       //如果消息参数为 2，即第 10 个返工产品离开加工 Queue
    {
        colorgreen(current);       //将当前处理器的颜色设定为绿色
        setstate(current, STATE_IDEL);       //将当前处理器的状态设为空闲
        openinput(current);       //打开当前处理器的输入端口
        break;
    }
}
```

在另外 2 个加工处理器的 OnMessage 触发器里写同样的代码。重置并运行模型，可以看到，当返工产品达到 10 个，3 个加工处理器均变为停机状态，60 分钟后继续工作。

提示：模型中直接采用了全局表中统计返工产品数量的单元格，并且在停机后为了重新计数，将该值清零了。如果要保留 5.8.4 节中的统计功能，可在全局表中新增 1 行。

提示：注意，sendmessage（ ）函数与延时参数为 0 的 senddelayedmessage（ ）函数是有区别的。若在 OnEntry 触发器中使用的是延时为 0 的 senddelayedmessage（ ）函数，则会在执行完该触发器的所有代码后，才触发 OnMessage 触发器。若使用的是 sendmessage（ ）函数，则立即触发 OnMessage 触发器，当执行完消息触发器里所有的代码后，才继续执行 OnEntry 触发器中 sendmessage（ ）命令后的代码(若有的话)。

6 使用任务执行器

6.1 案 例 引 入

在第 5 章的案例中，工厂工艺流程的自动化程度得到了提高：①当产品到达后，由两个操作员将产品从暂存区搬运到加工处理器；②第 1 台加工机器需由操作员预置方可使用，预置时间为 4 单位时间；③产品加工完成后，由叉车将产品送去检验台检验；④产品检验合格后，由堆垛机将产品放入货架；不合格的产品，由叉车送回加工暂存区重新加工。

要模拟这些新的流程，需要使用 Flexsim 中的任务执行器，包括操作员、运输机等移动资源实体。下面学习 Operator、Dispatcher、Transporter，以及 ASRSvehicle 等实体对象。

6.2 任务执行器

任务执行器(TaskExecuter)是几种实体的顶层类。操作员、运输机、堆垛机、起重机和其他可移动资源都是从任务执行器类派生出来的。所有这些实体都可以行进、装载、卸载FlowItem，充当处理站点的共享资源，以及执行其他仿真任务。

基本任务执行器(BasicTE)是为开发人员提供的用来创建用户定制实体的任务执行器。它把任务执行器的几乎所有可继承逻辑传递给拾取列表函数，这样开发人员就可以切实地指定任务执行器的所有功能。

任务执行器及其子类实体能执行任务序列，进行碰撞检测和执行偏移行进。任务执行器可以扮演团队指挥的角色来将任务序列分配给团队成员。当任务执行器接收到一个任务序列时，它首先查看它是否已经有一个激活的任务序列。如果没有激活的任务序列，或者新接收到的任务序列是先占的并且比当前激活任务序列的优先级高，则它将开始执行新的任务。如果没有立即传递任务序列，它将在任务序列队列中进行排队。如果当任务执行器完成其激活任务序列时那个任务序列还在队列中，则任务执行器将执行那个任务序列。

提示：注意优先级和先占的区别。如果任务执行器正在执行任务，当接受到新的任务序列时，即便新任务的优先级很高，也是先执行完正在执行的任务再执行新任务；如果接受到的新任务是先占的，那么任务执行器会停止当前任务而执行新的先占任务。

任务执行器具有以下几种状态。

空载行进(travel_empty)：任务执行器正在向目的地行进，且没有装载 FlowItem。

装载行进(travel_loaded)：任务执行器正在向目的地行进，且装载着一个或多个 FlowItem。

空载偏移行进(offset_travel_empty)： 任务执行器正在偏移行进，且没有装载 FlowItem。

装载偏移行进(offset_travel_loaded)： 任务执行器正在偏移行进，且装载着一个或多个FlowItem。

装载(loading)： 任务执行器正在装载 FlowItem。

卸载(unloading)： 任务执行器正在卸载 FlowItem。

使用(utilize)：任务执行器正在被使用。此状态用于操作员，当操作员被预置、处理或维修过程使用时，即为使用状态。

6.2.1 偏移行进

偏移行进是一种机制，可以采用同样的行进界面，让不同类型的任务执行器按不同的方式行进。例如，一个任务执行器要把一个 FlowItem 放置到货架中某层某列。任务执行器行进并放下 FlowItem 的方式取决于任务执行器的类型。一个操作员会走到货架那个列的位置并将 FlowItem 放置到相应的层。一个运输机会行进到那个列，然后将货叉提升到相应层的正确高度。它可以在 x 和 y 两个方向行进，但只有它的货叉可以在 z 方向行进。一个堆垛机只会沿着它的 x 方向行进，提升其载货平台到相应的层高，然后将 FlowItem 放入货架。因此，每个任务执行器行进的方式是不同的，但是表现是相同的：行进到正确的地点，把 FlowItem 放到货架中。偏移行进是本质上区别任务执行器子类的唯一凭据。偏移行进用于 load/unload(装载/卸载)、traveltoloc(行进到位置)、travelrelative(相对行进)、pickoffset(捡取偏移)和 placeoffset(放下偏移)任务。

偏移行进的表现很简单，每种类型的偏移要求都转化为 x、y、z 方向的偏移距离。例如，如果一个任务执行器得到 traveltoloc(行进到位置)的任务，目的地是(5，0，0)，而其当前位置是(4，0，0)，则它自动将偏移任务转化成一个偏移请求(1，0，0)，意思是需要在 x 方向上行进 1 个单位。travelrelative(相对行进任务)则直接解释为要行进的距离。例如，一个(5，0，0)的相对行进任务，它告诉任务执行器在 x 方向行进 5 个单位。如果选中了"装卸时采用行进偏移"复选框，则装载/卸载任务也使用偏移行进。当任务执行器需要从某实体装载 FlowItem 时，它向此实体查询 FlowItem 的位置。同样，当它需要卸载 FlowItem 时，它向该实体查询卸载 FlowItem 的位置。实体返回 x、y、z 方向的偏移距离，任务执行器按照此距离执行偏移行进量。

偏移值相对于任务执行器的 x、y 中心和 z 底面进行计算。例如，一个机器人放置在(0，0，0)，它的尺寸是(2，2，1)，则其 x、y 中心和 z 底面为(1，–1，0)(注：y 尺寸沿着 y 负轴方向延伸)。所有偏移量的计算都应以(1，–1，0)位置为准进行。如果该机器人接到一个(1，0，0)的相对行进任务，那么正确的行进目的地位置是该机器人 x、y 中心和 z 底面的右边一个单位处。这可以转化为位置(2，–1，0)。但这并不意味着机器人会行进使自身达到位置(2，–1，0)，也不会行进使其 x、y 中心和 z 底面到达此位置。因为机器人可以转动和伸展手臂，使手臂末端到(2，–1，0)位置，而机器人的实际位置根本不会改变。因此，指定目的地位置对于所有任务执行器都是相同的，都是从任务执行器的 x、y 中心和 z 底面计算，但是允许不同的任务执行器用不同的方式处理此目的地位置。

6.2.2 碰撞检测

任务执行器有检测与其他任务执行器碰撞的能力。碰撞检测通过向任务执行器里添加碰撞成员来实现，然后添加碰撞球及其碰撞成员，当任务执行器的一个碰撞球碰撞到其碰撞成员之一的碰撞球时就执行相应的逻辑。碰撞球定位在任务执行器的特定位置上，并具有一个半径。任务执行器按照指定的时间间隔重复进行碰撞检测。在每次碰撞检测中，任务执行器检测其所有碰撞球与其所有碰撞成员的所有碰撞球之间的碰撞。如果发现一个碰撞，那么任务执行器触发自身的碰撞触发器，但不触发与之碰撞的任务执行器的碰撞触发器。另一任务执行器的碰撞触发器在它进行自身的碰撞检测时才会触发。注意，碰撞触发器是由特定的球对球碰撞来触发的。这意味着，在一次碰撞检测中，碰撞触发器可能被触发多次，遇到的每个球对球碰撞都会触发一次。

提示：碰撞可能导致模型速度明显降低。例如，如果一个任务执行器有 5 个碰撞球和 5 个碰撞成员，且每个碰撞成员都有 5 个碰撞球，则每次碰撞检测需要检测 125 个球对球碰撞。如果共有 6 个任务执行器在执行碰撞检测，则模型在每次间隔时碰撞检测要检测 750 个球对球碰撞。这将会大大降低模型速度，尤其是当碰撞检测间隔很小时。

6.3　操　作　员

操作员(Operator)是任务执行器的一种。实体可以调用操作员执行预置、处理或者维修过程。操作员将与调用它的实体待在一起直到被释放。只有被释放后，操作员才可以去为其他实体工作。操作员也可以用来在实体之间搬运 FlowItem。如果希望操作员沿着特定的路径行走，可以将它们置于一个网络中。

操作员的偏移行进方式取决于是否有 FlowItem。如果没有 FlowItem，操作员将行走到使得其 x、y 中心与 z 基面到达目的地位置。如果存在 FlowItem，则操作员只行走到使其前边界到达 FlowItem 边界的位置点上，而不是 x、y 中心。这通过将总行进距离减去(x 尺寸(操作员)/2 + x 尺寸(临时实体)/2)来得到。

提示：如前所述，操作员通过查询 FlowItem 的 x 尺寸以减少总偏移距离。但如果 FlowItem 的 x 与 y 尺寸差得太大，操作员会从 FlowItem 的 y 方向一侧接近临时实体。这种情况下，为了仿真效果更逼真，可以在操作员捡取它之前，将 FlowItem 右旋 90 度，然后从操作员的装载/卸载触发器中取消这些改变。

可以使用 setframe 和 getframe 命令动画显示操作员的走动。任何 3ds 或 wrl 文件，都可以保存为<原始文件名>FRAME<帧编号>.3ds 帧。操作员的原始 3d 文件是 Operator.3ds，该文件同时表示帧为 0 时的动画图形。操作员的其他帧定义为 OperatorFRAME1.3ds，OperatorFRAME2.3ds，等等。操作员的帧编号描述如下：帧 0——站立，手臂在身侧；帧 1～6——行走，手臂在身侧；帧 7～12——行走，手臂伸开去握住一个临时实体；帧 13——站立，手臂伸开去握住一个临时实体；帧 14——坐着，手臂在身侧；帧 15——坐着，手臂伸开去握住一个临时实体。

如果操作员正在行走(在执行一个行进任务或者在进行偏移行进)，则其图形的帧将在 1～12 自动更新。当操作员不行走的时候，可以按照需要设定它的帧。如果想使操作员即使在行走中也不更新帧，可以在操作员的绘图触发器中返回一个 1 值，那么操作员就不会进行任何帧的更新了。

6.3.1　Task Executer 标签页

Task Executer 标签页可以设置操作员的容量、速度、加速度、装载时间等参数，如图 6-1 所示。

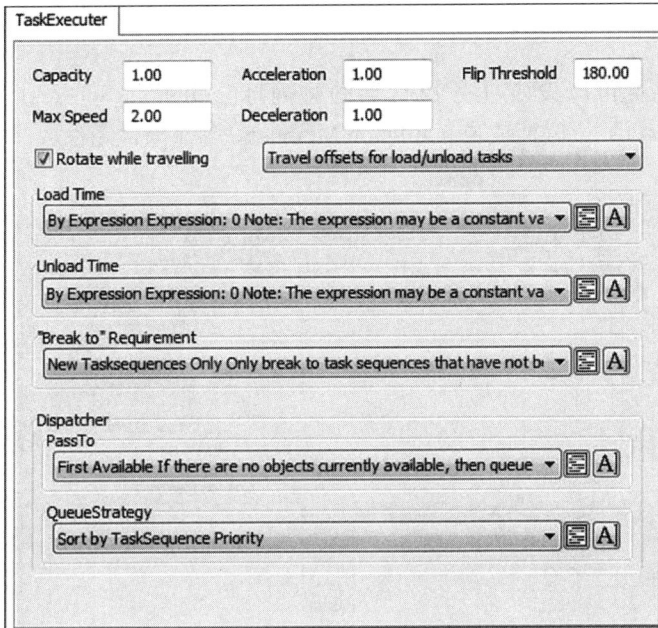

图 6-1 TaskExecuter 标签页

Capacity：指定操作员一次能运送的 FlowItem 的最大数量。

提示：对用户创建的任务序列，此值无效。由于任务执行器的首要职责是执行任务序列，所以，如果给操作员一个任务序列让它装载比它的最大容量还多的 FlowItem，则它将装载这些 FlowItem。

Max Speed：指定操作员的最大移动速度。

Acceleration：操作员需要逐渐增加速度直到最大速度，此值指定操作员的加速度。

Deceleration：指定操作员的减速度。

Flip Threshold：当操作员和目的地节点的角度大于等于此值时，操作员将旋转以朝向正确的方向。此选项不影响模型，仅为视觉效果。

Rotate while traveling：如果选中此选项，则操作员在行进时进行旋转，以使自身方向与行进方向一致。否则操作员将始终面向同一个方向。选项不影响模型统计，仅为视觉效果。

Travel offsets for load/unload tasks：指定操作员的偏移模式。如果选择 "Travel offsets for load/unload tasks" 选项，那么操作员将移动到将装载/卸载 FlowItem 的位置。如果选择 "Do not travel offsets for load/unload tasks" 选项，那么操作员将移动到 FlowItem 所在的实体的边界或网络的节点位置。当操作员按网络行进时，如果选择了 "Do not travel offsets and block space on network" 选项，那么当操作员到达网络节点并执行装载/卸载操作时，将占据网络空间，堵塞其他任务执行器在该网络通道上的行进。

Load Time：指定操作员装载 FlowItem 的时间。注意，如果选择了 "装卸时采用行进偏移" 选项，则操作员将首先行进正确的偏移量，然后开始装载时间计时。这样，装载时间被添加到偏移行进时间的末尾。

Unload Time：指定操作员卸载 FlowItem 的时间。

"Break to" Requirement：指定操作员中断任务的条件。

6.3.2　Collision 标签页

Collision 标签页可以设定任务执行器的碰撞球（collision Spheres）、碰撞时间（Time between collision checks）、碰撞成员（Collision Members）等碰撞检测参数，如图 6-2 所示。

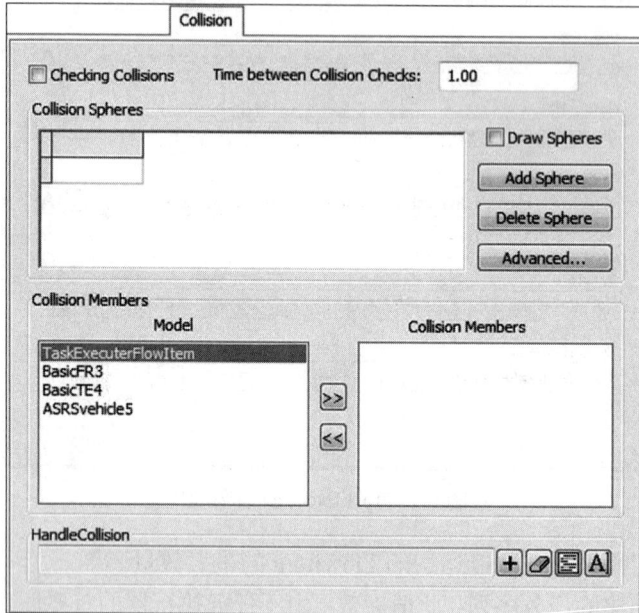

图 6-2　Collision 标签页

Checking Collisions：选中此复选框打开碰撞探测。

Time between Collision Checks：指定碰撞检测间隔时间。

Draw Spheres：如果要在碰撞实体周围显示碰撞球，就选择此选项。

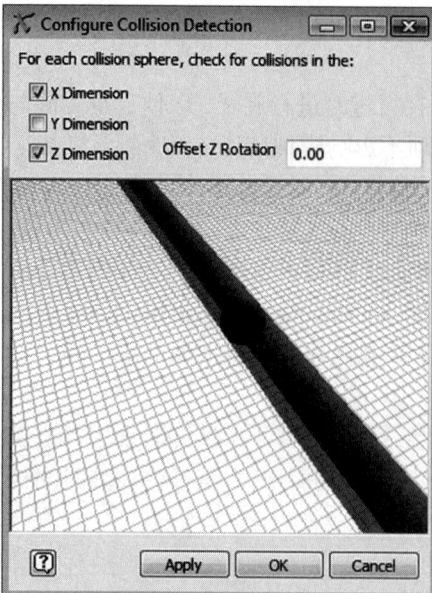

图 6-3　碰撞检测配置

Add Sphere：给实体添加一个新的碰撞球。在表中定义球的 x、y、z 坐标和半径。

Delete Sphere：删除列表中的最后一个碰撞球。

Advanced：单击此按钮会打开如图 6-3 所示的视窗，可以配置碰撞检测时需检测的轴向，从而优化碰撞检测速度。从图 6-3 可见，不选择 X、Y 或 Z 轴向维度即可排除特定的轴向检查。配置结果绘制在视图中，一个透明的圆柱体或平面覆盖可能在所给定的配置下发生碰撞的区域。如果想要检测某个与常规轴向不平行的轴向的碰撞，也可以输入一个旋转角度的偏移，如 45 度。

Collision Members：指定碰撞成员。左侧为模型实体列表，右侧为碰撞成员列表，可以使用">>"或"<<"按钮添加或删除碰撞成员。

Handle Collision：在下拉列表中可以选定对碰撞的处理，如发送消息到输出控制台、让任务执行器向左转等。

6.4 运　输　机

运输机(Transporter)是任务执行器的一个子类。它主要用来从一个实体到另一个实体搬运 FlowItem。它有一个货叉，可以在向货架中捡取或放下 FlowItem 时抬升到相应的高度。如果需要，它可以一次搬运多个 FlowItem。

运输机实现偏移行进的方式有两种。如果行进操作有一个涉及的 FlowItem，则它自身将行进到使其货叉前沿位于 x、y 目的位置，并抬升其货叉到 z 目标高度的位置；如果是空载行进，则它行进到使其 x、y 中心和 z 基面到达目的地的位置。

与操作员类似，运输机的参数标签页包括 Transporter、Collision、Break 等。运输机的 Transporter 标签页可以设定容量、速度、加速度、装载时间等参数，与 TaskExecuter 标签页相比，只多一个 Lift Speed 参数，用来指定运输机抬升货叉的速度，其余参见 6.2.1 节。Break 标签页用来控制运输机的停机、中断等操作，参见 3.3.2 节。Collision 标签页用来设定运输机的碰撞检测参数，参见 6.2.2 节。

6.5 堆　垛　机

堆垛机(ASRSvehicle)是任务执行器的一个子类。它是一种特殊类型的运输机，专门设计用来与货架一起工作。堆垛机在两排货架间的巷道中往复滑行，提取和存入临时实体。堆垛机可以充分展示伸叉、提升和行进动作。提升和行进运动是同时进行的，但伸叉运动只在堆垛机完全停车后才进行。

堆垛机通过沿着自身 x 轴方向行进的方式来实现偏移行进。它一直行进到与目的地位置正交，并抬升其载货平台。如果偏移行进是要执行装载或卸载任务，那么一完成偏移，它就会执行用户定义的装载/卸载时间，将临时实体搬运到其载货平台，或者从其载货平台搬运到目的位置。

除了标准任务执行器所具有的属性外，堆垛机具有建模人员定义的载货平台提升速度(Lift Speed)和初始提升位置(Initial Lift Height)。当堆垛机空闲或者没有执行偏移行进任务时，载货平台将回到此初始位置的高度。其余参数的设定参见 6.3 节。

由于堆垛机的主要特性是它只沿着它的 x 和 z 轴运动且不转动，所以堆垛机可用来模拟任何不做旋转，只前后和上下往复运动的情形。例如，它可以被当做一辆简单的中转车使用，或者当做两个或多个运输机之间的中转运输机使用。

6.6 分　配　器

在 Flexsim 模型中，分配器(Dispatcher)用来控制一组运输机或操作员。任务序列从一个实体送到分配器(中间端口)，分配器将它们委派给与其(输出端口)相连的运输机或操作员。接收到请求的任务执行器将执行此任务序列。

分配器实体对任务序列实施排队和寻径逻辑。根据建模人员的逻辑，任务序列一旦传递给一个分配器，则可能进行排队，也可能被立即分配。

当分配器接收到一个任务序列时，调用其"PassTo(传递给)"函数。此函数返回一个端口号，即要把此任务序列发送给的端口号。分配器将把任务序列传送给与那个返回端口相连的实体。如果函数返回 0 而不是一个端口号，则任务序列在分配器任务序列队列中进行排队。

排队时分配器调用任务序列的排队策略函数。排队策略返回一个与此任务序列相关联的值，代表在队列中对此任务序列进行排序的优先级。高的优先级值排在队列的前面，低的排在后面。实际上分配器会多次调用排队策略函数，队列中的每个任务序列都调用一次，从而将每个优先级的值与新的任务序列的优先级值进行比较。一旦发现可放置新的任务序列的正确位置，就对它进行相应的排序。

分配器没有任何状态。

分配器的传递给函数和排队策略函数在 Dispatcher 标签页设定，如图 6-4 所示。

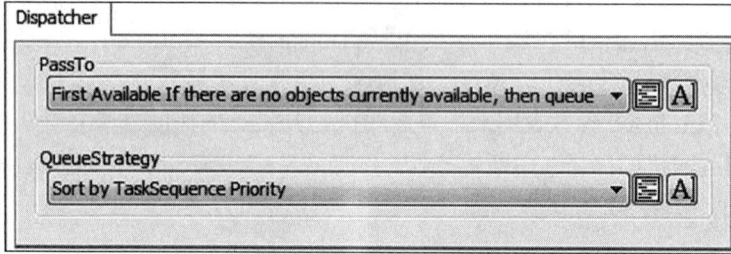

图 6-4   Dispatcher 标签页

PassTo：指定任务序列通过分配器进行分配的输出端口号。如果返回 0，则任务序列将采用排队策略进行排队，然后分配到第 1 个可用的任务执行器。

QueueStrategy：指定任务序列的排队策略。分配器将根据指定的排队策略，按照任务序列的优先级对任务序列队列进行排序。

6.7   任 务 序 列

任务序列(Task Sequences)就是需要任务执行器按一定顺序执行的一系列任务，如图 6-5 所示。任务执行器是指从任务执行器类派生出来的实体，包括操作员、运输机、起重机、堆垛机、机器人、升降机等。每个任务序列有一个优先级值。优先级定义了相对其他任务序列而言，执行此任务序列的重要程度。每个任务序列还有一个先占值，用来定义那个任务序列是否要使其他正在执行的任务序列中断转而执行它。

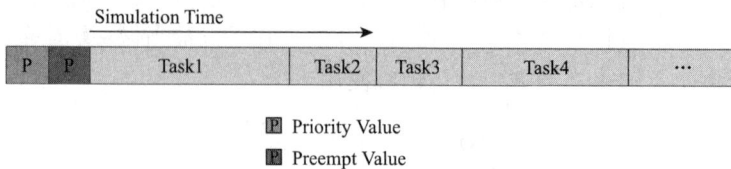

图 6-5   任务序列示意

6.7.1   自动创建任务序列

固定实体有一种默认机制来创建任务序列，以把临时实体移到下一站点。选择固定实体的 Flow 参数标签页中的"use transporter"复选框，就可以使用此默认的功能。处理器还有一个创建任务序列的机制，用来为预置时间、处理时间和维修时间调用操作员。可以在处理器、合成器或分解器的 Processor 参数标签页选中"use transporter for setup"或"use transporter for process"复选框来自动创建任务序列。

当选择了实体的 Flow 参数标签页中的"use transporter"复选框后，将创建如下的任务序列(图 6-6)：①行进到临时实体所在的实体；②从那个实体装载临时实体；③中断；④行进到目的地实体；⑤卸载临时实体到目的地实体。

P	P	Travel	Load	Break	Travel	Unload

图 6-6　使用运输机任务序列

当任务执行器执行此任务序列时，将按顺序执行每个任务。上面所示的每个任务都与一种特定的任务类型相对应。

(1)行进任务

行进任务(Travel Task)告诉任务执行器行进到模型中的某个实体，其完成方式取决于模型的设定及任务执行器的类型。如果任务执行器连接到一个网络，那么任务执行器将沿着网络行进，到达与目的地实体相连的网络节点。如果任务执行器是起重机，那么它将会升高到用户定义的高度，然后行进到目标实体的 x、y 位置处。所有行进任务的相同之处就是都有某个试图到达的目的地实体。

(2)装载和卸载任务

装载和卸载任务(Load and Unload Task)告诉任务执行器从一个实体站点装载一个临时实体，或将一个临时实体卸载到一个实体站点。这通常会涉及行进一段偏移距离，目的是在正确的位置捡取或放下临时实体，同时在移动临时实体之前完成用户定义的装载/卸载时间。装载/卸载时间的处理对于所有任务执行器都是一样的，而偏移行进则因任务执行器的类型不同而不同。例如，一个运输机，将会在货叉抬升到捡取/放下的高度同时行进到捡取/放下的位置，而一个机器人将转动到需要捡取/放下临时实体的位置。参见 6.1.1 节。

(3)中断任务

中断任务(Break Task)告诉任务执行器去查看是否有它可以"中断"转而进入的其他任务序列。例如，如果在同一个位置范围内有两个临时实体等待被运输机装载，而运输机的最大容量可以装载两个以上临时实体，那么运输机将有两个任务序列要执行。其中一个任务是捡取第 1 个临时实体的激活任务序列，另一个任务序列放在它的任务序列队列中，等待运输机完成任务后执行。中断任务允许运输机在完成装载第一个临时实体后停下第 1 个任务序列，并开始执行第 2 个任务序列，即行进到第 2 个临时实体所在实体并装载第 2 个临时实体。如果任务序列中不包含中断任务，则任务执行器必须全部完成第 1 个任务序列，先卸载第 1 个临时实体后才能去装载第 2 个临时实体。

(4)操作员任务序列(Operator Task Sequence)

当选择了处理器、合成器或分解器实体的 Processor 参数标签页中的"use transporter for setup"或"use transporter for process"复选框后，将创建如下的任务序列(图 6-7)：①行进到处理站点；②被使用，直到处理站点释放它。

P	P	Travel	Utilize

图 6-7　使用操作员预置/处理任务序列

和前面的运输机任务一样，第 1 个任务告诉任务执行器行进到站点，第 2 个任务是"使用(Utilize)"任务类型，它告诉任务执行器进入给定的状态，如"Utilized(被使用)"或"Processing(处理中)"，然后等待直到从此站点被释放。由于处理器自动创建此任务序列，它也自动地处理释放操作员。当然也可以调用 freeoperators（ ）命令释放操作员。

在仿真运行中的任意给定时刻，一个任务执行器只能有一个激活任务序列和一个等待的任务序列。如果没有任务序列是先占的，则任务执行器将会执行它的激活任务序列直到完成它。然后，它将把队列中的第 1 个任务序列变为激活任务序列并开始执行它。如此重复，直到队列中的所有任务序列都被执行完。

6.7.2　定制创建任务序列

使用以下 3 个命令可以定制创建任务序列。

createemptytasksequence（ ）

inserttask（ ）

dispatchtasksequence（ ）

首先，使用 createemptytasksequence（ ）创建一个任务序列。其次，连续使用命令 inserttask（ ）向此任务序列中插入任务。最后，使用 dispatchtasksequence（ ）来分配此任务序列。

下面的例子说明的是一辆被"forklift"引用的叉车行进到一个被"station"引用的实体，然后装载一个被"item"引用的临时实体。

```
treenode tseq = createemptytasksequence(forklift, 0, 0);
inserttask(tseq, TASKTYPE_TRAVEL, station);        //语句 2
inserttask(tseq, TASKTYPE_LOAD, item, station, 1);      //语句 3
dispatchtasksequence(tseq);
```

"treenode tseq"创建一个引用或者指针，指向作为一个 Flexsim 节点的任务序列，这样，后面就可以用 tseq 来引用该任务序列。

createemptytasksequence 命令有 3 个参数。第 1 个参数是要处理此任务序列的分配器或任务执行器。第 2 个和第 3 个参数是数字，分别指定任务序列的优先级和先占值。命令返回一个所创建的任务序列的引用。上例中即表示为引用为"forklift"的运输机创建了一个没有优先级和先占的任务序列。

inserttask 命令将一个任务插入到任务序列的末尾。每一个插入的任务都有几个相关的参数。第 1 个参数为对任务序列的引用，如 tseq。第 2 个参数是任务类型值，用来定义此任务是什么类型，如语句 2 的 TASKTYPE_TRAVEL 定义了一个行进任务。第 3、第 4 个参数为任务所涉及的实体的引用，分别是 involved1 和 involved2。所涉及的这些实体以及它们代表什么都取决于任务类型，某些任务类型只需要一个相关的实体，而有些人物类型则需要两个。如语句 2 的行进任务，需要指定行进到 station 引用的实体，语句 3 的装载任务，需要指定装载 station 引用的实体里的 item 引用的临时实体。每个任务有 4 个任务变量，用 var1、var2、var3、和 var4 来引用，它们的含义取决于任务类型，如语句 3 中的装载任务的 var1 指定为 1，表示临时实体要通过站点的输出端口 1 离开。主要任务类型的参数及其含义见表 6-1，更详细的内容可参见 Flexsim 帮助文档。

表 6-1　主要任务类型参数说明

任务类型	involved1	involved2	var1	var2	var3	var4
TASKTYPE_TRAVEL	目的地	NULL	结束速度			
TASKTYPE_LOAD	要装载的临时实体	站点	输出端口			

续表

任务类型	involved1	involved2	var1	var2	var3	var4
TASKTYPE_UNLOAD	要卸载的临时实体	站点	输入端口			
TASKTYPE_UTILIZE	涉及的	站点	状态			
TASKTYPE_DELAY	NULL	NULL	时间			
TASKTYPE_BREAK	发送消息到	任务序列	查看数量	查看接收		
TASKTYPE_SENDMESSAGE	接收实体	发出实体	msgp(1)	msgp(2)	msgp(3)	延迟时间
TASKTYPE_TRAVELTOLOC	NULL	NULL	x	y	z	结束速度
TASKTYPE_TRAVELRELATIVE	NULL	NULL	x	y	z	结束速度
TASKTYPE_PICKOFFSET	临时实体	站点	x	y	z	结束速度
TASKTYPE_PLACEOFFSET	临时实体	站点	x	y	z	结束速度
TASKTYPE_MOVEOBJECT	要移动的实体	容器	输出端口			

如果一个任务类型中，相关实体参数（involved）未被使用或者是可选的，则可以简单地传递一个 NULL。如果没有需要指定的数字参数，甚至可以丢掉那个参数。任务变量 var1～var4 的默认值为 0。

提示：尽管任务类型的多个参数从逻辑上来说是可选的，但仍需按正确顺序来指定它们。例如，行进任务 inserttask（tseq，TASKTYPE_TRAVEL，station），只传递了所关心的行进目的站点 involved1，此时 involved2 被省略，默认为 NULL，结束速度 var1 默认为 0。但如果要传递非 0 的结束速度，即便 involved2 是可选的，也仍然需要传递 NULL，才能正确地将 var1 传递，此时的行进任务应写成 inserttask（tseq，TASKTYPE_TRAVEL，station，NULL，2）。

一旦创建了任务序列，可以使用 gettasksequencequeue（ ）、gettaskinvolved（ ）、gettasktype（ ）、getnroftasks（ ）、gettotalnroftasks（ ）、gettaskvariable（ ）、getpriority（ ）、setpriority（ ）、getpreempt（ ）、setpreempt（ ）等命令对任务序列进行查询和修改。命令的详细说明可参见 Flexsim 帮助文档。

6.7.3　任务序列先占

每个任务序列都有一个先占值。先占用来中断任务执行器当前的操作，转而去执行另一个操作。例如，模型中的操作员 A 是机器维修员。当没有机器要维修的时候，他也执行原料运输。假如 A 运输原料的过程中，有机器中断停机需维护，则 A 应该停下他正在做的事情去维修机器。要实现这点，需要使用先占任务序列，使操作员从当前操作里中断并被释放出来。

要使用默认机制自动创建先占的任务序列，在实体的 Flow 标签页选中 use transporter 选项后，再选中 preempt 选项即可。若要定制创建先占任务序列，在 createemptytasksequence（ ）命令中给指定先占参数即可，如 createemptytasksequence（operator，0，PREEMPT_ONLY）。

先占值的可能取值见表 6-2。

表 6-2　主要任务类型参数说明

先占值	宏指令	说明
0	PREEMPT_NOT	无先占
1	PREEMPT_ONLY	抢占任务执行器当前激活的任务序列，并将其放入任务序列队列。当任务执行器执行完先占任务序列，回到原来的任务序列时，先前没有完成的任务将被再次执行
2	PREEMPT_AND_ABORT_ACTIVE	抢占任务执行器当前激活的任务序列，并将其销毁。当任务执行器执行完先占任务序列，只执行任务序列队列中的其他任务序列
3	PREEMPT_AND_ABORT_ALL	抢占任务执行器当前激活的任务序列，并销毁任务序列队列中的所有任务序列

如果一个任务执行器当前正在执行先占任务序列，而又接收到一个新的先占任务序列，它将使用优先级值来决定首先执行哪一个任务序列。如果新接收到的先占任务序列的优先级比正在执行的先占任务序列的优先级更高，那么任务执行器将停止当前执行的先占任务序列，转而去执行新的先占任务序列。如果新接收到的先占任务序列的优先级低于或者等于当前正在执行的先占任务序列的优先级，则任务执行器不会抢占当前任务序列，而是将新接收到的任务序列像其他任务序列一样放入任务序列队列中。注意，在任务序列队列中的排队只是按优先级排队，而不会考虑先占值。

提示：如果一个先占任务序列实际上并没有抢占到任务执行器，那么它就与其他任务序列一样进行排队等待。如果想要将先占任务序列排到队列的前面，则要么使先占任务序列比其他所有的任务序列的优先级更高，要么将先占纳入排队策略中进行考虑。

6.7.4　协同任务序列

任务序列为模拟客观世界提供了一个强有力的工具。但在真实世界中，很多操作是需要协同作业的，如叉车作业需要一个司机来操控，或者一件物品需要两个人来同时搬运等。Flexsim 提供了协同任务序列，用于完成需要两个或多个任务执行器协同进行的复杂操作。

协同任务序列用如下一系列的命令建立和分配。

(1)创建协同任务序列

创建协同任务序列命令为 createcoordinatedtasksequence( )。该命令有一个参数，是一个实体的引用。此实体被指定为"任务协调器"，它持有任务序列，并同时协调这些任务。与常规任务序列不同，协同任务序列不进行排队。任务协调器可以是分配器，也可以是任意任务执行器。当任务协调器是任务执行器时，它也可以是协同任务序列中被分派的实体。注意，当分派了任务协调器后，它将立即开始执行协同任务序列，无论它正在协调多少其他的协同任务序列。

(2)插入分派任务

插入分派任务命令为 insertallocatetask( )，该命令的第 1 个参数是协同任务序列的引用，第 2 个参数是被分派的任务执行器或分配器，第 3 和第 4 个参数是要创建那个分派任务的优先级和先占值。第 5 个参数是可选的，它指定任务是否被阻塞。默认情况为 0，表示任务是阻塞的，如果传递 1，则任务不阻塞。

当任务协调器执行到一个分派任务时，它实际上创建一个单独的任务序列，里面有一个"分派(allocated)"任务，并将那个任务序列传递给指定的任务执行器或分配器。可以使用此命令的返回值来引用被分派的任务执行器。

(3)插入代理任务

插入代理任务命令为 insertproxytask（ ）。该命令的第 1 个参数是协同任务序列的引用，第 2 个参数是被分派的实体的引用，即要哪个实体去执行任务。第 3 个参数是要执行的任务类型，其余 involved1 和 involved2 是所涉及的实体，可以传递一个关键字，也可以传递一个实体的引用。

(4)插入同步任务

插入同步任务命令为 insertsynctask（ ）。该命令的第 1 个参数为协同任务的引用，第 2 个参数为指定的代理任务的返回值。该命令中断任务序列的执行，直到第 2 个参数引用的特定任务被完成。需要注意的是，默认情况下，为不同的任务执行器指定的代理任务将并行完成，但同步任务将代理任务分给了同一个任务执行器，此时代理任务将自动地按顺序执行。

(5)插入取消分派任务

插入取消分派任务命令为 insertdeallocatetask（ ）。该命令用于取消一个用关键字引用的指定的任务执行器。该命令的第 1 个参数是协同任务序列的引用，第 2 个参数是想要取消分派的任务执行器的分派返回值。第 3 个参数是可选的，用于指定任务是否阻塞：默认情况为 0，表示任务是阻塞的；如果传递 1，则任务不阻塞。

提示：1)在给资源分配代理任务之前，必须先用 insertallocatetask（ ）命令分派该资源。

2)必须取得分派任务命令的返回值，insertproxytask（ ）命令和 insertdeallocatetask（ ）命令均需要用到该返回值。

3)同一个分派资源的代理任务是顺序执行的，不同分派资源的代理任务是并行执行的。

4)确保取消分派所有已分派的资源，否则无法正确释放分派的任务执行器。

5)一旦取消分派了一个资源，就不要再给它任何代理任务。

6.8　练　　习

6.8.1　练习一：理解偏移行进

本练习通过一个简单的例子来理解任务执行器的偏移行进。

步骤 1：构造模型。

从实体库中拖入 1 个 Source、1 个 Queue、1 个 Processor、1 个 Sink、1 个 Operator，按图 6-8 所示建立连接。注意操作员和暂存区之间是中间端口连接。

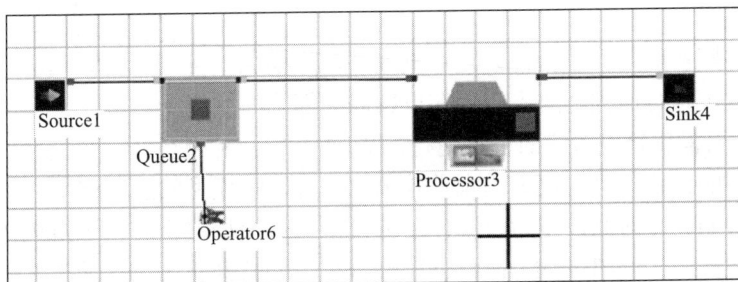

图 6-8　偏移行进练习模型

步骤 2：设置模型参数。

设置模型中的暂存区和处理器的位置，使它们之间的距离为 15 长度单位。

为了让操作员工作，在暂存区的 Flow 参数标签页里选中 use transporter 复选框。

步骤 3：观察操作员的偏移行进。

默认情况下，操作员的偏移行进方式是"Travel offsets for load/unload tasks"，即装卸时采用行进偏移。运行模型，观察操作员在暂存区捡取临时实体的情况，可以看到，操作员是走到临时实体所在的暂存区的中央来捡取临时实体的。

现在修改一下操作员的偏移行进方式。双击操作员，打开其参数页面，将偏移行进方式更改为"Do not travel offsets for load/unload tasks"。重置并运行模型，可以看到，现在操作员只走到暂存区的边缘来捡取临时实体，也就是说，他没有偏移行进以捡取临时实体。

步骤 4：增加网络节点。

为了更明显地观察偏移行进，现在在模型中加入网络节点。（关于网络节点将在后续课程中详细讲述）

1）从模型中拖入两个网络节点放在暂存区和处理器的旁边。

2）按住键盘 A 键，连接两个网络节点，将会显示一条绿色的带箭头的线。

3）按住键盘 A 键，连接暂存区和一个节点，将会显示一条蓝色的线。类似连接处理器和另外一个节点。

4）将操作员连接到节点网络上。按住键盘 A 键，连接操作员和其中一个节点，将会显示一条红色的线。该节点即成为每次重置模型操作员的起始位置。

加入网络节点后的模型如图 6-9 所示。

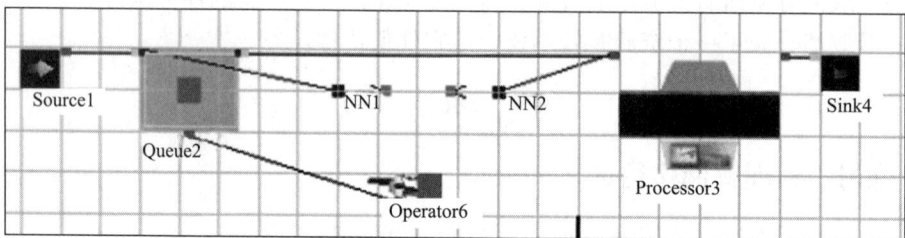

图 6-9　加入网络节点后的模型

步骤 5：观察操作员在网络中的偏移行进。

现在重置并运行模型，可以看到，操作员只走到网络节点的位置，然后进行装载/卸载临时实体。

例如，更改操作员的偏移行进方式，重置并运行模型，可以明显看到，操作员行进到网络节点后，继续偏移行进到临时实体所在位置以装卸临时实体。

步骤 6：查看偏移行进方式对模型运行的影响。

任务执行器的偏移行进不仅影响视觉效果，并且影响模型的运行结果。

现在把模型的停止时间设定为 100，运行模型。待模型停止后，双击操作员打开统计标签页，注意操作员的 Total Travel Distance 统计数据，并打开状态饼图，查看操作员各状态所占的比率。

更改操作员的偏移行进方式，重置运行模型，再查看操作员的统计数据。可以看到，不同的偏移行进方式下，操作员的总行走路程是完全不同的，相应地，各种状态占仿真时间的百分比也是不同的。

6.8.2　练习二：理解碰撞检测

本练习通过一个简单的例子来理解任务执行器的碰撞检测。

步骤 1：在练习一模型中增加一个操作员。

现在从 Library 中再拖入一个操作员，放在网络节点 NN1 和 NN2 之间，如图 6-10 所示。

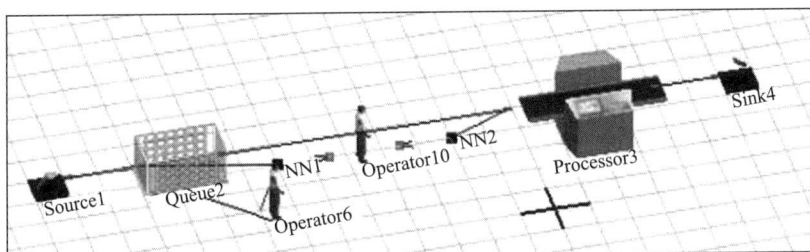

图 6-10　增加一个操作员后的模型

运行模型，可以观察到操作员 6 "越过"操作员 10 来回搬运临时实体。这在实际中显然是不合理的，因此 Flexsim 提供了碰撞检测的功能。

步骤 2：为操作员设置碰撞球。

双击操作员 10，在其 Collision 标签页中单击 Add Sphere 选项，为操作员 10 增加一个碰撞球，将球的半径设为 0.4，并选上 Draw Sphere 复选框及 Checking Collisions 复选框，单击 OK 确认，可以看到操作员 10 多了一个绿色的碰撞球。

为操作员 6 做相同的设置。

运行模型，可以看到操作员 6 依然是"越过"操作员 10 进行搬运。因为现在虽然设置了碰撞球，但并没有设置检测和哪个实体的碰撞。

步骤 3：为操作员 10 设置碰撞成员。

在操作员 10 的 Collision 标签页中，从下方的模型列表中选择操作员 6，使用">>"按钮增加到碰撞成员列表。

运行模型，可以看到当操作员 6 "越过"操作员 10 时，绿色的碰撞球变成了红色，这意味着检测到发生了碰撞。

步骤 4：为操作员 6 设置碰撞处理。

在操作员 6 的 Collision 标签页中，将下方的 Handle Collision 参数修改为 Turn to Left。

运行模型，可以看到操作员 6 在搬运实体时，当碰撞球变红即可能发生碰撞时，操作员 6 就向左转绕开操作员 10，然后继续自己的搬运任务。

步骤 5：为操作员 10 设置碰撞处理。

现在取消操作员 6 的 Checking Collisions 选项，而将操作员 10 的 Handle Collision 参数修改为 Turn to Left。

运行模型，可以看到当碰撞球变红即检测到可能发生碰撞后，由于操作员 6 不进行碰撞检测，所以继续自己的搬运任务，但操作员 10 向左移开了。这样，就避免了操作员之间可能发生的碰撞。

步骤 6：修改操作员 10 的碰撞处理。

步骤 5 中，操作员 10 跑开后，不再发生碰撞。为了持续观察碰撞检测，现在，点击操作员 10 的 Handle Collision 参数边的"A"按钮，打开其程序文本，在原有的 createtraveltoloctask 语句后增加以下代码：

```
createtravletoloctask(thisobject, 0, -5, 4, 0, 0, 0, 0);
```

单击 OK，保存代码。

运行模型，可以看到操作员 10 在 Turn to Left 后，又走回坐标(-5, 4, 0)所对应的位置，当返回途中或返回后再次发生碰撞，操作员 10 将继续 Turn to Left。

步骤 7：观察碰撞处理对模型运行的影响。

分别查看以上各步骤中操作员的统计数据，可以看到，进行碰撞检测的任务执行器，其总行走路程会发生变化，进而会影响模型的运行结果。

6.8.3　练习三：使用帧控制操作员的动作

操作员的走动可以用 setframe 命令进行控制，该命令主要是设置操作员的帧。每个帧对应着一个 3D 文件。练习三简单演示一下使用 Flexsim 自带的帧控制操作员的动画显示。

步骤 1：设置操作员 6 的初始动作。

双击操作员 6，在其 Trigger 标签页，单击 OnReset 触发器旁边的"A"按钮，打开程序文本，输入以下语句：

```
setframe(current, 14);
```

重置模型，可以看到操作员 6 变为坐姿。

步骤 2：设置操作员 6 装载/卸载后的动作。

参照步骤 1，在操作员 6 的 OnLoad 和 OnUnload 触发器里均输入以下命令：

```
setframe(current, 15);
```

运行模型，可以看到操作员 6 行进到处理器放下临时实体后，其动作变为手臂抬起的坐姿。注意，操作员 6 在暂存区捡取临时实体后，因为立刻就开始从暂存区到处理器的行进，因此其动作立刻发生了更新。而操作员 6 在处理器放下临时实体后，由于处理器要完成处理后才再次接受下一个临时实体，因此在处理时间内，操作员 6 没有接收到新的指令，而是在处理器等待，因此可以看到其动作变化为坐姿。

步骤 3：屏蔽操作员 6 的动作变化。

在操作员 6 的 Custom Draw Code 里写入以下命令：

```
return 1;
```

可以看到操作员 6 一直采用 Reset 触发器里设定的坐姿，而行走搬运临时实体的过程中，动作不再变化。

6.8.4　练习四：使用任务序列

任务序列是发送给任务执行器的一系列任务组成的序列，由任务执行器依次执行。用户可以通过 Flexsim 提供的默认机制自动创建任务序列。对 Flexsim 高级用户而言，定制创建用户序列可以更好地控制模型。事实上，练习二的步骤 6 已经使用 createtraveltoloctask 命令创建了任务。下面通过练习四来演示如何定制创建任务序列。

练习四在练习三的基础上，使用任务序列让操作员从暂存区捡取临时实体后，先带到一个处理器进行初检，初检后再将临时实体带到原有的处理器。

步骤1：修改练习三的模型。

从 Library 中拖入一个处理器放入模型作为初检设备，并使用中间端口连接暂存区和初检设备。为了简化模型便于演示，删除练习二模型中的两个网络节点以及操作员10。最后的模型如图 6-11 所示。

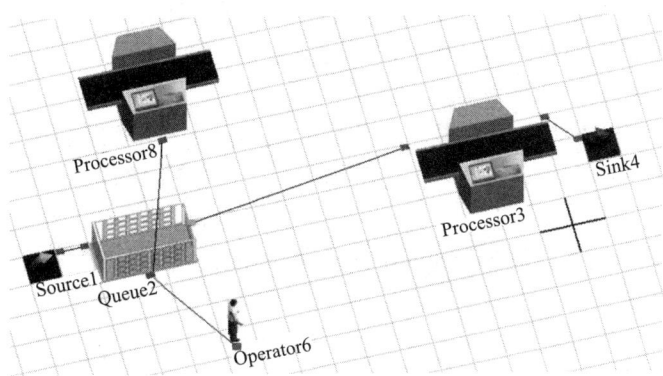

图 6-11　练习四的模型

步骤2：设置暂存区的 Request Transporter From 参数。

现在通过定制任务序列，让操作员把临时实体送去初检设备检验。

双击暂存区，在 Flow 标签页里，选中 Use Transporter 选项，然后将 Request Transporter From 参数设为 Task Sequence Example 1，然后单击旁边的代码编辑按钮"A"对任务序列进行编辑。

```
treenode item = parnode(1);      //定义引用临时实体的指针
treenode current = ownerobject(c);      //定义引用当前实体(暂存区)的指针
int port = parval(2);
treenode ts = createemptytasksequence(centerobject(current, 1), 0,
0);      //创建任务序列
inserttask(ts, TASKTYPE_TRAVEL, current, NULL);      //行进到暂存区
inserttask(ts, TASKTYPE_FRLOAD, item, current, port);      //从暂存
区装载临时实体
inserttask(ts, TASKTYPE_TRAVEL, centerobject(current, 2), NULL);
//行进到初检台
inserttask(ts, TASKTYPE_FRUNLOAD, item, centerobject(current, 2),
NULL);      //将临时实体卸载到初检台
inserttask(ts, TASKTYPE_DELAY, NULL, NULL, 10, STATE_BUSY);      //延时
10秒
inserttask(ts, TASKTYPE_FRLOAD, item, centerobject(current, 2), 1);
//从初检台装载完成初检的临时实体
inserttask(ts, TASKTYPE_TRAVEL, outobject(current, port), NULL);
//走到原处理器
```

```
    inserttask(ts, TASKTYPE_FRUNLOAD, item, outobject(current, port),
opipno(current, port));      //卸载临时实体到原处理器
    dispatchtasksequence(ts);      //分配任务序列
    return 0;      //返回 0 表示不使用默认的自动创建的任务序列，而是定制创建任务
序列
```

运行模型，可以看到操作员行进到暂存区，装载临时实体，行进到初检台，卸载临时实体，延时 10 秒，装载临时实体，行进到原处理器，卸载临时实体。

步骤 3：让操作员把临时实体从原处理器运送到吸收器。

现在进一步定制任务序列，让操作员把临时实体搬运到吸收器。

双击原处理器，在 Flow 标签页里，选中 Use Transporter 选项，Request Transporter From 参数使用默认的 Port By Expression，单击旁边的 "A" 按钮，将代码最后的 return 语句改为 return 0。

打开步骤 2 中编辑的暂存区的 Request Transporter From 代码，在 dispatchtasksequence 命令行前增加以下代码：

```
    inserttask(ts, TASKTYPE_DELAY, NULL, NULL, 10, STATE_BUSY);
//延时 10 秒
    inserttask(ts, TASKTYPE_FRLOAD, item, outobject(current, 1), 1);
//从原处理器装载临时实体
    inserttask(ts, TASKTYPE_TRAVEL, outobject(outobject(current, 1),
1), NULL);      //行进到吸收器
    inserttask(ts, TASKTYPE_FRUNLOAD, item, outobject(outobject(current,
1), 1), 1);      //卸载临时实体到吸收器
```

重置并运行模型，可以看到操作员行进到暂存区，装载临时实体，行进到初检台，卸载临时实体，延时 10 秒，装载临时实体，行进到原处理器，卸载临时实体，延时 10 秒，装载临时实体，行进到吸收器，卸载临时实体。

提示：步骤 3 中原处理器的临时实体任务序列虽然是在暂存区的 Request Transporter From 参数创建，但依然必须在原处理器的 Request Transporter From 参数返回 0，否则模型运行时原处理器的自动创建任务序列逻辑会和暂存区的定制任务序列逻辑冲突出错。

6.8.5　练习五：创建协同任务序列

现实生活中，很多任务是需要两种资源协同完成的。例如，假设练习四中从暂存区到处理器的搬运操作需要一个操作员和一辆叉车。操作员要前往叉车位置，叉车将操作员移入其内。然后叉车行进到装载地点，捡取临时实体行进到卸载地点，放下此临时实体。然后叉车再回到停车位置，放下操作员。练习五通过示例来演示在 Flexsim 中如何处理两种以协同方式工作的不同资源。

步骤 1：建立模型。

载入练习四的模型，添加一个运输机，并使用中间端口连接暂存区和运输机。为了简化模型便于演示协同任务序列，将模型中的初检处理器删除，并将原处理器的 Use Transporter 选项去除。

最后的模型如图 6-12 所示。

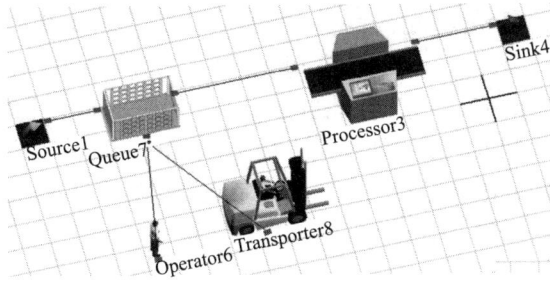

图 6-12 练习五的模型

步骤 2：创建协同任务序列。

下面使用协同任务命令来创建所需的协同任务序列。

双击暂存区，单击 Request Transporter From 参数旁边的 "A" 按钮，将代码修改如下：

```
Treenode item=parnode(1);
Treenode current=ownerobject(c);
int port=parval(2);
treenode fork=centerobject(current, 2);       //建立对叉车的引用
treenode ope=centerobject(current, 1);        //建立对操作员的引用
treenode ts=createcoordinatedtasksequence(ope);        //创建空协同任
务序列
int opkey=insertallocatetask(ts, ope, 0, 0);       //插入操作员分派任务
int forklift=insertallocatetask(ts, fork, 0, 0);        //插入叉车分派任务
int traveltask=insertproxytask(ts, opkey, TASKTYPE_TRAVEL,
forklift, NULL);       //通知分派的操作员执行行进的代理任务，目的地为叉车
insertsynctask(ts, traveltask);       //同步该行进任务
insertproxytask(ts,forklift,TASKTYPE_MOVEOBJECT,opkey,forklift);
//通知分派的叉车执行移动实体的代理任务，移动目标为操作员，目的地为叉车
insertproxytask(ts, forklift, TASKTYPE_TRAVEL, current, NULL);
//通知分派的叉车执行行进的代理任务，目的地为当前实体即暂存区
insertproxytask(ts, forklift, TASKTYPE_FRLOAD, item, current);
//通知分配的叉车执行装载的代理任务，装载目标为位于 current 的 item，即当前临时
实体
insertproxytask(ts, forklift, TASKTYPE_TRAVEL, outobject(current,
1), NULL);       //通知分派的叉车执行行进的代理任务，目的地为当前实体的第一个输
出端口，即处理器
insertproxytask(ts, forklift, TASKTYPE_FRUNLOAD, item, outobject
(current, 1));       //通知分派的叉车执行卸载的代理任务，卸载目标为当前临时实
体，卸载到处理器
insertproxytask(ts, forklift, TASKTYPE_TRAVEL, fork, NULL);       //通
知分派的叉车执行代理的行进任务，目的地为叉车的位置
insertproxytask(ts, forklift, TASKTYPE_MOVEOBJECT, opkey, model());
//通知分派的叉车执行移动实体的代理任务，移动目标为操作员，目的地为操作员的位置
```

```
insertdeallocatetask(ts, forklift);        //取消叉车分派任务
insertdeallocatetask(ts, opkey);        //取消操作员分派任务
dispatchcoordinatedtasksequence(ts);        //分配协同任务序列
return 0;        //返回 0 表示不使用默认的自动创建的任务序列，而是定制创建任务序列
```

运行模型，可以看到操作员走到叉车，叉车装载操作员，叉车行进到暂存区，装载临时实体，叉车行进到处理器，放下临时实体，放下操作员。

6.9　实　验　案　例

现在载入第 5 章的模型，来实现 6.1 节里生产工艺流程的改变。

6.9.1　添加操作员

按照 6.1 节里的新工艺流程，产品到达后，由 2 个操作员将产品从暂存区搬运到加工处理器进行加工。

步骤 1：为模型添加操作员和分配器实体。

由于流程中有 2 个操作员负责把临时实体从暂存区运到加工台，因此需要与分配器同时使用，让分配器来对任务序列进行排队和寻径，然后选择一个空闲的操作员来进行搬运工作。

从 Library 中拖入 1 个分配器和 2 个操作员实体放入模型。

步骤 2：建立连接。

暂存区要求操作员来捡取临时实体并送至某个加工台。由于模型中使用分配器来指挥 2 个操作员进行工作，因此需要将分配器连接到需要操作员的实体(即暂存区)的中间端口上。按住键盘 S 键点击分配器拖动到暂存区即可。

为了让分配器将任务发送给操作员，必须将分配器的输出端口与操作员的输入端口连接。按住键盘 A 键并点击分配器拖动到操作员即可。

连接好的模型如图 6-13 所示。

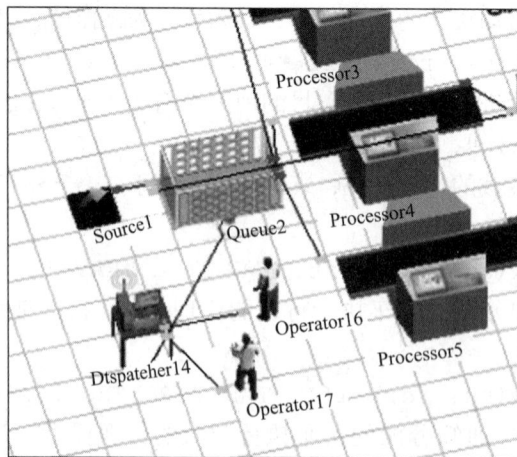

图 6-13　添加分配器和操作员后的模型

步骤 3：修改暂存区 Flow 控制参数。

要让暂存区使用操作员来完成搬运任务，需要设置暂存区的 Flow 控制属性。双击暂存区打开其参数视窗，选择 Flow 标签页，选择 Use Transporter 复选框即可。

选择 Use Transporter 选项后，下方的 Request Transporter Form 选项被激活。该选项设定从哪个中间端口请求运输工具。本模型使用默认的中间端口 1，即分配器所对应的端口。

现在可以重置并运行模型，测试模型的运行效果。可以看到，2 个操作员把临时实体从暂存区搬运到加工台。

6.9.2 配置操作员对加工台进行预置

步骤 4：配置操作员对加工台进行预置。

按照 6.1 节的流程，第 1 台加工处理器工作前需要由操作员进行预置。为了让加工台在预置时使用操作员，必须建立加工台和分配器的中间端口连接。按住键盘 S 键点击分配器拖到加工台释放即可。

要让加工处理器在预置时使用操作员，需要设置处理器的 Setup 参数。具体操作是，双击处理器打开其参数视窗，选择 Processor 标签页，选中 Use Operator For Setup 复选框。

由于预置时间为 4 单位时间，因此点开 Setup Time 下拉列表，选择 By Expression 选项，将表达式设为 4 即可。

选中 Use Operator For Setup 选项后，下方的 Pick Operator 选项被激活，需要在此设定从哪个端口请求操作员。由于加工台只有 1 个中间端口 1 且连接着分配器，因此，采用默认的中间端口 1 即可。

现在可以运行模型测试效果。可以看到，第 1 台加工处理器在加工产品前出现了一个浅黄色的方框，意味着处理器在进行预置，也可以观察到预置换时确实使用了操作员。

6.9.3 添加叉车

按照 6.1 节的流程，产品加工完后由叉车送去检验台检验。

步骤 5：为模型添加叉车实体。

在模型中添加叉车，将临时实体从检验台暂存区搬运到检验台，这和前面添加操作员来完成临时实体搬运是一样的。由于模型中只有一辆叉车，所以不需要使用分配器。直接建立叉车和检验台暂存区的中间端口连接即可。

连接好的模型如图 6-14 所示。

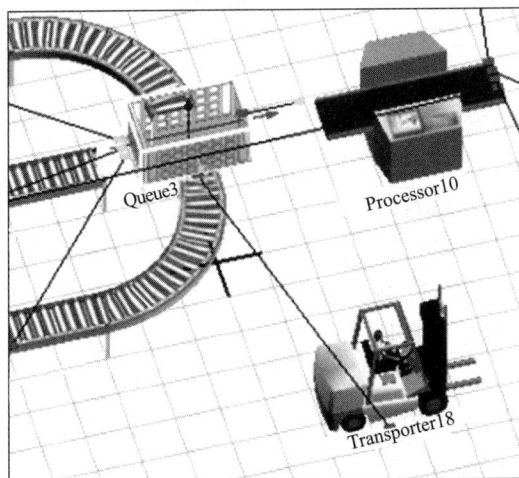

图 6-14 添加叉车后的模型

步骤 6：设置检验暂存区的流向参数。

为了让检验暂存区使用叉车搬运临时实体，需要设置其流向参数。双击检验暂存区打开其参数视窗，选择 Flow 标签页，选中 Use Transporter 复选框即可。

现在可以运行模型测试效果。可以看到，叉车从检验暂存区搬运临时实体到检验台。

6.9.4　添加堆垛机

现在，在模型中添加堆垛机，以将检验合格的产品放入货架。

步骤 7：在模型中添加堆垛机。

从 Library 中拖入一个堆垛机放入模型。和前面添加叉车一样，直接建立检验台和堆垛机的中间端口连接即可。

由于检验不合格的产品需要由叉车送回加工检验区重新加工，因此，还需要建立检验台和叉车的中间端口连接。这里和检验暂存区共用一个叉车。

为了让模型效果更直观，可将其中一个货架打横，这可以通过调整货架的 Z 转角实现。

添加堆垛机后的模型如图 6-15 所示。

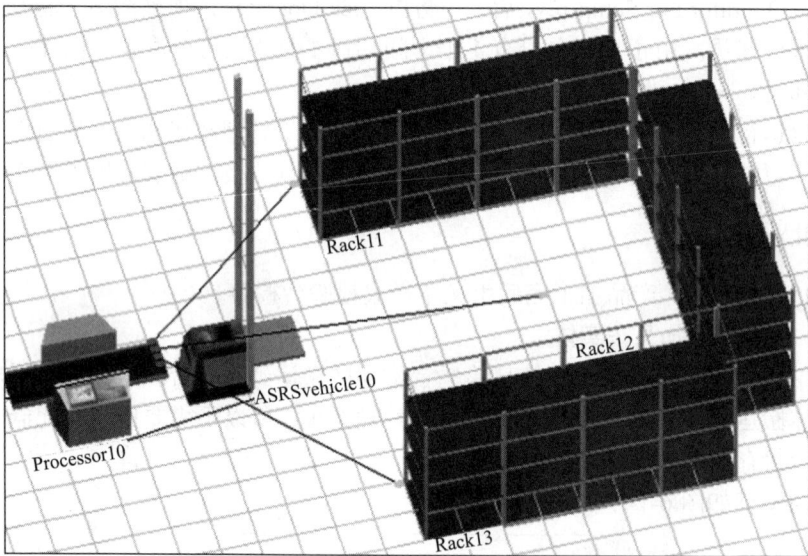

图 6-15　添加堆垛机后的模型

步骤 8：设置检验台的流向参数。

为了让检验台使用堆垛机搬运检验合格的产品而用叉车搬运其他产品，需要设置其流向参数。双击检验暂存区打开其参数视窗，选择 Flow 标签页，选中 Use Transporter 复选框即可。

现在的模型中，检验台的产品的 Send To Port 参数是 bernoulli(20, 1, gettablenum("Rout", getitemtype(item), 1))，即 20%的不合格产品送往端口 1，其余 80%的合格送往货架。由于按现在的流程，送往货架的产品由堆垛机(对应中间端口 1)完成，送回加工暂存区的产品由叉车(对应中间端口 2)完成。要实现这一点，可以在检验台的 Flow 标签页把 Request Transporter From 参数设为 Cases By Values，相关参数设置如下：

Value: getitemsendto(item)

Cases:

case 1: portnum = 2；break；

default: portnum = 1；break；

以上设置意味着当临时实体的送往端口为输出端口 1(即送回加工暂存区)时，从中间端口 2 请求运输机(即叉车)；当临时实体的送往端口为其余输出端口(即送去货架)时，从中间端口 1(对应着堆垛机)请求运输机。

步骤 9：运行模型。

重置并运行模型，检验模型是否按照 6.1 节的流程变化运行。可以看到，操作员在加工暂存区和加工台之间来回搬运产品，叉车在检验暂存区和检验台之间来回搬运产品，并把不合格的产品送回去重新加工，而堆垛机在 X 轴方向来回运动将产品放入货架。

7 使用网络节点和交通控制器

第 7 章的模型中，当叉车把不合格的产品送回加工暂存区重新加工时，可以看到叉车直接"穿过"了途经的暂存区、传送带等固定实体。因为默认情况下，Flexsim 中的任务执行器是沿着起始位置和目标位置之间的直线行进。但这种行进方式显然不符合真实世界的实际。为此，Flexsim 提供了网络节点和交通控制器用于控制任务执行器的行进路线。本章主要学习网络节点和交通控制器的使用。

7.1 网 络 节 点

网络节点（Network Node）用来定义运输机和操作员遵循的路径网络。在默认情况下，在网络上行进的任务执行器将沿着起始位置和目标位置之间的最短路径行进。可以通过网络路径的样条线节点来增加弯曲部分从而修改路径。

7.1.1 NetworkNode 标签页

NetworkNode 标签页可以设置网络节点中的最大行进物数量、侧偏移、路径、速度限制等参数，如图 7-1 所示。

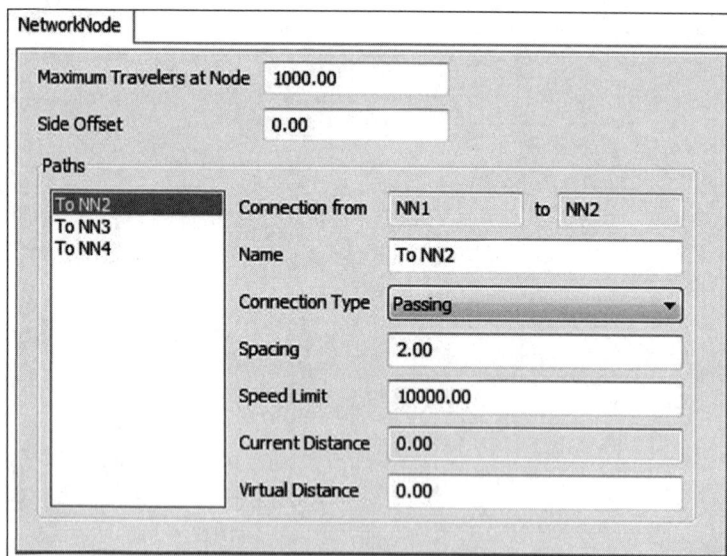

图 7-1 NetworkNode 标签页

Maximum Travelers at Node: 指定允许多少不在网络上行进的运输机或操作员停留在网络中。注意，这里指的是不在执行行进任务的任务执行器。

Side Offset: 指定行进物向路径右侧外偏出的偏移距离。此参数并不影响行进物的行进距离，仅为了视觉效果设置，以使相向行驶的两个行进物不会辗过彼此。

Paths: 定义当前节点与其他网络节点的连接路径的参数。当前节点已有的所有连接显示在下方的列表中。

提示：两个网络节点之间的路径都包含两个单行线连接。这里只定义从当前网络节点到另一网络节点的连接行为。如需要编辑从其他节点到此节点的连接行为，则需在其他节点的参数视窗指定。

Name： 指定网络节点的名称。默认情况下，网络节点的名称为"To 节点"，例如，与节点 3 连接的网络节点名称为"To NN3"。也可以采用能反映模型中此连接的特殊目的的名称。

Connection Type： 指定该路径的连接类型。可以指定的连接类型有 3 种：①No Connection，表示无连接，意味着行进物不能在此连接上行进，如单行线在某个方向不能行进，这类连接在模型中绘制为红线；②Passing，表示允许超车，意味着行进物在此连接上彼此超车，这类连接在模型中绘制为绿线；③No Passing，表示不允许超车，意味着行进物在此连接上只能按一定的间隔行进，这类连接在模型中绘制为黄线。允许超车意味着行进物不会沿着路径聚集，如果速度不同，只简单地相互超过就可以了。禁止超车意味着此路径上的行进物将会聚集，采用间隔值作为它们之间的缓冲距离。

Spacing： 当指定的连接类型为"No passing"时，在此定义路径上的行进物之间的最小距离。此距离指的是行进物的后端到其后的行进物的前端之间的距离。

Speed Limit： 指定路径上的行进物的最大行进速度。行进物将会用它们自身的最小速度及路径的限制速度行驶。如果路径是允许超车的连接，则一旦行进物上路就会加速或减速到适当的速度。但如果是禁止超车的连接，则行进物将会立即将其速度改变为合适的速度，而不使用加速或减速。

Current Distance： 指定 Paths 列表中选定的连接路径的当前实际距离。

Virtual Distance： 指定 Paths 列表中选定的连接路径的虚拟距离。如果距离很大，而不想让另一个网络节点显示在模型中一个相距极远的位置上，或者距离较小，但不希望两个网络节点显示重叠，则可以使用虚拟距离。

提示：如果连接路径的虚拟距离被指定为 0，则仿真时该路径的距离按实际距离计算。否则，仿真距离按虚拟距离计算。

7.1.2　网络节点的连接

每个网络节点都可以与其他网络节点相连。连接方法如下：按住键盘 A 键点击一个网络节点，然后拖动到另一个节点，即在两个网络节点间创建了一条路径。这条路径代表两个网络节点间的两条单行线路径，用带绿色箭头的线条表示，如图 7-2 所示。

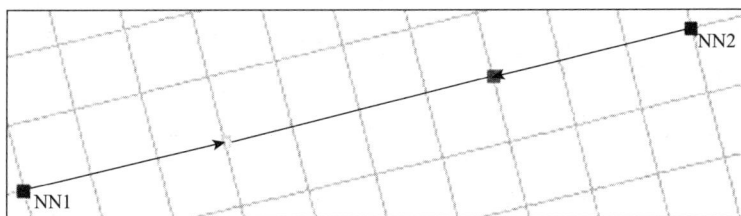

图 7-2　双向网络节点路径

图 7-2 中的两个绿色箭头代表两个方向均可通行。如果想让路径只有一个方向通行，即模拟单行道，可以按住键盘 Q 键拖动连接，则会把路径的一个单行方向切换为"无连接"，它意味着不允许行进物沿那个方向行进。这种单向连接表示为红色箭头，如图 7-3 所示。如

果在两个方向上都进行"Q"连接，则整个连接将被删除。

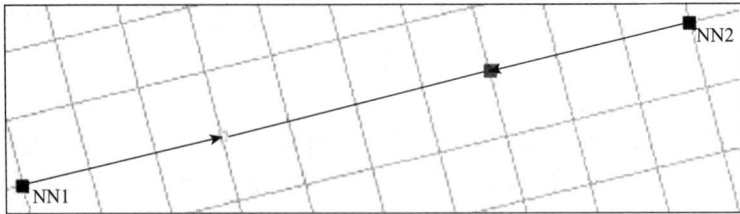

图 7-3　单向网络节点路径

如果要设置路径是否可以超车，可以在已建立连接的路径上再按住键盘 A 键拖动，路径将会在允许超车和禁止超车两种模式之间切换（黄色和绿色箭头）。切换的方向取决于拖动操作是从哪个节点拖到哪个节点。

要改变路径的连接模式，也可以在表示连接类型的箭头前的方块上单击右键，在弹出的菜单里进行修改，如图 7-4 所示。或者按住键盘 X 键，单击那个方块也能切换连接类型。

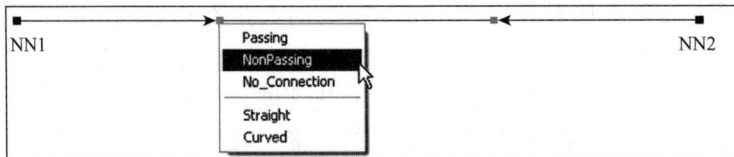

图 7-4　路径设置的弹出式菜单

在仿真过程中，可以使用 closenodeedge 和 opennodeedge 命令动态地关闭路径。在这两个命令中，要指定网络节点和路径名称。一个关闭的路径将不再允许行进物进入，不过已经在路径上的行进物可以继续行进并离开此路径。关闭的路径表示为橙色箭头。当模型重置时，所有被关闭的路径都将被打开。

操作员或运输机等行进物的加速和减速属性适用于允许超车的路径，而不适用于禁止超车的路径。实体在网络上行进时，将会逐渐加速到它们的最大速度。当接近目的地时，它们也会进行减速。行进物到达限速小于其行驶速度的路径时，它将减速到限速。

默认情况下，路径是网络节点间的直线。通过图 7-4 所示的弹出式菜单选择"Curved"可以将路径改变为弧线。选择"Curved"后，会创建出两个样条线控制点（图 7-5 的 2 个小黑点），通过移动样条线控制点可以创建弧线路径。

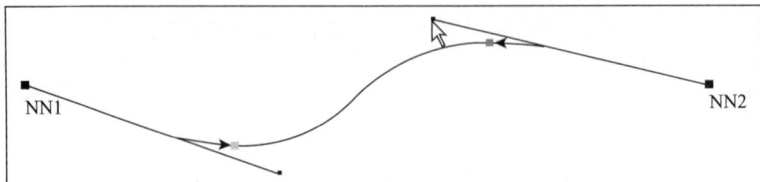

图 7-5　样条线控制点及弧线路径设置

在模型中拖动样条线控制点可以调整路径的曲率。按住键盘 X 键，点击样条线控制点，可以添加一个相邻的样条线节点。选中样条线节点，点击删除键，可删除该节点。如果删除路径的所有样条线节点，将使该路径变成直线路径。注意，如果一条路径有太多节点，在那条路径上行驶的行进物可能会出现急动现象。急动现象是样条线弯曲属性所固有的。减少样条线节点可以减轻急动现象。

创建了网络节点及其连接后，还需要将它们连接到实体。如果某个实体请求了操作员或运输机，且希望任务执行器在网络路径上行进，那么要把该实体和某网络节点连接起来。连接的方法是按住键盘 A 键，拖动该实体到网络节点，表示为该实体和网络节点间的一条蓝色连线，如图 7-6 所示。连接之后，相对此实体，该网络节点扮演着行进网关的角色，这意味着任何在网络上行进并想到达那个实体的任务执行器，都将行进到它所连接的网络节点。

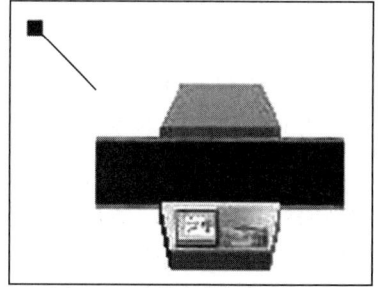

图 7-6 连接实体到网络节点

可以将多个网络节点连接到一个实体上。这种情况下，想要到达那个实体的任务执行器将行进到与那个实体相连的、离任务执行器最近的网络节点。也可以将多个实体与同一个网络节点相连。

要将一个任务执行器在网络中行进，需要将它连接到一个网络节点上，可以按住键盘 A 键拖动建立连接。这将在网络节点与实体之间绘制一条红色连线。建立连接后，该任务执行器的任何行进任务都将沿着此网络到达其目的地。它还意味着，当任务执行器需要进入网络时，它到达的第一个节点是与它相连的那个节点。当任务执行器完成一次行进操作回到相连的网络节点时，任务执行器将会在那个节点变为"非激活"状态。这意味着，任务执行器下一次再接到行进任务时，它必须首先返回到它以非激活状态所在的那个网络节点去，才能回到网络中。如果重置模型，任务执行器会把它的位置重置为与其相连的那个网络节点的位置。

可以将多个任务执行器连接到同一个网络节点。当模型重置时，连接到同一个网络节点的所有任务执行器都会把它们的位置重置为最初分配的网络节点的位置。

使用 D 键可将一个网络节点连接到一个任务执行器，并作为一个行进网关；相应地，使用 E 键来断开连接。用这种方式连接，将会绘制一条连接到任务执行器的蓝色连线，意味着向着那个任务执行器行进的其他任务执行器都将行进到与它用蓝色线连接的网络节点去。

建立了行进网络后，可以设置其显示。网络有若干种绘制模式，显示信息各异，具体如下。**模式 1**：显示节点、路径、实体/任务执行器连接、样条线节点；**模式 2**：显示节点、路径、实体/任务执行器连接；**模式 3**：显示节点、路径；**模式 4**：显示节点；**模式 5**：只显示一个节点。

按住 X 键并重复点击网络节点，整个网络将会在这些模式之间进行切换，每进行一次 X 点击，就显示更少的信息。按住 B 键则在这些模式之间进行逆向切换。也可以选中一系列网络节点(按住 Ctrl 键然后点击几个节点)，然后在其中的某一个节点上做 X 点击操作，则显示模式切换就应用到所选中的那些节点上。如果选中一系列网络节点，但却在一个未被选中的节点上做 X 点击操作，则显示模式的切换将应用到那些没有选中的节点上。当模型很大，而不需要显示所有的样条线连接时，此操作功能将很有用。

可以指定节点上允许的非激活或者静止的行进物的最大数目。一个非激活行进物就是连接到此网络节点，且未执行行进任务，而是在做其他任务或者空闲的行进物。如果在行进物和网络节点之间有一条红色连线，可以凭这一点断定这个行进物是非激活的。

如果将网络节点的静止行进物的最大数目设为 1，且已经有一个行进物停在那个节点，则当其他行进物到达此节点时就必须等待，直到第 1 个行进物完成其行进任务之后离开此节点。注意，这只适用于第 2 个行进物的目的地是此节点的情况。如果第 2 个行进物只是想通过此节点到其他节点去，则它不必等待。

7.2 交通控制器

交通控制器(Traffic Control)用来控制一个交通网络上给定区域的交通。交通控制器与网络节点共同建立一个交通控制区域。交通控制器控制的任意两个网络节点之间的路径都是交通控制路径。行进物只有在获得交通控制器许可的情况下才能到那条路径上去，这条路径在给定时间只允许一定数目的行进物进入区域，或者可以使用非时间模式，只允许行进物行进到给定的路径段上去。

7.2.1 Traffic Control 标签页

交通控制器的控制模式在 Traffic Control 标签页设置，如图 7-7 所示。

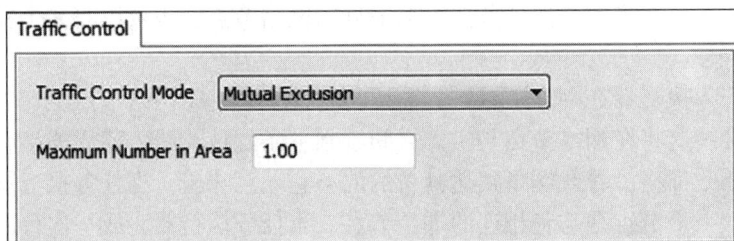

图 7-7 Traffic Control 标签页

交通控制器控制交通的方法有两种：共有模式和非时间交通模式。

(1)共有模式

共有模式(Mutual Exclusion)就是只限制进入交通控制区域的行进物的允许数量，而不考虑它们是在什么路径上。该模式下只需要简单地指定最大数量，如图 7-7 所示。

Maximum Number in Area：指定允许进入交通控制区域的行进物的最大数量。在给定时刻，它只允许此数量的行进物进入其控制区域。一旦区域处于饱和状态，要求进入的行进物就必须在交通控制区域边界等待，直到另一个行进物离开此区域释放相应的空间。

(2)非时间交通模式

非时间交通模式(Untimed Traffic Modes)需要设定模式、入口等参数，如图 7-8 所示。

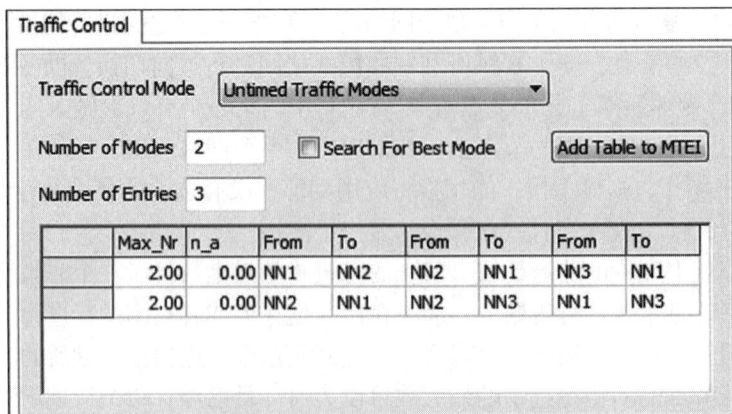

图 7-8 Untimed Traffic Modes 设置界面

Number of Modes：指定模式的数量。每种模式对应于下方表格中的一行。

Number of Entries：指定入口的数量。每种入口对应于下方表格中的一组 From/To 列。对于每一个模式，均可定义交通区域内的一系列路径。

Search For Best Mode：如果选中该选项，则当交通控制器接到一个进入某路径的请求，而此路径不在当前模式中，则会搜寻所有模式来寻找是否有其他模式包含了请求进入的路径。如果是，将转换为新模式，并允许此行进物进入。以图 7-8 所示的模式表为例，如果有一个操作员请求进入路径 NN1→NN2，由于该路径在模式表第 1 行，那么交通控制器为模式 1，其最大行进物数量为 2(第 1 行中的 Max_Nr)。如果这时候有另一个叉车请求进入路径 NN2→NN1，在选中此选项的情况下，交通控制器会进行搜索，发现该路径在模式表第 2 行，因此会转换为模式 2，其最大行进物数量为 2(第 2 行中的 Max_Nr)，并允许叉车进入。但需要注意，选中此选项可能降低模型速度，因为每次有进入请求时交通控制器都会搜索其模式表。

Max_Nr：类似于共有模式，指定允许进入的行进物的最大数量。注意，共有模式下的最大数量控制的是交通控制区域内的行进物，而此 Max_Nr 值控制的是该行中的路径中的行进物最大数量。

n_a：这是 Flexsim 为开发预留的参数，不用理会。

From/To：指定该模式下的路径。在 From 列和 To 列分别输入开始和目的网络节点的名称。注意，一组 From/To 入口只描述一个方向的路径。如果要指定双向路径，则需要指定两次 From/To 输入，如图 7-8 中路径 NN2→NN1 和 NN1→NN2。

当模型中的路径具有不同的容量时，如要模拟道路网络中高速公路、国道、省道等不同等级的公路，那么需要基于不同的路径组来控制交通，此时应该采用非时间交通模式。在非时间交通模式下，当交通控制器处于某给定模式(模式表中的某行)时，只有当行进物要进入的路径是当前模式中所定义的路径之一，才允许进入。交通控制器对模式下的停留时间没有限制，但它会保持当前模式，直到没有行进物在其区域中。然后，交通控制器将接收下一个最先到达的行进物，并找到一个包含有此行进物所要求的进入路径的模式。

7.2.2 Speeds 标签页

Speeds 标签页用于调整交通控制器控制区域内的行进物的速度，如图 7-9 所示。

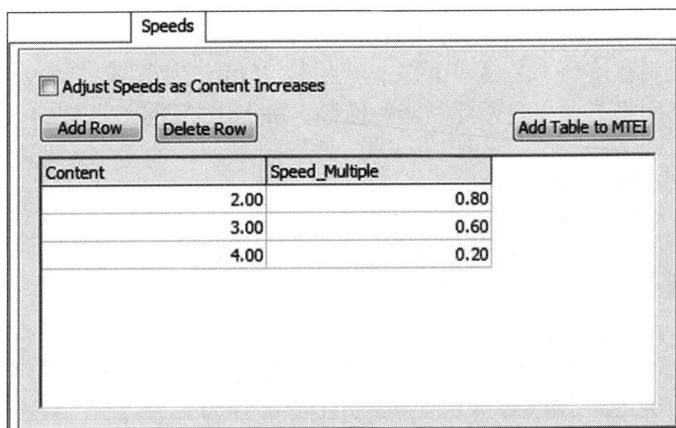

图 7-9　Speed 标签页

Adjust Speeds as Content Increase：如果选中了此复选框，则交通控制器将使用下方的表格来调整控制区域内的行进物的速度。

Add Row：在下方表格中增加一行。如果选中了某行，则复制该行。

Delete Row：删除下方表格中的选定行。如果未选定行，则删除最后一行。

当交通控制区域变得拥挤时，可以使用交通控制器来调整行进物的速度。随着控制区内行进物的增加，新进入的行进物将基于交通控制器的速度表来调整其速度。例如，图 7-9 中速度表的第 2 行，设置了容量为 3 时的速度率为 0.6，那么，一旦交通控制区内的行进物容量达到或超过 3，行进物的最大速度将降低到其正常最大速度的 60%。

7.2.3　NetworkNodes 标签页

NetworkNodes 标签页用于设置交通控制区内的网络节点，如图 7-10 所示。

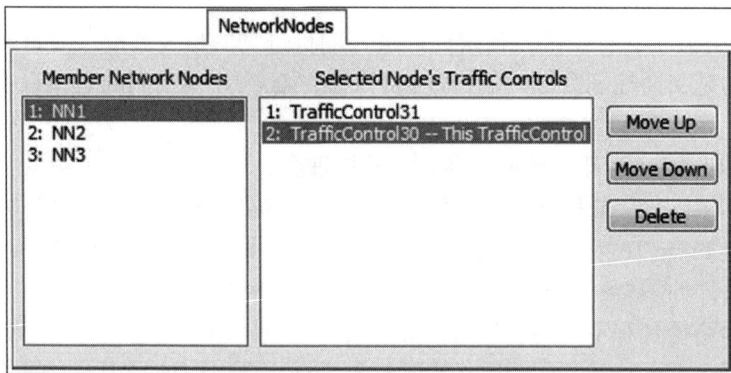

图 7-10　NetworkNodes 标签页

交通控制器和网络节点可以多对多的连接，在交通控制器的 NetworkNodes 标签页可以编辑交通控制器与网络节点的连接。左边的列表显示的是所有连接到当前交通控制器的网络节点。选中其中一个节点，右边列表将会显示所有与选中网络节点相连的交通控制器的列表。图 7-10 表示的是，当前交通控制器有 NN1、NN2、NN3 三个网络节点，而与 NN1 相连接的有 TrafficControl31 和 TrafficControl30 两个交通控制器。其中 TrafficControl30 是当前交通控制器，在列表中会显示额外的"This TrafficControl"文本表示正在编辑。右边的交通控制器列表指定了模型中交通控制器的排列顺序，此排列顺序可以对网络行为产生显著影响。如果需要将一个交通控制在排列中上移或下移，可点击"Move Up"或"Move Down"按钮来实现。如果要删除某网络节点与交通控制器的连接，可点击"Delete"按钮。

7.2.4　交通控制器的连接

按住 A 键并从交通控制器拖动到网络节点即可连接网络节点和交通控制器。这将会在网络节点和交通控制器之间绘制一条红色连线，如图 7-11 所示。如果两个网络节点之间有路径，且两个网络节点都是同一个交通控制器的成员，则那条路径就被指派为交通控制路径，或者称为成员路径。交通控制器的所有成员路径以及所有网络节点成员组成了该交通控制器的控制区域。图 7-11 中的两个网络节点及节点之间的路径即为交通控制区域。

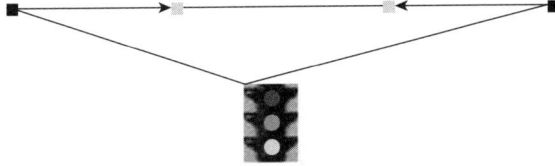

图 7-11 交通控制区域

　　所有进入交通控制区域的行进物都必须获得交通控制器的许可。"进入"交通控制区域定义为进入属于交通控制区域的成员路径,或者到达一个属于交通控制区域的成员网络节点。但是,如果行进物只是途经交通控制区域的成员网络节点,而继续行进进入的路径不是交通控制区的成员路径,则此行进物不被认为是进入交通控制区域。在这种情况下,行进物不需要获得许可。行进物"离开"交通控制区域的方式有两种:一种是行进物从交通控制区域的成员路径行进到非成员路径,另一种是位于成员网络节点的"非激活"状态的行进物去到不是当前交通控制区成员的路径上去。当一个行进物离开一个饱和区域时,就为其他行进物进入此区域创建空间。可以通过调用 reassignnetnode( )命令,将行进物指派给一个非成员的网络节点,让非激活行进物离开此交通控制区域。

　　默认情况下,交通控制器直到所有行进物离开其控制区域后才会改变模式。如果想要交通控制器在没有清空控制区的情况下改变模式,则需要选中"Search for Best Mode"选项,以便让交通控制器动态搜寻最佳模式。交通控制器会对当前模式下有通行历史的路径进行记录。当行进物进入一条成员路径时,交通控制器将此路径标记为诸如"有通行"等状态。即使后来行进物离开了交通控制区域,标记仍然保留,除非所有行进物均离开了交通控制区域,这些标记才会被重置。当行进物请求进入不是当前模式成员的路径时,交通控制器会搜寻模式表来查看是否有其他的模式包含标记为"有通行"的行进物请求进入的路径。如果找到一个,就改变为那种模式,并允许行进物进入那个区域。否则,行进物必须等待。

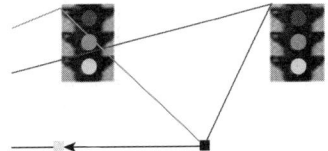

图 7-12 使用多个交通控制器

　　Flexsim 模型中,可以使用多个交通控制器,每个网络节点可以同时与 50 个交通控制器相连接。图 7-12 显示了一个与两个交通控制器连接的网络节点。

　　图 7-12 中,从网络节点到左边交通控制器之间的连线是橙色的,而到右边交通控制器之间的连线是红色的。这些颜色显示了图 7-10 中交通控制器列表的顺序。颜色排序以红、橙、黄、绿、蓝、靛、紫的顺序。网络节点连接的第 1 个交通控制器表示为红线,第 2 个表示为橙色,依次类推。交通控制器排列顺序对模型的功能来说非常重要。当一个行进物到达一个网络节点,而通过该网络节点它必须进入多个交通控制区域,那么它将按照该节点的交通控制器排列顺序请求进入,每次请求一个交通控制器。一旦某交通控制器许可进入,行进物技术上就已进入相应的交通控制区域了,尽管它仍然请求许可进入其他的交通控制区域。当行进物在两条路径之间转移时,在离开与原来的路径相对应的交通控制区域之前,行进物首先要请求进入与新路径相对应的所有交通控制区域。

　　虽然在模型中使用多个交通控制器可以提高行进网络的灵活性和交通容量,但是也可能导致死锁。交通控制器死锁通常是由循环等待导致的。当一个饱和的交通控制区域内的一个行进物等待进入另一个也是饱和的交通控制区域,而另一个交通控制区域在等待离开的行进物也要进入一个饱和的交通控制区域,这时就发生了循环等待,造成了死锁。例如,图 7-13

中，左边的交通控制器区域是饱和的，其区域中手持临时实体的操作员等待获得允许进入右边的交通控制区域。但是，右边的交通控制区域也是饱和的，空手的操作员正在等待进入左边的交通控制区域，因此就发生了死锁，如图 7-13 所示。

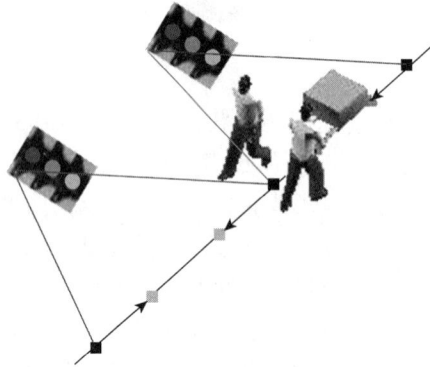

图 7-13　交通控制器死锁

提示：为了避免死锁，建议使用层次结构的交通控制器排序，让一些交通控制器控制大区域，一些交通控制器控制小区域。注意不要让交通控制区出现部分重合，即要让一个交通控制器要么完全包含在一个大区域里，要么成为它的区域中唯一的一个。同时设定好交通控制器的排列顺序，让行进物请求进入小区域之前先请求进入大区域。

在正投影/透视视图中，可以使用以下操作来编辑交通控制器实体。按住 X 键并点击交通控制器，模型中所有的交通控制器将会在显示和隐藏节点连接之间切换。如果只想隐藏一个交通控制器的连接，用 shift 键选中该交通控制器，然后按 X 键点击该实体即可。模型运行时，按住 V 键点击实体并按住鼠标键不放，将会绘制所有正在请求进入该交通控制区域但是还未获得许可的行进物的连线。如果交通控制器的颜色不是白色，这些线将会用交通控制器的颜色绘制，以便更好地区分进入不同的交通控制区域的请求。

7.3　练　　习

7.3.1　练习一：使用网络节点

练习一通过一个简单的例子来说明如何使用网络节点。

步骤 1：构造模型。

从 Library 中拖入 1 个发生器、1 个处理器、1 个货架放入模型，将货架的层数和列数均设为 4，将货架的 RZ 设为 90，按图 7-14 建立连接。

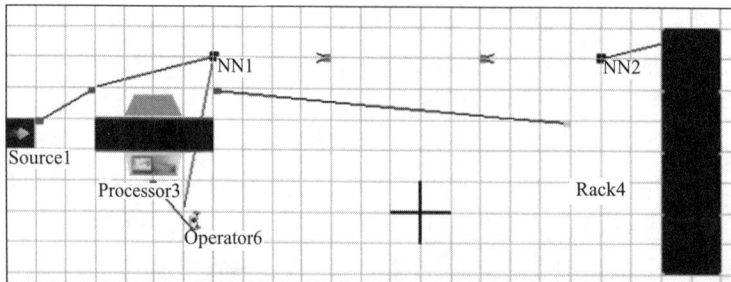

图 7-14　练习一模型正投影视图

在模型中放入 1 个操作员，将操作员与处理器的中间端口连接起来，设定处理器的流向参数为 Use Transporter，以让处理器使用操作员将临时实体搬上货架。

步骤 2：设定行进网络。

在模型中加入 2 个网络节点，分别放在处理器和货架旁边。按住键盘 A 键，连接 2 个网络节点，以设定路径；分别连接 NN1 和处理器、NN2 和货架，以设定实体和路径的网关，即从哪个节点访问实体；连接操作员和 NN1，以告知操作员从 NN1 进入网络，如图 7-14 所示。

重置并运行模型，可以看到操作员按设定的路径行进。

步骤 3：设定弧线路径。

在路径上单击鼠标右键，在弹出的菜单里选择 Curved，可以看到路径上出现了 2 个样条线节点。拖动样条线节点将路径设定为弧线，如图 7-15 所示。

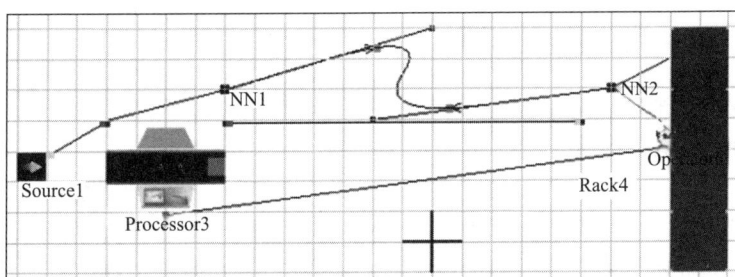

图 7-15　设定弧线路径

重置并运行模型，可以看到操作员按设定的弧线路径行进。

步骤 4：理解网络路径的方向。

现在按住键盘 Q 键，从 NN2 拖动到 NN1，可以看到 NN2 到 NN1 方向的绿色箭头变成了红色，意味着该路径现在变成了单行线。如果现在运行模型，当操作员在货架放下临时实体后接到处理器的下一个请求返回处理器捡取临时实体时，会提示目标不可达。

步骤 5：增加另一条路径。

在模型中再增加 2 个网络节点，分别放在处理器和货架旁边。分别将 NN2 和 NN4、NN1 和 NN3、NN3 和 NN4 连接起来，如图 7-16 所示。

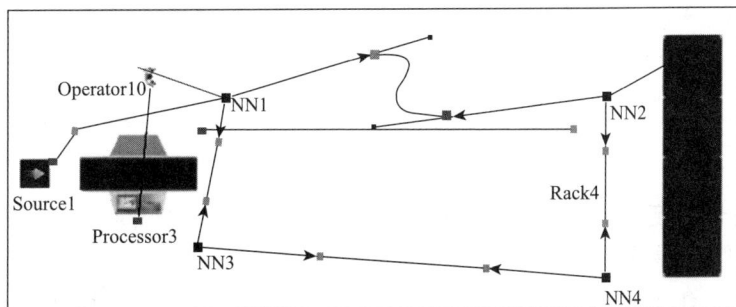

图 7-16　增加新路径后的模型

重置并运行模型，可以看到操作员从 NN1 处理器捡取临时实体，然后行进到 NN2，将临时实体放上货架，然后经过 NN4、NN3，最后回到 NN1。

步骤 6：理解最短路径。

按住键盘 A 键，从 NN2 拖动到 NN1，将该路径变为双向路径。运行模型，可以看到，与步骤 5 不同，操作员从 NN1 到处理器捡取临时实体，然后行进到 NN2，将临时实体放上货架后，会原路返回 NN1。

出现这样的差别是因为任务执行器在网络上会沿着起始位置和目标位置之间的最短路径行进。模型中处理器通过 NN1 连接到网络，货架通过 NN2 连接到网络，操作员是要把临时实体从处理器搬运到货架，因此起始位置是 NN1，目标位置是 NN2，它们之间的最短路径就是模型中的弧线路径。步骤 5 中，由于 NN2 到 NN1 之间的路径设为了无连接，因此操作员只能从 NN2→NN4→NN3→NN1 的路径回到 NN1。

现在按住键盘 Q，断开 NN2 和货架的连接，再用键盘 A 键连接 NN4 和货架。运行模型，可以看到，由于现在操作员的目标位置变成了 NN3，而 NN4→NN3→NN1 之间的路径比 NN4→NN2→NN1 之间的路径短，因此操作员按路径 NN4→NN3→NN1 行进。

7.3.2 练习二：理解交通控制区域

下面通过练习二来掌握交通控制器如何进行交通控制。

步骤 1：构建模型并连接。

从 Library 中拖入 1 个发生器、2 个暂存区、2 个操作员、3 个网络节点、2 个交通控制器放入模型区，按以下方式进行连接：按住键盘 A 键，连接发生器和暂存区 1、暂存区 1 和暂存区 2、暂存区 2 和暂存区 1，然后连接暂存区 1 和节点 1、节点 1 和节点 2、节点 2 和节点 3、暂存区 2 和节点 3，再连接操作员 1 和节点 1、操作员 2 和节点 3，再将交通控制器 1 分别连接到节点 1 和节点 2、交通控制器 2 分别连接到节点 2 和节点 3。按住键盘 S 键，连接暂存区 1 和操作员 1，连接暂存区 2 和操作员 2。连接完毕的模型如图 7-17 所示。

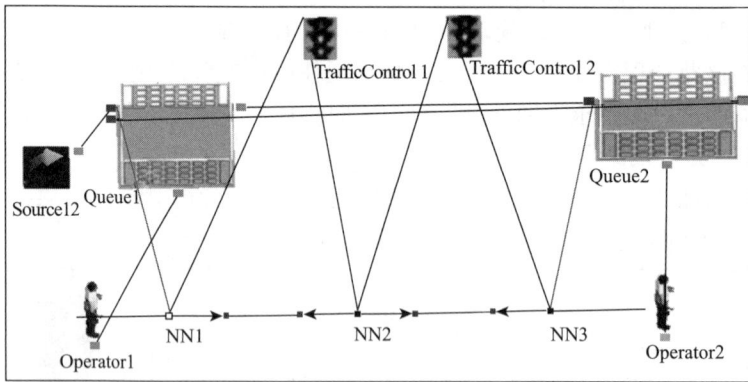

图 7-17 练习二模型正投影视图

将两个暂存区设定为 "Use Transporter"。运行模型，确保模型正确连接。

步骤 2：理解交通控制区域。

双击发生器，在 Source 标签页将 Arrival Style 参数设为 Arrival Schedule，单击确定。此时发生器一共只生成 1 个临时实体。

重置并运行模型。为了清楚地看到操作员是否被许可进入交通控制区，按住 V 键点击交通控制器实体并按住鼠标键不放，将会看到请求进入交通控制区域但未获得许可的行进物的黑色连线。

再次重置并运行模型。可以看到模型运行一段时间后就终止了，此时其中 1 个操作员停留在暂存区，另外一个操作员在节点 NN2 等待进入。这是因为操作员 1 要回到暂存区 1 捡取临时实体，而操作员 2 未接收到新的请求，因此在节点 NN1 等待，导致交通控制器 1 的交通控制区域饱和，因此操作员 1 不能进入。

步骤 3：改变交通控制器的容量。

现在双击交通控制器，将 Maximum Number in Area 参数改为 2。对另一个交通控制器进行同样的操作。

重置并运行模型，可以看到操作员不再出现请求进入未受许可而等待的情况，因为此时交通控制区的最大行进物数量为 2。

步骤 4：改变发生器的参数。

现在将两个交通控制器的 Maximum Number in Area 参数改回 1。将发生器的 Arrival Style 参数改为 Inter Arrival Time。

重置并运行模型。可以看到，与步骤 2 的运行情况不同，两个操作员将临时实体来回搬运，搬运过程在节点 NN2 等待进入，最后当暂存区达到最大容量 10，模型终止了，此时有 1 个操作员在 NN2 等待进入。

由于改变了发生器的参数，与步骤 2 模型中只有 1 个临时实体不同，现在模型会持续创建临时实体。因此当其中操作员 1 在 NN2 等待进入的时候，由于另一个暂存区里有临时实体等待搬运，会请求操作员 2，因此操作员 2 会离开饱和的交通控制区。当 2 个操作员在 NN2 交汇的时候，操作员会按照交通控制器排列顺序请求进入，从而实现 1 个离开，1 个进入。但当暂存区达到最大容量 10 的时候，由于位于暂存区的操作员不再接收到搬运请求，因此在节点上处于"未激活"状态，导致所在交通控制区域饱和，从而出现了和步骤 2 一样的情况，另一个操作员在节点 NN2 处等待进入。

7.4 实 验 案 例

通过前面的学习，现在可以很容易地对第 6 章的模型进行修改，以控制模型中的任务执行器的行进路线。

7.4.1 添加叉车搬运返工产品的网络路径

步骤 1：添加网络节点。

在检验台和加工暂存区的旁边拖放网络节点。网络里的任务执行器将从这些节点访问相应的实体，这些节点也是任务执行器装载/卸载的捡取点和放下点。

步骤 2：连接网络节点。

按住键盘 A 键，在两个节点间拖动，将两个节点连接成路径。连接完成后可以看到一条带绿色箭头的连线，表示该路径是双向通行的。

在路径上绿色箭头处单击鼠标右键，在弹出的菜单里选择 Curved，将路径更改为弧线。拖动路径上的样条线控制点，让路径绕开传送带、加工台等固定实体。

步骤 3：连接网络和实体。

要让网络中的任务执行器知道从哪个节点访问需要访问的实体，必须将实体和网络连接起来。按住键盘 A 键，从检验台拖动到它旁边的网络节点，再从加工暂存区拖动到它旁边的网络节点。正确连接后将会显示一条蓝色的细线。这样，任务执行器才知道从哪个节点为实体装载和卸载临时实体。

步骤 4：连接任务执行器和网络。

为了让任务执行器知道它必须按网络路径行进，必须把它连接到路径网络中的某个节点上。按住键盘 A 键在叉车到某个网络节点之间进行拖动即可，建立连接后将显示一条红色的连线。所连接的网络节点将成为该任务执行器重置模型时的起始位置。

7.4.2　添加叉车搬运检验产品的网络路径

现在模型还不能运行。因为模型中叉车有两个任务。除了将返工产品送回加工暂存区外，叉车还需要将临时实体从检验暂存区搬运到检验台。但是，现在的网络，并没有和检验暂存区连接。因此，现在运行模型，会提示目的地（检验暂存区）不可达。

步骤 5：为检验暂存区添加网络节点。

从 Library 中再拖出一个网络节点，放在检验暂存区旁。由于叉车的另外一个任务是将临时实体从检验暂存区搬运到检验台，因此，按住键盘 A 键，连接新加节点和检验台旁边的节点，在它们之间建立一条双向路径。

步骤 6：将检验暂存区连接到网络。

如前所述，必须将检验暂存区连接到网络，这样网络上的任务执行器才能够访问检验暂存区实体。按住键盘 A 键，从检验暂存区拖动到旁边的网络节点创建连接即可。

由于之前叉车已经连接到网络，因此不必再次连接。

最后修改完的模型如图 7-18 所示。

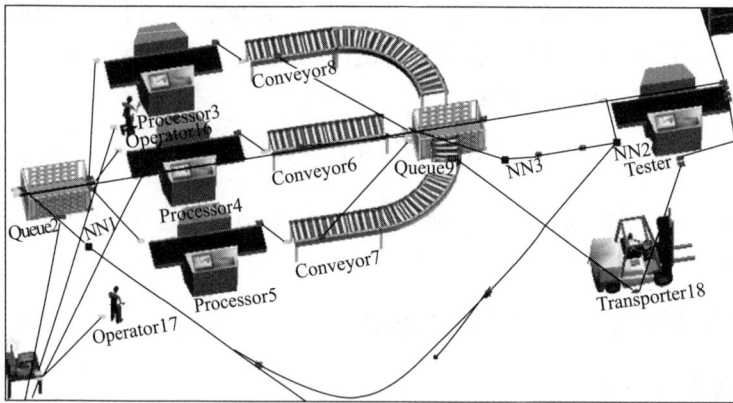

图 7-18　添加网络后的案例模型

重置并运行模型，可以看到，叉车在路径 NN3→NN2 上搬运临时实体送去检验。当出现返工产品时，叉车通过路径 NN2→NN1 将临时实体送回加工暂存区。读者可以自行将模型中的操作员加入网络以熟悉相关操作。

8 使用流体实体建模

第 3~7 章中涉及的实体主要是针对离散数量的物料，但现实生活中有些物料是流体形式的。流体物料并不一定是液态的，但是是以容量来测量的，如沙。为了对这些流体物料的处理进行仿真，Flexsim 提供了一系列的流体实体，包括流体容器、流体混合器、流体搅拌器、流体分离器、流体管道等，本章就通过一个案例来学习这些流体实体。

8.1 案 例 引 入

某工厂生产酒精。原料为瓶装乙醇(每瓶 10 升)和蒸馏水(每瓶 5 升)。乙醇和蒸馏水的供应速率服从均值为 10 秒的指数分布。具体生产过程如下。

1)原料到厂后，操作员将这些瓶装原料打开变成乙醇和蒸馏水两种流体。

2)将两种流体分别通过管道运输到两个容器中，运输比率为 2 升每秒。容器中最少有 1 升流体，最多只能装 45 升流体。

3)乙醇和蒸馏水从容器通过管道进入配比设备合成酒精，管道容量为 10 升。

4)配比设备先接收 10 升乙醇，然后接收 20 升蒸馏水并混合 10 秒。

5)配比后经过处理后得到酒精流体。

6)将酒精流体装瓶成为产品，装瓶容量为 10 升。

要对这个酒精生产过程进行仿真，仅靠之前学习的固定实体对象难以做到，必须使用流实体对象。下面学习 Flexsim 中的各种流实体。

8.2 流 体 实 体

Flexsim 中的流体实体(Fluid Objects)被设计为在仿真系统中模拟流体物料的运行。流体物料并非必须是液态，而是任何以重量或者容量测量的物体。相对于流实体而言，标准的 Flexsim 实体库被设计为用来处理离散数量的物料(盒子、箱子、托盘等)。Flexsim 还提供了流体实体和离散实体之间的转换，建模者可以将离散物料变成流体物料及将流体物料变成离散物料。

Flexsim 主要对离散事件系统进行仿真，出于离散事件的天性，流体实体并不是真正的如水流的"连续实体"，实际上，Flexsim 将时间分解为小部分被称为"滴答"(Ticker)。一个滴答的长度被称为滴答时间。物料只有在每个滴答的末尾才会发生移动。流体实体将在滴答的末尾估计接收或发送了多少物料。当滴答时间变长时，模型运行速度加快，但是可能会损失精确性。反之，滴答时间变短，模型将会减慢，但是可能会变得更加精确。

流实体在滴答末尾传送的物料取决于定义在实体上的输入和输出比率、可以移动的物料量，以及可用接收空间的大小。输入和输出比率用三个数值进行定义：实体的最大比率，最大端口比率和每个端口的尺度因素。实体的最大比率指的是单位时间内允许经由所有端口进入或者出去的最大数量。最大端口比率是指单位时间内被允许经由任意一个端口的进入或者出去物料的最大值。每一个端口将被分配一个尺度因素，这个尺度因素乘以端口比率即为特定端口的最大比率。

　　多数流体实体都可以显示实体当前的容量，表示为最大容量的百分比，表现为彩色的柱形图以标记水位。柱形图包括两层：一层是深灰色的并绘制于另一层的上面，代表实体中可用空间的大小；另一层是彩色的，代表当前容量。如果柱形图完全为灰色，那么那个实体就是空的，如果柱形图完全为彩色，那么那个实体就是满的。

　　水位显示器柱形图可以调整大小和旋转，也可以指定其形状是矩形或是圆柱形。柱形图的大小用实体大小的百分比表示，位置用相对于实体的距离大小来表示。因此，可以将水位指示器柱形图以实体 3D 形状的一部分展现。

8.3　断　续　器

　　断续器（Fluid Ticker）用于将时间分割成小的、均匀分布的单元"滴答"（Ticker）。与其他实体的名称可以指定不同，断续器的名称必须为"The Ticker"。断续器用于控制模型中所有流实体。任何使用流实体的模型中，都必须包含一个断续器，也只能有一个断续器。从 Library 中拖入 Fluid Ticker 实体即可以创建断续器。从 Library 中拖入任意一个流实体时，如果模型中没有断续器，也将创建一个断续器。

　　断续器在模型中扮演着十分重要的角色，它负责计算每次滴答后流实体之间传送的物料的数量。在每个滴答的末尾，断续器从最下游的流实体开始，计算滴答时间内所接受到的物料量。随后断续器开始计算上游实体中进入的物料量直到计算到模型的上游起点。

　　断续器可以设定的参数包括滴答时间、流体物料组成等，如图 8-1 所示。

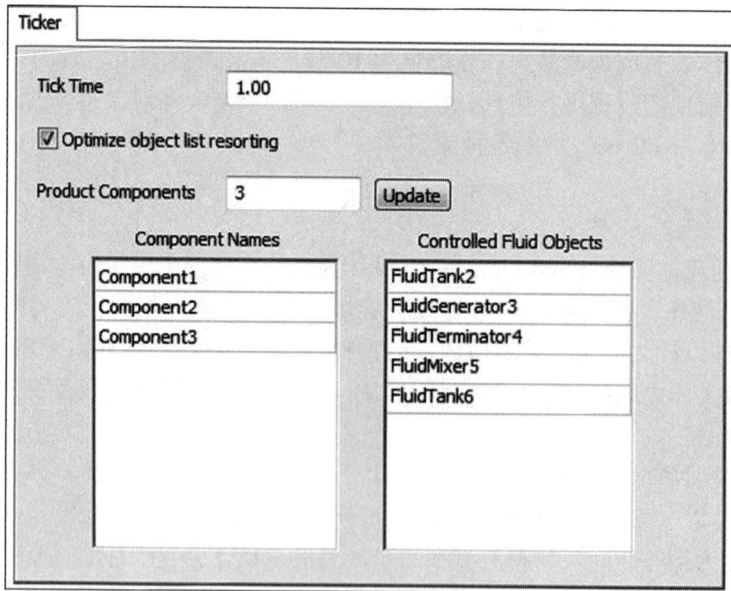

图 8-1　断续器 Ticker 参数设置

　　Tick Time：指定每次滴答的时间长度。断续器将在滴答末尾计算模型中每个流实体流动的流体物料数量。

　　Optimize object list resorting：当模型被重置时，断续器会保存一个流实体的顺序列表，列表中的流实体按上游和下游顺序排列。如果选中此复选框，在滴答的末尾，断续器按照该列表从下游到上游计算所接受的物料量。如果不选中该选项，在模型的多次运行中计算流动物料量的顺序会有所不同。通常都应该选中该选项。

Product Components：指定模型中流体物料的构成数。输入数量后单击 Update 按钮会在下方的 Component Names 列表中增加相应的行数。

Component Names：定义模型中流体物料的具体构成。例如，模型中流动的是奶酪由 Milk、Cream、Water、Sugar 构成，可在此列表中指定。

Controlled Fluid Objects：使用左侧物料构成列表的流实体。

8.4　流体生成器

流体生成器(Fluid Generator)被用来为模型创建流体物料。建模者可以指定流体生成器的容积和模型重置时其中的物料量。类似于发生器，流体生成器也可以指定产品的 ID。

流体生成器以两种方式创建物料。一种是按照固定比率。如果该比率快于输出比率，那么生成器将总是满的。反之，生成器将最终变成空的。但即便生成器变成了空的，它也将在下一个滴答中生成更多的物料。另一种创建物料的方法是立刻将生成器填充至它的最大容量。该方法被用来仿真物料总是可用的情形。例如，每天到达一次的满载原材料的卡车就可以用这种方式进行仿真。

流体生成器有以下几种状态：**空的**(**Empty**)：生成器中没有物料。**非空**(**Not Empty**)：生成器中有一些物料。**满的**(**Full**)：生成器中的物料达到了最大容积。

8.4.1　Generator 标签页

Generator 标签页可以设置流体生成器的最大容量(Maximum Content)、初始容量(Initial Content)等，如图 8-2 所示。

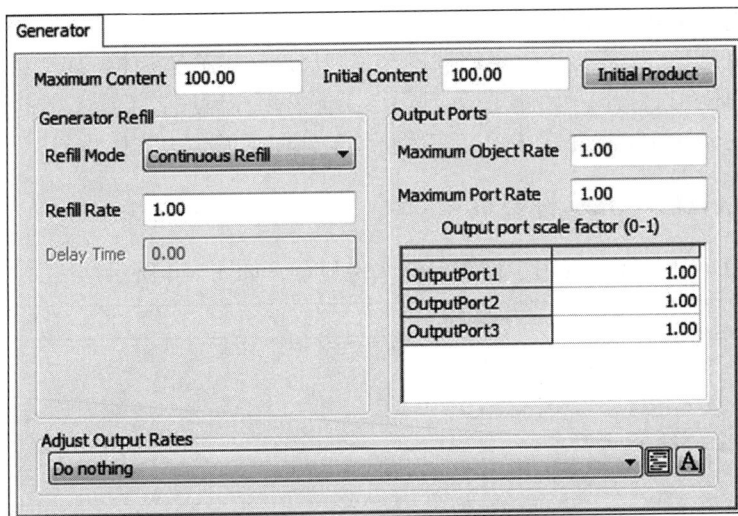

图 8-2　Generator 标签页

Maximum Content：指定实体能容纳的流体物料的最大数量。

Initial Content：指定模型重置时实体中的初始流体物料量。

Initial Product：指定流体物料构成的配比。断续器的 Ticker 参数页只能设置流体物料的构成，这里可以打开如图 8-3 所示的视窗设置流体物料的构成比例。

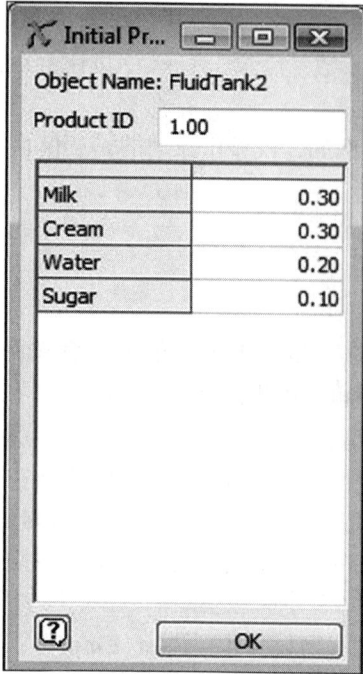

图 8-3　Initial Product 参数设置

Product ID：类似于 FlowItem 的 Item Type，指定流体物料的代码。

Component List：指定每种构成的比例，所有的比例的和应该为 1。列表中的每一行都和断续器的 Ticker 参数页里设置的产品构成一致，但是不是一定要使用列表中的所有构成物。如果某种构成不需要，可以把它的比例设为 0。

Refill Mode：指定流体生成器的填充方式。有两种方式：连续填充(Continuous Refill)，即按指定的速率填充；空后注满(Complete Refill when Empty)，即直到容量放空之后再一次性注满。

Refill Rate：如果选择了连续填充方式，指定流体生成器填充自己的速率。

Delay Time：如果选择了空后注满方式，指定流体生成器在放空后及再填充满自己之前，需要等待的延迟时间。

Maximum Object Rate：物料离开实体的所有端口的最大比率。

Maximum Port Rate：物料离开实体的某一端口的最大比率。

Output port scale factor：指定输出端口的尺度。列表中的每一行对应一个输出端口。尺度的数字乘以端口的速率即为该端口的最大比率。

Adjust Output Rate：每一次滴答都会查看本选项，决定是否调整实体的输出比率。如果选择 Do Nothing 选项，实体将按指定的端口比率和尺度输出流体物料。如果选择了 Open One Output 选项，实体将只打开一个端口，直到下游实体被填充满或者下游实体的输入端口关闭。如果选择 Flow Evenly if Possible 选项，实体将均匀地向下游输出流体物料。

8.4.2　Fluid Level Display 标签页

Fluid Level Display 标签页用于设置流体水位显示，如图 8-4 所示。

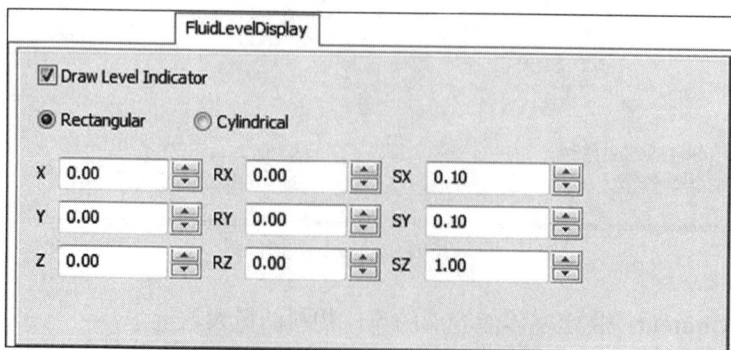

图 8-4　Fluid Level Display 标签页

Draw Level Indicator：指定是否绘制水位指示器。如果选中该选项，水位指示器将和实体的 3D 形状一起绘制。

Rectangular：如果选择了该选项，水位指示器将绘制为矩形。

Cylindrical：如果选择了该选项，水位指示器将被绘制为圆柱体。

其他 X、RX、SX 等参数用于指定水位指示器在 X、Y、Z 三个方向上的位置、旋转角度、尺寸。

8.5 流 体 容 器

流体容器(Fluid Tank)是最普通的流体实体。它可以同时接收和发送物料。容器可以没有初始容量也可以有一些初始容量。容器的初始容量是模型运行中它创建的所有物料。当然，容器可以从上游实体中接收物料。初始容量对于建立有固定物料的模型十分有用。但如果需要恒定或者无限流入的物料，应该使用流体生成器而不是容器。

建模者可以定义容器的最大容量。如果在每个滴答的末尾，断续器计算得到容器应该接受比它当前能够容纳的物料量更多的物料，那么只有填满容器的物料能被传送入容器。

建模者可以控制容器的输入和输出比率。每次滴答的末尾将调用"调整输出比率"和"调整输入比率"函数，通过这两个函数可以在模型运行中动态修改输入或输出比率。

容器还可以定义水位标识，当容器中的容量到达标识将触发相应的触发器。建模者可以利用触发器打开或者关闭端口，发送信息，修改比率或者其他操作。但如果两个或以上的标识设置成了同样的数值，那么只会触发一个触发器。例如，如果低水位标识和中水位标识都设定为 10，那么当容量从 9 到 10 的时候，只有低水位标识触发器会被触发。

8.5.1 Tank 标签页

Tank 标签页可以设置流体容器的最大容量(Maximum Content)、初始容量(Initial Content)等，如图 8-5 所示。

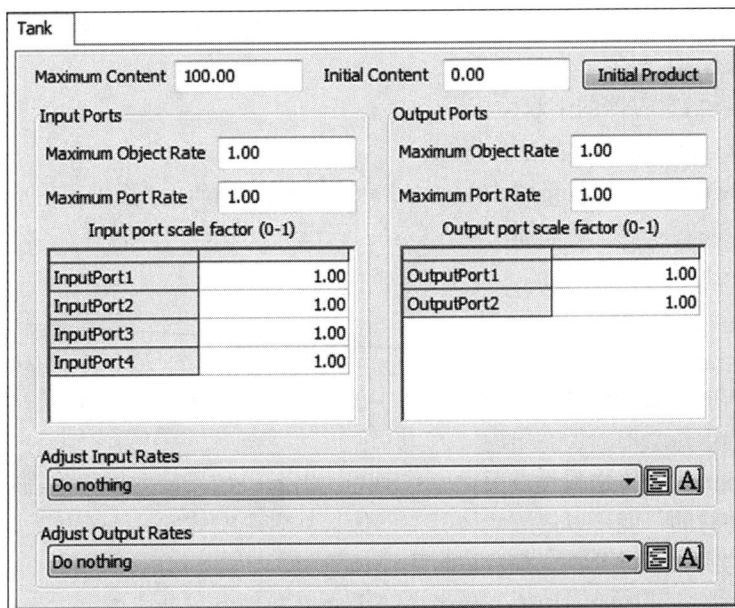

图 8-5 Tank 标签页

Tank 标签页设置的参数基本和流体发生器 Generator 标签页可设置的参数相同。不同的是，流体发生器是模型的起点，上游不会有实体，因此没有和输入相关的参数。而容器除了输出相关的参数外，还有输入相关的参数。

与输入相关的参数类似于与输出相关的参数，包括实体输入的最大比率、端口的最大比率、输入端口的尺度等。其具体含义可参见 8.4.1 节。相应地，在每次滴答的末尾，除了调用 Adjust Output Rates 函数以外，容器还会调用 Adjust Input Rates 函数，可以动态调整实体的输入比率。参见 8.4.1 节。

8.5.2　Marks 标签页

Marks 标签页可以设置流体容器的高、中、低水位及相应的触发器，如图 8-6 所示。

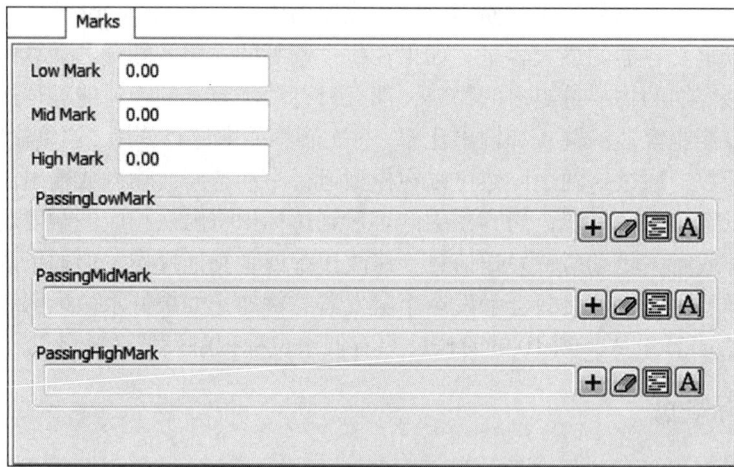

图 8-6　Marks 标签页

Low Mark：指定容器的低水位标识。如果容器的容量上升或下降经过了该水位，将会触发 PassingLowMark 触发器。

Mid Mark：指定容器的中水位标识。

High Mark：指定容器的高水位标识。

PassingLowMark、PassingMidMark、PassingHighMark：当容器中的容量超过水位标识，即触发相应的触发器。触发器的动作包括打开或关闭端口。并且有一个 Fluid Mode 变量用于区分容量是上升还是下降。

8.6　流 体 管 道

流体管道(Fluid Pipe)用于将物料从模型中的一点移动到另一点。流体管道可以以圆柱体管道或者简单的传送水槽的形态出现。

由于 Flexsim 中流体物料是按照比率移动的，因此，如果需要模拟将物料从一点搬运到另一点所花费的时间，就可以使用流体管道。如果从多个实体向一个实体发送物料，或者需要对实体输出的物料进行分割，都应该使用流体管道。

管道传输物料花费的时间取决于管道的最大容量和最大流动比率。实际的输出比率是基于物料进入管道的比率决定的。物料将按照它进入管道同样的比率离开管道，除非管道发生

"堵塞"现象。如果输出端口没有接收到要发送的足够物料，那么不足的物料将在管道中"堵塞"，下一个滴答中将会发送更多物料。

管道的输出有三种模式：第一种模式为"均匀流动(Flow Evenly)"，这种模式下，管道先将输出比率均匀地分割开；第二种模式为"第一个可用(First Available)"，管道先把准备发送的物料发送到第一个输出端口，如果该端口对应的下游实体不能接收物料，管道将把物料送往下一个输出；第三种模式为"自定义(User-Defined)"，该模式和其他流实体一样，可以编辑最大端口输入和输出比率及端口的尺度因素。

管道没有流体水位指示器，但可以通过颜色表示其状态。管道为空时，显示为纯灰色。当物料流动时，管道显示为物料的颜色，且颜色随着物料流动淡入淡出。管道堵塞时，它将被绘制为物料的颜色。

可以通过管道的 Layout 标签页来改变管道的外观，如图 8-7 所示。

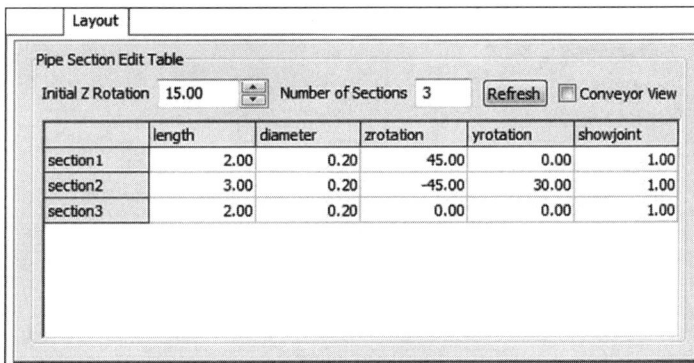

Pipe Section Edit Table					
Initial Z Rotation 15.00	Number of Sections 3	Refresh	☐ Conveyor View		
	length	diameter	zrotation	yrotation	showjoint
section1	2.00	0.20	45.00	0.00	1.00
section2	3.00	0.20	-45.00	30.00	1.00
section3	2.00	0.20	0.00	0.00	1.00

图 8-7　Layout 标签页

Initial Z Rotation：指定管道起始点围绕 Z 轴旋转的角度。

Number of Section：指定管道分段的数量。设定后单击 Refresh 按钮，下方表格刷新指定的行数。

Conveyor View：如果不选中该选项，管道的外观为圆柱体。如果选中该选项，管道的外观为水槽。

length：指定管段的长度。

diameter：指定管段的直径。

zrotation：指定管道围绕 Z 轴的旋转角度，主要显示于管段的末端。

yrotation：指定管道围绕 Y 轴的旋转角度，主要显示于管段的末端。

showjoint：如果该值指定为 1，在管段末端和下一管段的连接处将标绘一个管道连接点。连接点的大小取决于本管段的直径。如果选中了 Conveyor View 选项，或者没有下一管段，则该值被忽略。

管道有以下几种状态，①**空的(Empty)**：管道中没有物料；②**填充(Filling)**：管道在接收物料，但没有物料发送出去；③**待流(Starved)**：管道中有物料，但没有发送或接收物料；④**流动(Flowing)**：管道中有物料且正往下游实体发送；⑤**堵塞(Blocked)**：管道中有物料且不能发送往下游实体。

8.7　物品到流体

为了衔接模型中的流体实体和离散实体，Flexsim 提供了两个用于转换实体物料和离散物料的实体：ItemToFluid（物品到流体）和 FluidToItem（流体到物品）。ItemToFluid 可以将模型中的离散临时实体转换为流体物料，FluidToItem 则反之。当 ItemToFluid 接收到离散临时实体时，它将摧毁该临时实体并创建出流体物料，所创建的流体物料可以用于模型中的其他流实体。

ItemToFluid 创建的流体物料数量取决于设定的两个参数，一个是每个离散临时实体代表的离散物料单元数，另一个是每个离散物料单元代表的流体物料单元数。进入的每个离散临时实体可以创建的流体物料数量由这两个数值相乘而得。例如，传入的每个离散临时实体代表 5 个瓶子，每个瓶子包含 5 升酒精，那么每个离散临时实体将转换为 25 升流体酒精。ItemToFluid 的相关参数设置界面如图 8-8 所示。

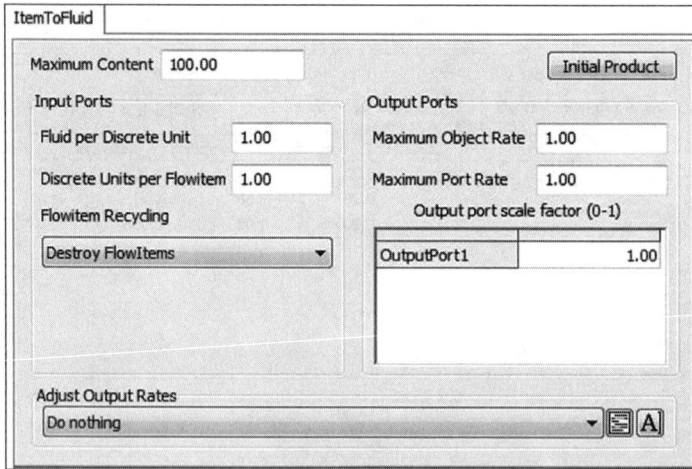

图 8-8　ItemToFluid 参数设置

Maximum Content：实体能够容纳的流体物料的最大数量。如果没有足够的空间去盛放由离散临时实体创建的流体物料量时，ItemToFluid 实体将不会接收离散临时实体。

Initial Product：指定要创建的流体物料的产品 ID 和成分。

Fluid per Discrete Unit：指定每个离散物料单元所包含的流体物料单元数。例如，5 升每瓶。

Discrete Units per Flowitem：指定每个离散临时实体所包含的离散物料单元数。例如，5 瓶每托盘。

Flowitem Recycling：指定如何处理转换后的临时实体。选择 Destroy Flowitems 是清除掉转换后的临时实体，也可以选择回收策略，即把临时实体回收到 FlowItem Bin。

Maximum Object Rate：指定物料离开实体的所有端口的最大比率。

Maximum Port Rate：指定物料离开实体的某一端口的最大比率。

Output port scale factor：指定输出端口的尺度。列表中的每一行对应一个输出端口。尺度的数字乘以端口的速率即为该端口的最大比率。

Adjust Output Rate：指定每次滴答末尾实体的输出比率调整方式。

物品到流体有以下几种状态，①**空的（Empty）**：实体中没有任何物料；②**非空（Not Empty）**：实体中有一些流体物料并且还没有被拉出去；③**满的（Full）**：达到了实体的最大容量。

与 ItemToFluid 实体相对应，FluidToItem 实体用于把流体物料转换为离散临时实体，其参数设置类似，不再详述。

8.8　流体混合器

流体混合器(Fluid Mixer)用于将不同的流体物料组合成一种新的产品。混合器从一个或多个输入端口中拉入物料并将它们混合在一起。混合物的成分是拉入物料成分的混合，各成分的百分比含量基于混合物中每种拉入物料的数量。不同的物料可以按先后顺序拉入混合器，也可以同时进入混合器。混合器直到接收完需要接收的所有物料并混合完成后，才会向下游实体发送物料。

混合器提供了一种视觉显示，可以清楚地看到物料混合器的工作状况。混合器的水位指示器显示为一系列不同颜色的图层，配方中的每一种成分都对应着一个图层。图层的颜色是混合器接收物料来源的上游实体的颜色，图层的大小拉入物料占整个批次的百分比。这种多颜色条带是一个非常好的指示器，显示了任何时间混合器中所发生的情况。

混合器具有以下几种状态，①**空的**(**Empty**)：混合器中没有任何物料，且在等待开始配方的步骤 1；②**填充**(**Filling**)：混合器正在接收当前步骤的物料；③**饥饿**(**Starved**)：混合器还没有完成它的配方步骤，且没有物料可接收；④**释放**(**Releasing**)：混合器完成了配方步骤，正在向下游实体发送混合完成的产品；⑤**堵塞**(**Blocked**)：混合器完成了配方步骤，但完成的产品不能发往下游实体。

8.8.1　Mixer 标签页

混合器的 Mixer 标签页可以设定产品 ID、输出比率等参数，如图 8-9 所示。

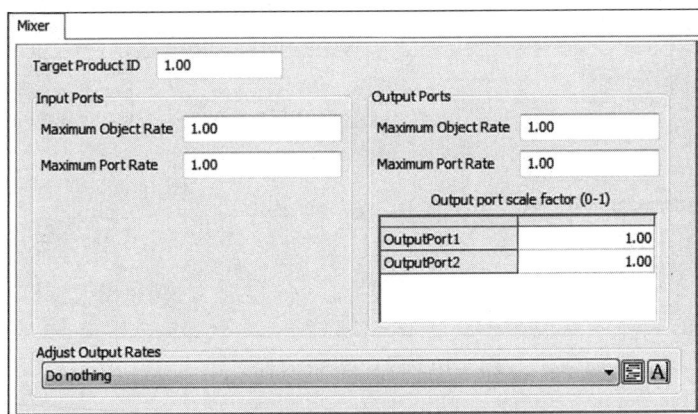

图 8-9　混合器 Mixer 标签页

Target Product ID：指定混合完成、将离开实体的物料的产品 ID。

其他输入输出的实体最大比率、端口最大比率、输出端口的尺度、调整输出比率等参数含义同前，可参见 8.4.1 节。

由于混合器的配方步骤控制了什么时间从哪个端口拉进物料，因此建模者不能访问输入端口的尺度因素，但是可以修改实体的最大输入比率和最大端口比率，实际的输入比率是基于上游可用物料量和实体的可用空间确定的。注意，输入的最大实体比率应该足够高，从而可以从多个端口进行输入。

配方步骤全部完成后，混合得到的产品将按照输出比率和尺度因素输出。类似于其他流实体，也可以通过 Adjust Output Rates 下拉列表调整输出比率。但与其他流实体的调整输出比率函数在每次滴答的末尾都会被调用不同，混合器在完成配方步骤之前，其调整比率函数不会被调用。只有在混合器完成了配方步骤的情况下，每次滴答的末尾才会调用 Adjust Output Rates 函数以调整输出比率。

8.8.2　Steps 标签页

混合器通过一系列步骤将不同物料混合在一起。这些步骤由步骤表格定义。每一步都可以指定从哪些端口拉入物料。该步骤的物料搜集完成后，可以指定一个延时，当延时结束后下一步才会继续。还可以定义延时前或延时后的触发器，以完成请求操作员来完成某些工作之类的操作。可以为每一步骤添加一个文本说明，该说明不影响实体的行为，只是显示在模型视图中实体名称旁边。

混合器通过成分表格指定拉入多少物料进入混合器。成分表格中需要定义在哪一步骤从哪个端口拉入多少数量的物料。不同的物料如果有同样的步骤编号，它们将被同时拉入混合器，否则将被串联拉入。Flexsim 对步骤和成分的数目没有限制，同时对某步骤中可拉入的物料数量也没有限制，但不能超过混合器的最大容量。如果某种物料在多步骤中都需要，那么必须在配方表格中相应定义多行。一旦混合器为某步骤拉入了足够数量的物料，即便其他行也需要从同样的端口拉入同样的物料，混进器都不会拉入更多的物料，直到执行到对应的步骤。这些参数在混合器的 Steps 标签页设置，如图 8-10 所示。

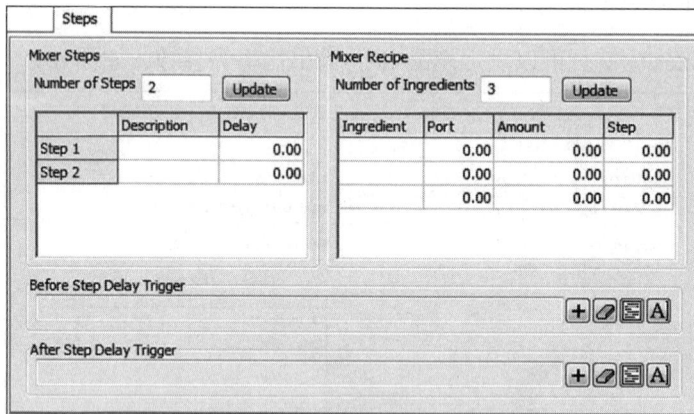

图 8-10　混合器 Steps 标签页

Number of Steps：指定混合器要生成混合后的物料所需步骤的数量。单击 Update 按钮可在下方的步骤表格中更新相应的行。

Description：定义对步骤的描述。当混合器处于该步骤时，此描述将在模型视图中混合器名字的旁边显示。

Delay：指定收集完成该步骤需要的物料成分后，混合器执行下一步骤前需要等待的时间长度。

Number of Ingredients：指定混合器将拉入成分的数量。注意，如果不同的步骤都需要同一种成分，那么该成分应该在配方表格中占据不止一行。单击 Update 按钮将在下方的配方表格中更新相应的行。

Ingredient： 指定成分的描述文本。该参数只是有助于说明模型，不影响混合器的行为。

Port： 指定成分物料从哪个输入端口拉入。

Amount： 指定该步骤将要拉入的成分的数量。

Step： 指定混合器拉入该成分所对应的步骤编号。

Before Step Delay Trigger： 该触发器在某步骤的物料搜集完毕后，步骤的延迟时间开始之前触发。通常用于请求操作员。

After Step Delay Trigger： 该触发器在某步骤的延迟时间完成之后，下一步骤开始前触发。该触发器通常用于释放操作员。

8.9 流体处理器

流体处理器（FluidProcessor）用于仿真一个持续地接收和发送流体物料的加工步骤。和其他流实体一样，流体处理器基于总体比率接收和发送物料。可以指定处理器的最大输出比率，但正常情况下并不按最大输出比率输出。实际的输出比率是由物料进入的比率决定的，物料将按照进入的比率离开，除非输出比率由于下游实体故障或下游实体关闭了其输入端口等原因降低了。如果发生这样的情况物料将堵塞在处理器中，当下游实体可以接收物料后，才继续按最大比率发送。一旦所有堵塞的物料发送完毕，输出比率将回到输入比率。物料在处理器中花费的时间可根据处理器的输出比率和容量计算。流体处理器的相关参数设置如图 8-11 所示。

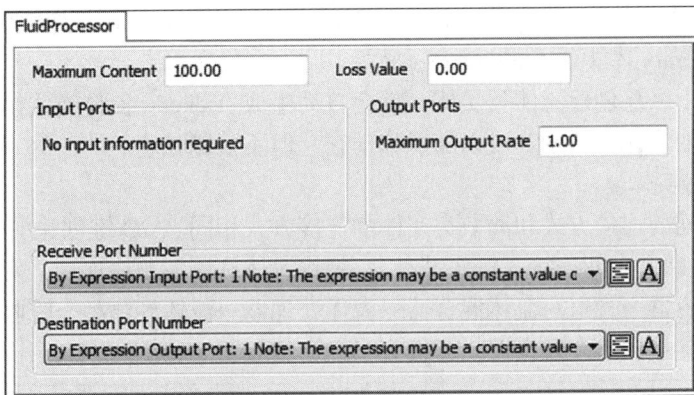

图 8-11　流体处理器参数设置

Maximum Content： 指定流体处理器能够容纳的最多物料量。

Loss Value： 指定物料的损失数值。该数值是一个介于 0 到 1 的数，代表了物料在经过处理器时损失的百分比。损失可能来源于机器的效率低下、蒸发或者其他原因。数值为 1 则表示所有的物料都损失了。物料一旦进入处理器，将立刻减少该百分比含量的物料。

Maximum Output Rates： 指定实体的最大输出比率。

Receive Port Number： 指定从哪个输入端口接收物料。如果指定 0，则处理器从所有输入端口接收物料，遵循的规则为第一个可用。需要注意的是，在每次滴答时间里，处理器只能接收一个端口的物料。因此，即便从某个端口接收的物料没有达到最大容量，也只能在下一个滴答才接收其他端口的物料。

Destination Port Number： 指定物料离开处理器的输出端口。如果指定 0，则物料会从所有的输出端口离开，遵循的规则为第 1 个可用。同样，在每次滴答时间里，处理器只能从一个端口发送物料。

　　流体处理器有以下几种状态：①**空的**（**Empty**）：处理器里没有任何物料；②**加工**（**Processing**）：处理器里有物料并且正在处理，或者说物料还没有在处理器中停留到足够的时间长度；③**堵塞**（**Blocked**）：处理器中有物料，但不能够将物料发送到下游实体中去。

8.10　实 验 案 例

　　现在运用流实体来建立 8.1 节案例的模型。

　　根据系统的生产过程，需要模拟原料到达、开瓶、配比、处理、装瓶等过程。

　　流程中的原料为瓶装乙醇和蒸馏水，其到达过程用适合于离散态物品的 Source 进行模拟；开瓶设备是将瓶装乙醇（离散物料）转换为乙醇（流体物料），因此用 ItemToFluid 模拟；配比设备是按一定的比例将乙醇和蒸馏水混合起来，用 FluidMixer 模拟；混合之后的处理过程用 FluidProcessor 模拟；装瓶设备是将酒精（流体物料）转换为瓶装酒精（离散物料），因此用 FluidToItem 模拟。

8.10.1　建立模型

　　步骤 1：建立模型布局。

　　从 Library 中拖入 2 个生成器、1 个操作员、1 个吸收器、2 个物品到流体、4 个流体管道、2 个流体容器、1 个流体混合器、1 个流体处理器、1 个流体到物品等实体放入模型区。其中流体类实体在 Library 库中的 Fluid Object 面板。

　　提示：模型中一旦创建流体类实体，就会自动生成 Ticker。流体类实体需要它来计算时段内接收和发送的流体物料量。可以随意移动它，但不要删除它。

　　步骤 2：连接实体。

　　流体类实体间的连接方式和离散类实体的连接方式相同。A/Q 键创建/断开输入输出型连接，S/W 键创建/断开中间连接。按住键盘 A 键将实体按以下顺序连接：发生器→物品到流体→流体管道→容器→管道→流体混合器→流体处理器→流体到物品→吸收器。按住键盘 S 键将操作员分别连接到 2 个发生器。连接完毕的模型如图 8-12 所示。

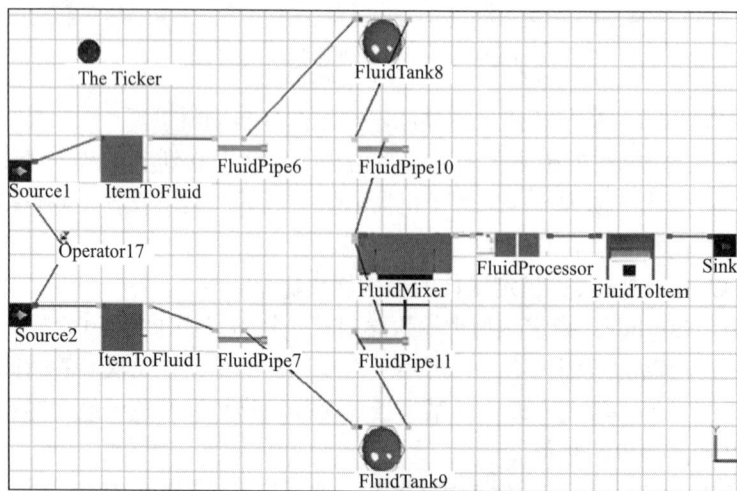

图 8-12　案例模型正投影视图

8.10.2　设置模型参数

步骤 3：设置发生器的参数。

发生器默认到达时间按间隔均值为 10 的指数分布，和系统中乙醇、蒸馏水的供应速率一致，无需另行设置。但需要召唤操作员将物料搬运到 ItemToFluid 实体以开瓶。因此，在 Flow 标签页下，在"Use Transport"选项框中打勾，如图 8-13 所示。

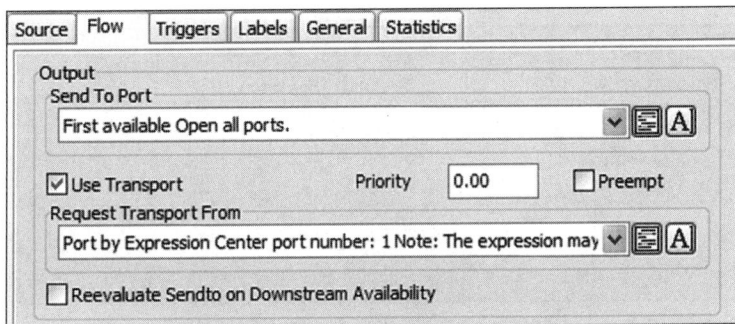

图 8-13　发生器参数设置

对另一个发生器作同样的设置。

步骤 4：为实体染色。

当模型中有不同的物料类别，或者不同的处理流程，进行染色处理可以增强模型的视觉效果。此模型中有两条加工线，分别由物品到流体、管道 1、容器、管道 2 构成。在实体的 General 标签页，将一条加工线上的 4 种实体的颜色设为蓝色，将另一条加工线上的 4 种实体的颜色设为红色。

步骤 5：设置物品到流体的参数。

系统中的原料瓶装乙醇为每瓶 10 升，因此，在 ItemToFluid 实体中，需要将 Discrete Units per Flowitem 参数设为 1，将 Fluid per Discrete Unit 参数设为 10。前者表示发生器创建的每个临时实体为 1 瓶乙醇，后者表示每瓶乙醇拆为 10 升液态乙醇。

根据工艺描述，管道的运输比率为 2 升每秒，因此，需要将 Maximum Object Rate 和 Maximum Port Rate 参数设为 2。Maximum Content 参数可以限制实体能接收的物料总量，本模型中把该值设为 20。

物品到流体的参数设置如图 8-14 所示。

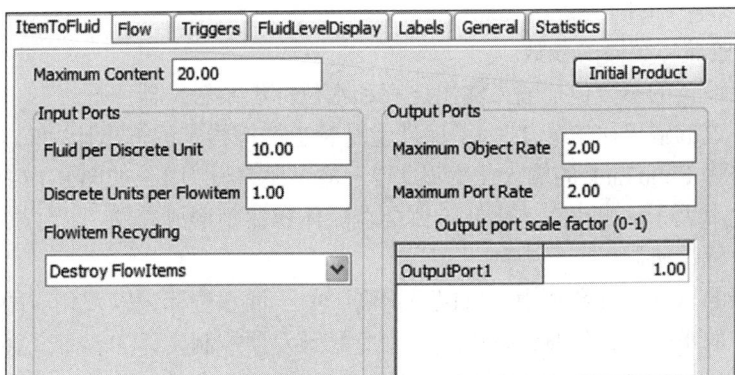

图 8-14　物品到流体参数设置

对另一个 ItemToFluid 做同样的设置，唯一不同的是将 Fluid per Discrete Unit 参数设为 5，因为原料蒸馏水是每瓶 5 升。

步骤 6：设置流体管道的参数。

根据系统描述，管道的输入比率为 2，流动模式为"Flow Evenly"。在均匀流动模式下，管道的输出比率不能调整，其输出比率取决于物料接收的实际比率。流体管道的参数设置如图 8-15 所示。

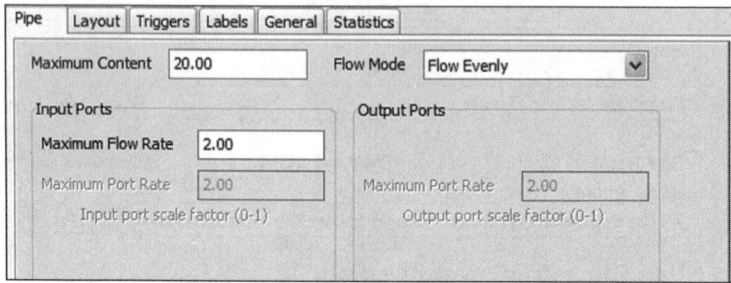

图 8-15　流体管道参数设置

管道的 Layout 可以根据模型进行调整。可以增加管道的段数以及弯曲，使得管道从输入实体附近开始并终止于输出实体附近。图 8-16 是一个管道 Layout 示例，读者可根据模型的实际布局对其中的数据进行调整。

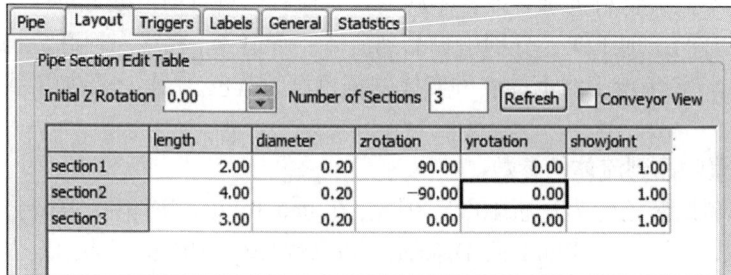

图 8-16　流体管道 Layout 设置

提示：对管道 Layout 的更改只是更改管道的视觉效果，而不影响管道的行为。流体在管道中的停留时间取决于管道的 Maximum Flow Rate 和 Maximum Content，而与管道的长度无关。本例中管道的 Maximum Content 为 20，Maximum Flow Rate 为 2，即流体在管道中的最大停留时间为 10 单位时间。

步骤 7：设置流体容器的参数。

流体容器要设置的参数包括输入输出比率和水位标识及触发器。

由于上游管道的输出比率为 2，为了保证上游管道能按指定的输出比率向 FluidTank 发送物料，因此需要将 FluidTank 的输入比率设为 2，输出比率设为 1，如图 8-17 所示。

由于输入比率大于输出比率，因此流体会在流体容器中形成存储。为了控制容量，流体容器提供了水位标识机制。

在流体容器的 Mark 标签页中，可以设定高、中、低水位标记以及相应的触发器。当容器水位达到设定的水位标记值时，可以利用相应的触发器控制实体的容量。触发器根据流体模式（rising、falling），控制实体的输入输出端口。如果某个容量标记为 0，那么对应的触发器将不会被触发。

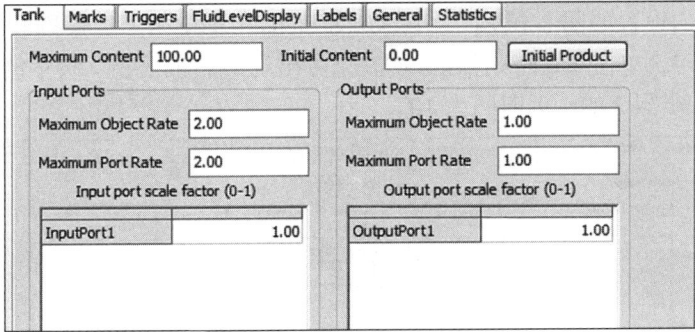

图 8-17　流体容器参数设置

本例中，容器应该保持输出端口关闭直到接收到了一定容量的物料，随后容器打开输出端口向下游传送物料，直到水位达到低标识前，都应该保持输出端口打开。根据工艺流程，本例中，容器水位的 Low Mark 为 1，High Mark 为 45。PassingLowMark 触发的动作选择"Open or Close Ports"，Fluid Mode 选择 either，Action 选择 closeoutput，如图 8-18 所示。也就是说，当水位达到 1 时，无论容量是在上升还是下降，都应该关闭输出端口。

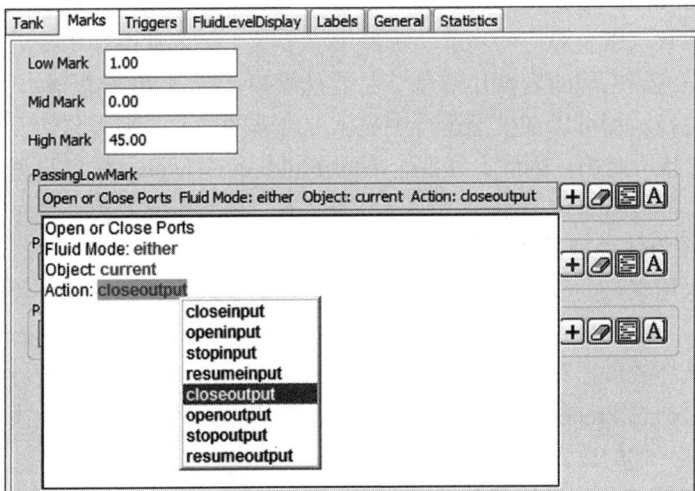

图 8-18　流体容器 Marks 参数设置

PassingHighMark 触发的动作也选择 Open or Close Ports，但 Fluid Mode 选择 Rising，Action 选择 openoutput。这意味着当容量上升到 45 时，即打开输出端口向下游传送物料。而当容量下降到 45 时，则什么也不做，一直到容量降到 1 时才关闭输出端口。

步骤 8：设置容器后的流体管道。

将容器后的 2 根管道的 Maximum Content 设为 10，这将使流体离开容器后花费一定的时间到达流体混合器。调整管道的 Layout，使得管道的输入端口接近流体容器、输出端口接近混合器。

步骤 9：设置流体混合器的参数。

流体混合器接收乙醇和蒸馏水两种物料并将它们结合成一种新的物料。物料的配比可通过 Steps 标签页进行设置。

本例中，流体混合器 r 需要把从流体容器接收到的乙醇和蒸馏水按一定的配比和步骤混合成酒精。按工艺流程，配比为 10 升乙醇：20 升蒸馏水，步骤为先接收乙醇再接收蒸馏水之后混合 10 秒。

Steps 标签页的设置如图 8-19 所示，在 Mixer Steps 组框中指定步骤和延迟，将 Number of Steps 的值指定为 2，单击 Update 按钮，即在下方出现 2 行的表格。按本例的工艺，步骤 1 的延迟时间为 0，步骤 2 的延迟时间为 10。

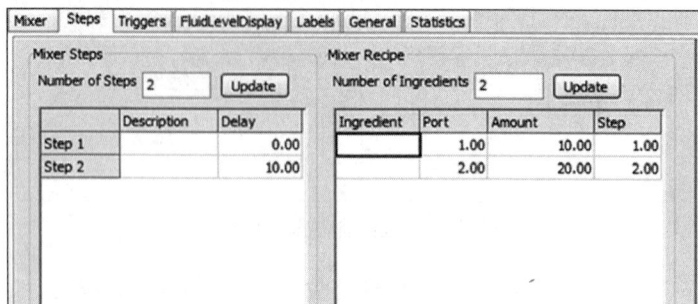

图 8-19 流体混合器参数设置

提示：步骤的延迟时间从该步骤的所有物料接收完后开始。延迟时间结束后才开始下一步骤。

接下来在 Mixer Recipe 组框中具体指定每个步骤的配方。首先将 Number of Ingredients 的值指定为 2，然后单击 Update 按钮，即在下方出现 2 行的表格。在该表格中指定配料从哪个端口获取、获取数量以及对应的步骤。本例中，步骤 1 是要从端口 1 拉入 10 升乙醇(需确认端口 1 对应的是盛放乙醇的容器)，步骤 2 是要从端口 2 拉入 20 升蒸馏水，如图 8-19 所示。

混合器的水位指示器可以在模型运行中显示混合器的状态。但默认情况下，水位指示器被混合器的 3D 形状所遮挡。因此，在混合器的 FluidLevelDisplay 标签页里，将水位指示器的 Y 参数设为 1，即可将水位指示器放在混合器前方，从而可以看到。

步骤 10：设置流体处理器的参数。

流体处理器采用默认的设置即可。即从输入端口 1 获取物料，处理一段时间后发送给输出端口 1。

提示：注意流体处理器和之前学习的处理器的差别。这两个实体都可以用来模拟延时，但处理器的延时是通过 Process Time 参数指定的，而流体处理器的延时取决于其最大容量和最大输出比率。感兴趣的读者可改变这些数值对模型进行测试。

步骤 11：设置流体到物品的参数。

流体到物品实体将把流体物料转换为固态传送物品。将 Fluid per Discrete Unit 参数设为 10，将 Discrete Units per Flowitem 参数设为 1，如图 8-20 所示。前者表示每 10 升酒精合成 1 瓶酒精，后者表示每瓶酒精对应着 1 个临时实体。

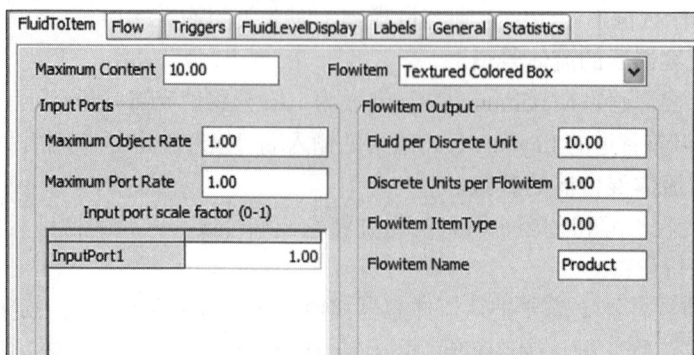

图 8-20 流体混合器参数设置

将 Maximum Content 设为 10，这意味着实体只能收集足够 1 份临时实体的物料量，从而避免形成堵塞。

提示：Fluid Object 不能直接和 Discrete Object 连接，必须通过 FluidToItem 实体才能建立连接。本例中，如果删除 FluidToItem 实体，则 FluidProcessor 实体无法连接到后面的 Sink 实体。

8.10.3 重置运行模型

重置并运行模型，可以看到，临时实体(乙醇、蒸馏水)被发生器创建后，被操作员搬运到物品到流体转换为流体，经过管道流到容器，再经过管道流到混合器，经过流体处理器处理后，由流体到物品转换为离散的临时实体，最后送到吸收器。可以观察到，2 条加工线分别为蓝色和红色，流体实体的水位指示器随着容量的变化上下浮动，管道也在闪烁。如果管道为灰色，表明它空了；如果为渐进颜色，表明物料在管道中传送；如果为纯色，表明管道发生了堵塞。模型运行的情况应该如图 8-21 所示。

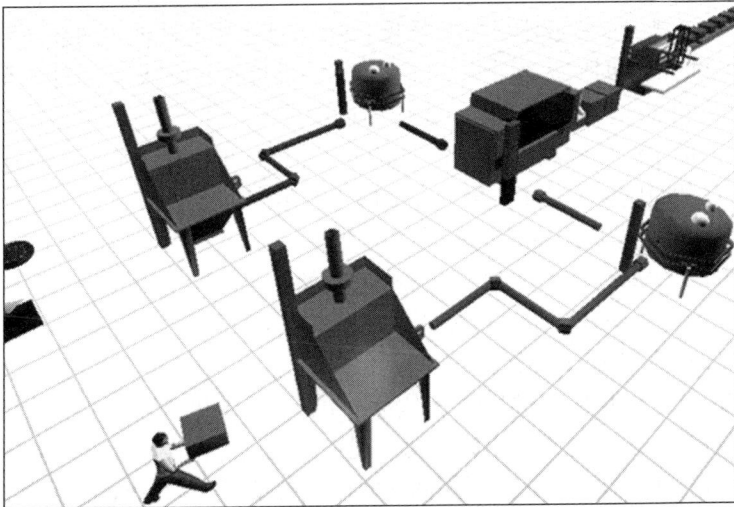

图 8-21 运行中的模型

9　使用拉式逻辑

前面的课程已经学习了如何利用 Flexsim 建立仿真模型。模型中的输入输出端口确定了临时实体的传送，只要下游实体可接受，临时实体就会被推送到下游。但现实生活中并非全部是这样，如供应链中，为了降低库存成本，下游的企业只在需要时才向上游企业订货，而不是被动接受上游企业生产出来的产品。相应地，Flexsim 软件提供了拉式逻辑以对这样的情形进行仿真。

9.1　案　例　引　入

配送中心是现代供应链正常运行的关键。某配送中心从上游 3 个供应商进货，向下游 3 个生产商发货。为了减少存货成本，当库存低于 10 时配送中心才向上游供应商订货。上游供应商 1 和供应商 2 的供货时间为 4 小时，供应商 3 的供货时间服从 3～6 小时的均匀分布。当配送中心的库存达到 20 时即停止向上游供应商进货。

配送中心下游的生产商利用配送中心供应的产品进行再生产，假定均为连续生产。生产商 1 生产单位产品的时间为 6 小时，生产商 2 的单位生产时间服从 3～9 小时的均匀分布，生产商 3 的单位生产时间服从 2～8 小时的均匀分布。

当下游生产商 1 的库存低于 2 时，配送中心开始向生产商 1 发货，当生产商 1 的库存达到 10 时，配送中心停止向其发货。类似的，生产商 2、生产商 3 的库存低于 3、4 时，配送中心开始发货；库存达到 10 时，配送中心停止发货。

已知配送中心从上游供应商进货的成本为 3 元，向下游生产商发货的价格为 5 元，单位产品在配送中心存货 100 小时的费用为 1 元。现在想通过仿真得到配送中心的成本和利润。

要实现上述配送中心的仿真，需要用固定实体的拉动模式。Flexsim 中的每个固定实体都具有两种逻辑：推动模式和拉动模式。

9.2　固定实体逻辑

固定实体是生成器、暂存区、处理器、吸收器、合成器、货架、流节点等 Flexsim 实体的父类，它用于模拟离散事件系统中的永久实体。固定实体描述了一类用特定方式处理临时实体的实体，它们通过输入端口"接收"临时实体，对这些临时实体执行一些操作，然后通过其输出端口"释放"临时实体将其传送至下游实体。所有固定实体接收和释放临时实体的过程都是相同的。例如，暂存区可以同时接收多个临时实体。在每个临时实体进入暂存区后，暂存区立即释放它们。而处理器只接收一个临时实体，处理它，然后释放它，并一直等待直到此临时实体离开后才接收下一个临时实体。虽然暂存区和处理器在不同的时间接收临时实体，但它们接收和释放临时实体的过程是相同的。它们在接收和释放每个临时实体时都经历一系列特定的步骤。其中一些步骤是固定实体自动处理的，另外一些允许建模人员来自定义接收和释放临时实体。这些自定义输入可以在实体参数视窗的 Flow 标签页中编辑，如图 9-1 所示。

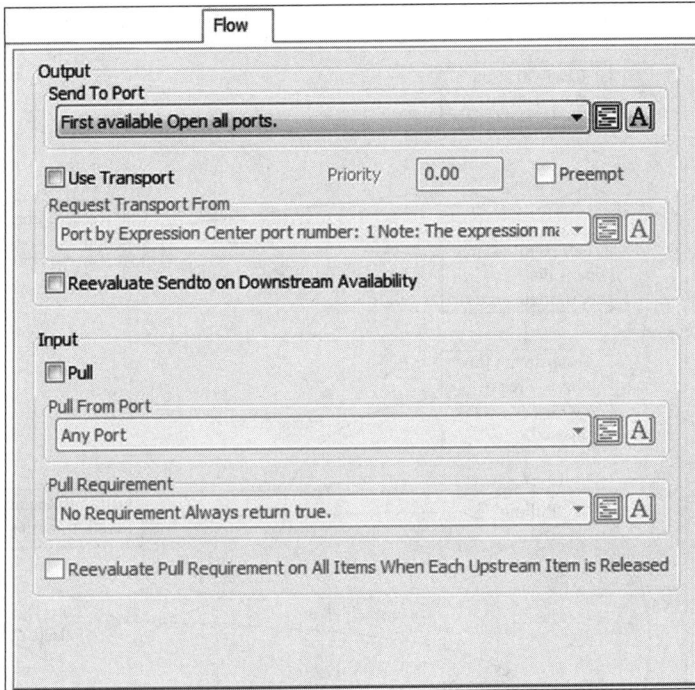

图 9-1　固定实体 Flow 标签页

图 9-1 中，如果将输入的 Pull 复选框选中，即为拉动模式。反之，则为推动模式。选中 Pull 模式后，下方的几个参数即可使用。

Pull From Port：指定从哪个端口拉入。

Pull Requirement：指定拉入条件。默认是没有拉入条件的，可以根据需要设定，如只拉入某种类型的临时实体。

Reevaluate Pull Requirement on All Items When Each Upstream Item is Released：指定是否需要连续判断拉入条件。如果选中此选项，则当实体释放临时实体后，对上游拉入端口对应的实体中所有已释放的临时实体重新判断拉入条件。

固定实体接收和释放每个临时实体时都将经历一系列特定的步骤。图 9-2 描述了一个没有选择连续判断送往端口选项的固定实体接收和释放临时实体的步骤，它表达了固定实体自动处理的步骤逻辑和建模人员自定义的步骤逻辑之间的关系。

固定实体接收和释放临时实体的步骤如下。

步骤 1：打开输入端口并寻找一个要接收的临时实体。

当固定实体准备好接收一个临时实体时，它首先查看是否在使用拉动模式。如果没有选中 Pull 复选框，意味着采用推动模式，则固定实体跳过所有拉动逻辑，只是等待第一个变为可用的临时实体。如果采用了拉动模式，则调用从端口接收函数，此函数返回将要拉入临时实体的输入端口号，如果返回 0，则从所有输入端口拉入。当上游的一个临时实体被释放时，固定实体调用拉入条件函数，此函数将返回真或假。如果为真，就接收此临时实体；如果为假，就尝试为下一个已释放的临时实体再次调用拉入条件函数，或者等待，直到上游固定实体又释放另一个临时实体。继续此循环，只要拉入条件函数对某个临时实体返回真，就接收相应的临时实体。拉动逻辑如图 9-3 所示。

| Fixed Resource Logic | Modeler Defined Logic |

Ready to allow a flow item in

Pulling?

Yes → Call Receive from Port function

No

The FixedResource opens the appropriate port(s) ← **Port number**

An upstream flow item is already released or gets released

False

Pulling?

Yes → Call Pull Requirement function for that item → True(1) or False(0)?

No

True

The flow item is received. It then is processed, depending on the type of Fixed Resource

The item is released → Call Send to function

The FixedResource opens the appropriate port(s) ← **Port number**

Item can be sent on

Use Transport?

Yes → Call Request Transport From function

No

Call transport ← **Transporter Reference**

Item exits

Left-side labels:
- Determine which input ports to open
- Find a flow item to receive
- Process flow item
- Release flow item and determine which output ports to open
- Transfer flow item to the next station

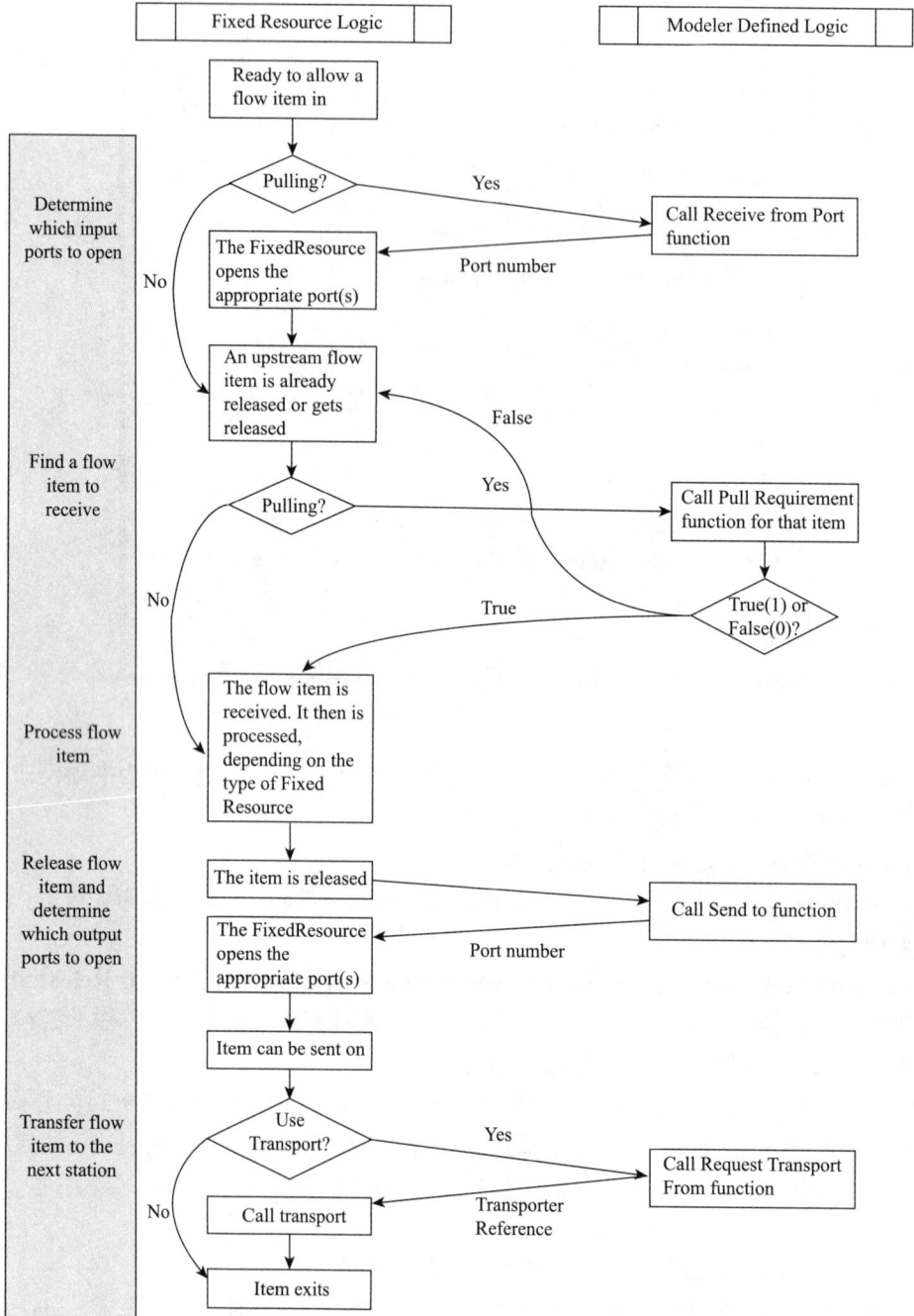

图 9-2 固定实体接收和释放临时实体步骤

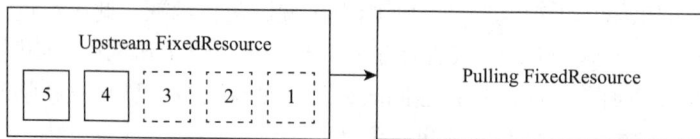

| Upstream FixedResource | Pulling FixedResource |
| 5 | 4 | 3 | 2 | 1 | |

图 9-3 拉动逻辑示意

图 9-3 中，左侧的是上游的固定实体，右侧的是采用拉动模式的固定实体。如图所示，

上游固定实体释放了 3 个临时实体(虚线),还有 2 个正在处理(实线)中。当拉动式固定实体准备好接收上游固定实体的一个临时实体时,它对这 3 个临时实体依次调用拉入条件函数,一旦返回一个真值,拉动式固定实体就立即接收那个临时实体完成拉动逻辑,并准备好接收下一个临时实体。如果 3 次调用都返回假,则拉动式固定实体将等待。当红色的临时实体 4 被释放时,拉动式固定实体对它调用拉入条件函数。如果返回真,就接收它。如果返回假,将继续等待。

提示:当上游的临时实体被释放时,拉动式固定实体将为该临时实体调用拉入条件函数。但不会为先前释放的、且拉入条件函数已返回假的那些临时实体再次调用拉入条件函数。如果需要对所有释放了的临时实体都重新进行拉入条件的判断,则要选中"连续判断拉入条件"复选框,这样,拉动式固定实体将在上游实体每释放一个临时实体时,都对所有已释放的临时实体重新进行拉入条件判断。

如果一个固定实体被设置为拉动模式,则上游实体的 Send To Port 参数无意义。因此,不必为上游实体指定 Send To Port 逻辑,用默认的 First Available 就可以了。

步骤 2:处理临时实体。

临时实体一进入固定实体,就按照固定实体的类型被进行相应的"处理",然后被释放。例如,如果是一个处理器,则临时实体就会被处理一定的时间。如果是一个暂存区实体,则临时实体立即被释放。如果是输送机实体,则临时实体沿着输送机长度方向输送,并在到达末端时被释放。

步骤 3:释放临时实体并决定打开哪一个输出端口。

当释放一个临时实体时,固定实体调用 Send To Port 函数,此函数返回一个端口号。然后,固定实体打开那个端口。如果返回 0,则打开所有端口。一旦打开端口,固定实体就等待下游实体准备好接收此临时实体。如果设置固定实体为连续判断送往端口,则每当一个下游固定实体变为可用能接收临时实体时,都会重新判断送往端口条件。

提示:如果 Send To Port 参数返回的端口号大于 0,则打开那个端口。如果返回端口号为 0,则打开所有端口。如果返回的端口号为–1,则不释放临时实体,而是在以后明确地使用 releaseitem( )命令来释放它,或者使用 moveobject( )命令将它移出。当它再次被释放时,将再次调用 Send To Port 函数。

提示:连续判断送往端口只在下游实体变为可用时执行,它不会为已经是可用的下游实体进行连续判断。如果需要在其他某时刻,而不是当一个下游实体变为可用的时刻,强制进行再判断,则可以在上游实体上调用 openoutput( )命令来实现。

步骤 4:将临时实体传递给下一站点。

一旦临时实体被释放,且下游实体已准备好接收它,如果没有选中"使用运输机"复选框,则此临时实体将会被立即推送到下游实体中。如果选中了"使用运输机"复选框,则固定实体将调用请求运输机函数。此函数将返回一个任务执行器或分配器的引用。如果返回的是有效引用,则将自动创建一个默认的任务序列,最终将有一个任务执行器来捡取此临时实体并将其送到目的地。如果返回 0 值,则固定实体不再创建默认的任务序列,而需要由用户自行创建任务序列,参见 6.7.2 节。

如果固定实体被设置为使用运输机将临时实体运送到下游实体,则当下游实体拉动临时实体,或准备好接收临时实体时,不再立即将此临时实体推送到下一站点,而是实体为任务执行器创建一个任务序列以行进到此实体、捡取临时实体、行进到下游实体、卸载临时实体。

当这种情况发生时，实体调用请求运输工具函数，得到要执行任务序列的任务执行器的引用。然后，临时实体变为"等待运输机"状态，这意味着临时实体的目的地及发送到或拉入所要通过的端口均已确定，不会改变。每个固定实体记录两个数字：要搬运到该实体的临时实体数目，以及要运输出该实体但还没有被捡取的临时实体数目。这两个数字记录为两个变量，运输入数量（nroftransportsin）和运输出数量（nroftransportsout）。一旦实体调用了请求运输工具函数，它将递增自身的运输出数量变量，并通知下游实体，下游实体将递增它的运输入数量变量。随后，固定实体将创建一个任务序列：①行进到上游实体：travel task（行进任务）；②装载临时实体：Frload task（固定实体装载任务）；③在适当情况下中断转向其他任务序列：break task（中断任务）；④行进到下游实体：travel task（行进任务）；⑤将临时实体卸载到下游实体：Frunload task（固定实体卸载任务）。

注意，固定实体使用的是 TASKTYPE_FRLOAD 与 TASKTYPE_FRUNLOAD 任务类型。这两个任务类型和 TASKTYPE_LOAD 与 TASKTYPE_UNLOAD 任务相似，区别只在于，固定实体装/卸载任务在任务执行器搬运临时实体之前，要向固定实体通报，这样固定实体就可以改变其运输入数量和运输出数量变量的值。当调用请求运输工具函数时，上游实体的运输出数量变量和下游实体的运输入数量变量同时进行递增。然后，当任务执行器完成固定实体装载任务，上游实体的运输出数量变量被递减。当任务执行器完成固定实体卸载任务，下游实体的运输入变量被递减。

提示：必须保证运输入数量和运输出数量的统一，因为实体都可能根据这些变量屏蔽进一步的输入/输出。例如，一个最大容量为 10 的暂存区。如果暂存区当前容量为 5，还有 6 个临时实体正等待向此暂存区传输，那么暂存区将会关闭其输入端口，因为尽管当前只有 5 个临时实体，却可能超过其最大容量，导致 nroftransportsin/out 变量的递减陷入混乱。如果不关闭输入端口，当上游实体要传输第 6 个临时实体，调用请求运输工具函数时，上游实体的运输出数量变量和下游暂存区的运输入数量变量进行了递增。但此时下游暂存区达到了最大容量，因此下游实体的运输入数量不会递减，而一旦一个实体已选择了运输一个临时实体到指定的下游实体，就不能将此临时实体返回或者改变其目的地，从而出现不统一的情况。因此，当模型中调用请求运输工具函数时，应使用固定实体装载/卸载任务。其他情况下，应使用常规的装载和卸载任务。

9.3 练 习

9.3.1 练习一：理解拉动模式

练习一通过一个简单的例子来理解拉动模式以及相应的参数。

步骤 1：构造模型。

从 Library 中拖入 1 个发生器和 3 个暂存区进入模型区，按图 9-4 所示进行连接。

首先，让发生器生成 5 种类型的临时实体，为此，在发生器的 OnCreation 触发器里选择 Set Itemtype and Color，将 Itemtype 参数设为 duniform（1，5）。

其次，让发生器把临时实体随机送往下游 2 个暂存区，为此，将发生器的 Send To Port 参数设为 Random Available Port。

现在运行模型，可以看到只要下游的暂存区可用，发生器生成的不同颜色表示的不同类型的临时实体就被推送下去。当第 3 个暂存区达到最大容量后，临时实体开始在中间的暂存区堆积。

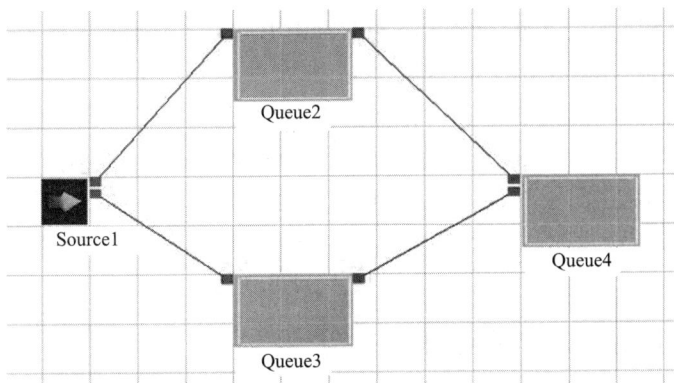

图 9-4　练习一模型正投影视图

步骤 2：设定拉动模式。

现在设置第 3 个暂存区采用拉动逻辑。双击第 3 个暂存区，打开其属性视窗，在 Flow 标签页中选中 Pull 复选框，即将第 3 个暂存区设定为拉动模式。

重置并运行模型，可以看到模型的运行情况和步骤 1 相同。因为虽然采用了拉动逻辑，但是默认情况下是从任意端口拉入且没有拉入条件，那么，按照固定实体的逻辑，当上游暂存区释放临时实体后，且本暂存区已准备好接收临时实体，则将临时实体拉入。步骤 1 采用的是推动模式，临时实体由上游暂存区实体推送，当上游暂存区释放临时实体，且下游暂存区准备好接收临时实体，则将临时实体推送下去。因此，虽然步骤 2 和步骤 1 逻辑上有所区别，但运行情况一样。

步骤 3：理解拉入端口。

现在设置第 3 个暂存区的拉入端口。双击第 3 个暂存区，打开其属性窗口，将 Pull From Port 参数设为 By Expression，将表达式设为 1。

重置并运行模型，可以看到只有第 1 个暂存区的临时实体被拉入到第 3 个暂存区，而第 2 个暂存区的临时实体发生了堆积。因为此时第 3 个暂存区的拉入端口为 1，即只从对应的第 1 个暂存区拉入临时实体，而第 2 个暂存区中的临时实体不会被拉入。

步骤 4：理解 Send To Port 参数和 Pull From Port 参数的关系。

将第 1 个暂存区的 Send To Port 参数设为 By Expression，将表达式设为 2。

重置并运行模型，可以看到，临时实体在前面 2 个暂存区中堆积，不会被第 3 个暂存区拉入。因为模型中每个实体都是按 9.2 节所述的固定实体逻辑接收和发送临时实体的，不同实体的顺序是按照模型中上、下游的顺序。在本步骤中，第 1 个暂存区的临时实体设定为发送往端口 2，按照前述的固定实体逻辑，第 1 个暂存区释放临时实体前要先判断打开哪个输出端口(这里设定为输出端口 2)，第 3 个临时实体打开输入端口再判断是否采用拉动模式，按照模型的设置，打开输入端口 1，而第 1 个暂存区将释放的临时实体发送到了输出端口 2，第 3 个暂存区所打开的输入端口 1 对应的是第 1 个暂存区的输出端口 1，显然找不到可接收的临时实体，因此也就无法拉入临时实体。因此，在模型中，如果下游实体指定为拉动模式，则上游实体的 Send To Port 参数指定为默认的 First Available 即可。

步骤 5：理解拉入条件。

现在将第 1 个暂存区的 Send To Port 参数改回 First Available，然后将第 3 个暂存区的 Pull Requiremenr 参数设为 Specific Itemtype，将 Itemtype 参数设为 1。

重置并运行模型，可以看到，第1个暂存区中类型为1的临时实体被拉入到第3个暂存区，其他类型的临时实体在第1个暂存区中堆积。

如果第3个暂存区只接收上游暂存区的类型为1、3、5的临时实体，则可以把第3个暂存区的 Pull Requirement 参数改为 Array of Itemtypes，将 Array Size 参数设为3，将 Array Elements 参数设为1、3、5即可。重置并运行模型，可以看到第1个暂存区中类型为1、3、5的临时实体被拉入第3个暂存区，其余类型为2、4的临时实体在第1个暂存区中堆积。

9.3.2　练习二：比较拉动模式和推动模式

练习二分别采用拉动模式和推动模式来实现一个简单案例。

假设有两种类型的产品按照服从均值为20秒的指数分布到达，两类产品的比例为3：7。现在要对产品进行测试，有3台测试机器，其中1台测试类型1的产品，1台测试类型2的产品，还有1台测试类型1及类型2的产品，测试时间服从20～50秒的均匀分布。现在对该过程进行建模。

步骤1：构建模型。

首先确定模拟该过程需要的实体：产品的到达用发生器来模拟，产品的测试用处理器模拟，产品等待测试用暂存区模拟，产品测试完后用吸收器回收。因此，从 Library 中拖入1个发生器、1个暂存区、3个处理器、1个吸收器放入模型区，按图9-5所示建立连接。

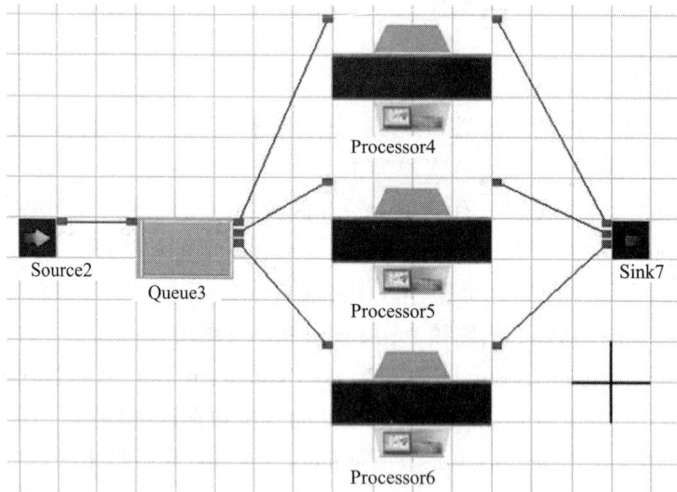

图9-5　练习二模型正投影视图

其次配置模型参数。将发生器的 Inter Arrival Time 参数设为 exponential(0, 20, 0)，表示产品的到达时间间隔俯冲均值为20的指数分布。将发生器的 OnCreation 触发器指定为 Set Itemtype and Color，将 Itemtype 参数设为 bernoulli(30, 1, 2)，表示将30%的产品类型指定为1，把70%的产品类型指定为2。将3个处理器的 Process Time 参数设定为 uniform(20, 50)。

类型1的产品应该送去处理器1或处理器3，类型2的产品应该送去处理器2或处理器3。下面分别用推送和拉动逻辑来实现流向控制。

步骤2：使用拉动模式。

由于第1个处理器只测试类型为1的产品，因此将第1个处理器的 Flow 标签页中的 Pull

复选框选中，并将 Pull Requirement 参数设定为 Sepcific Itemtype，其中的 Itemtype 参数设定为 1，表示当上游释放的临时实体类型为 1 时，进行拉入。

对第 2 个处理器做类型的设置，唯一的不同在于将 Itemtype 参数设定为 2，表示当上游释放的临时实体类型为 2 时，拉入到第 2 个处理器。

由于第 3 个处理器可以测试两种类型的产品，因此选中第 3 个处理器的 Pull 复选框后，将 Pull Requirement 参数设定为 Range of Itemtypes，将其中的 Minimum Itemtype 参数指定为 1，将 Maximum Itemtype 参数指定为 2，表示当上游释放的临时实体类型在范围[1，2]内时，拉入到第 3 个处理器。

现在重置并运行模型，可以看到第 1 个处理器只测试红色的临时实体(产品类型为 1)，第 2 个处理器只测试绿色的临时实体(产品类型为 2)，第 3 个处理器则测试红色和绿色的临时实体。

步骤 3：使用推动模式。

现在采用推动模式来实现同样的逻辑，将 3 个处理器的 Pull 复选框都去掉选中，即不采用拉动模式。

暂存区中的临时实体，如果类型为 1，应该送去第 1 个或第 3 个处理器进行测试；如果类型为 2，应该送去第 2 个或第 3 个处理器进行测试。因此，双击暂存区，打开其属性视窗，在 Flow 标签页将 Send To Port 参数指定为 Cases By Value，其中的参数设定如下：

Value：getitemtype(item)

Cases：

case 1: return Bernoulli(50，1，3)；

case 2: return Bernoulli(50，2，3)；

default: return 0；

重置并运行模型，可以看到模型达到和拉动模式类似的效果。

通过步骤 2 和步骤 3，可以看到，采用拉动模式和推动模式都能够实现本练习案例的流程。但继续观察两个步骤的运行，可以发现，步骤 3 的推动模式下，送到处理器 3 测试的红色实体(类型 1)要多于步骤 2 的拉动模式。读者可以自行验证(可参考 5.8.4 节)。产生上述差异的原因请读者自行思考。

9.4 实 验 案 例

现在用拉动模式来模拟 9.1 节所描述的配送中心。

根据案例描述，系统的概念模型如图 9-6 所示。

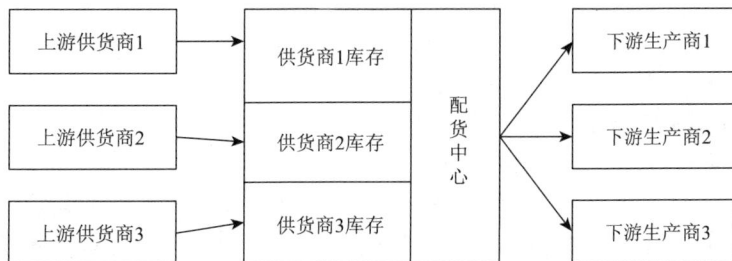

图 9-6 配送中心概念模型

模型中的产品到达用发生器模拟，3 个上游供货商的供货过程用处理器模拟；配送中心用货架模拟货物的存储，以不同的货架对应不同的上游供货商；下游生产商的仓库用暂存区模拟，生产过程用处理器模拟；产品生产完后由吸收器进行收集，表示离开系统。

步骤 1：构建模型。

从 Library 中拖入 3 个发生器、6 个处理器、3 个货架、3 个暂存区、1 个吸收器放入模型区，将每个发生器分别连到各自的处理器，再连到对应各自库存的货架，再将每个货架与每一个表示生产商库存的暂存区进行连接(配送中心送出产品对 3 家生产商是均等的)，再将每一个暂存区连接到各自的生产处理器，最后连到 Sink。连接完的模型如图 9-7 所示。

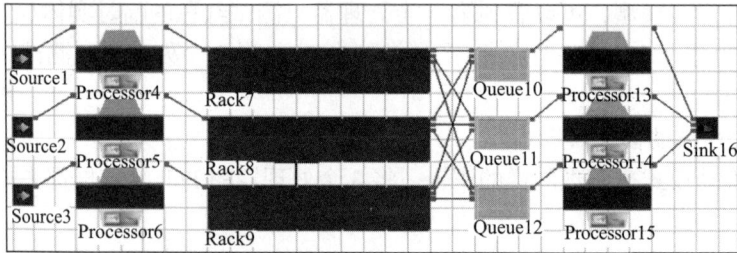

图 9-7　案例模型正投影视图

步骤 2：设置发生器参数。

本模型中，发生器只是为了提供足够的产品，因此将发生器创建临时实体的时间间隔设置的尽可能小。

双击发生器，打开其参数视窗，将 Inter-Arrival Time 参数设定为 By Expression，将其中的 Expression 设为 1，如图 9-8 所示。这样每单位时间发生器就创建 1 个临时实体。由于上游供货商的供货时间最小为 3 小时，因此表示供货的处理器有足够的临时实体。

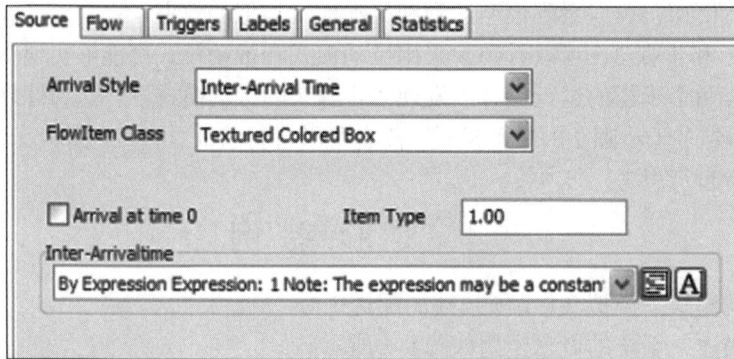

图 9-8　发生器参数设置

对另外 2 个发生器做同样的设置。

步骤 3：设置上游供货商参数。

供货商的供货过程是一定时间长度的延时，因此用处理器的处理时间表示。双击处理器，打开其参数视窗，为 Processor Time 参数指定 By Expression，将表达式指定为 4。

对另外两个供货商做类似的设置，区别在于将第 3 个供货商的处理时间参数指定为统计分布，选择均匀分布，设为 uniform(3，6)，如图 9-9 所示。

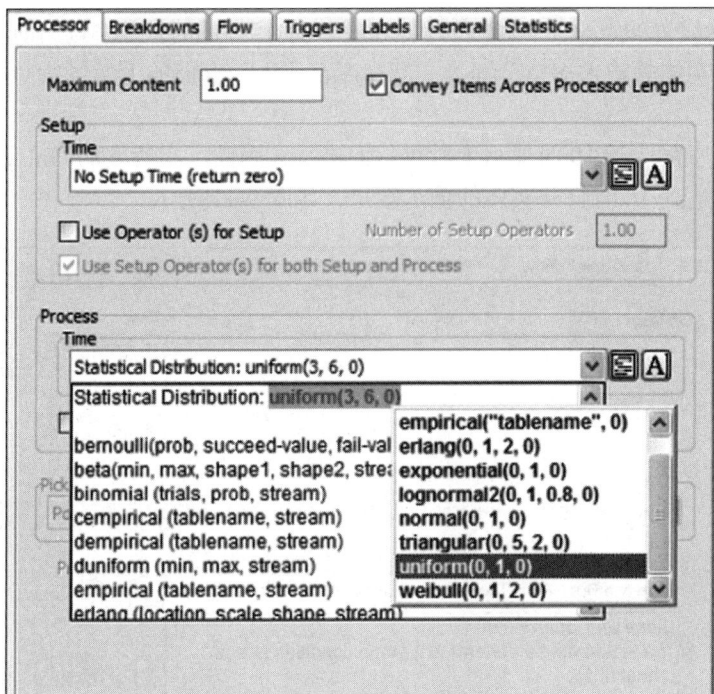

图 9-9　供货商参数设置

步骤 4：设置配送中心参数。

配送中心需要通过货架的端口开闭来控制是否从上游供货商进货。为此，在配送中心货架的 OnEntry 触发器里选择 Close and Open Ports 选项，其中的参数设置如图 9-10 所示。

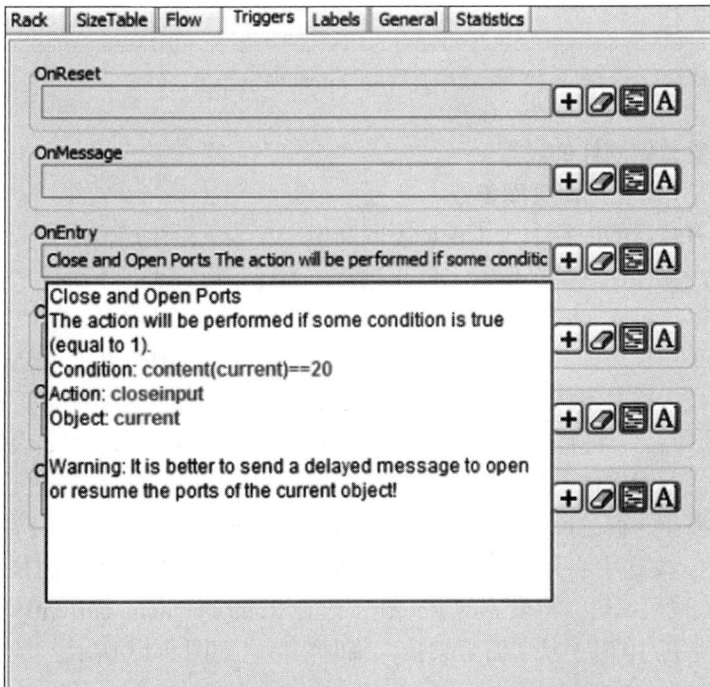

图 9-10　配送中心货架 OnEntry 触发器设置

　　图 9-10 所示设置的意思是，当临时实体进入当前实体的时候，一旦当前实体的容量达到 20，就关闭当前实体的输入端口，即为了减少库存成本，存储的上游供货商供应的产品最多不超过 20 个。

　　由于当产品库存低于 10 时要从上游供货商进货，因此，在货架的 OnExit 触发器里要设置当前实体容量达到 10 时打开实体的输入端口，如图 9-11 所示。

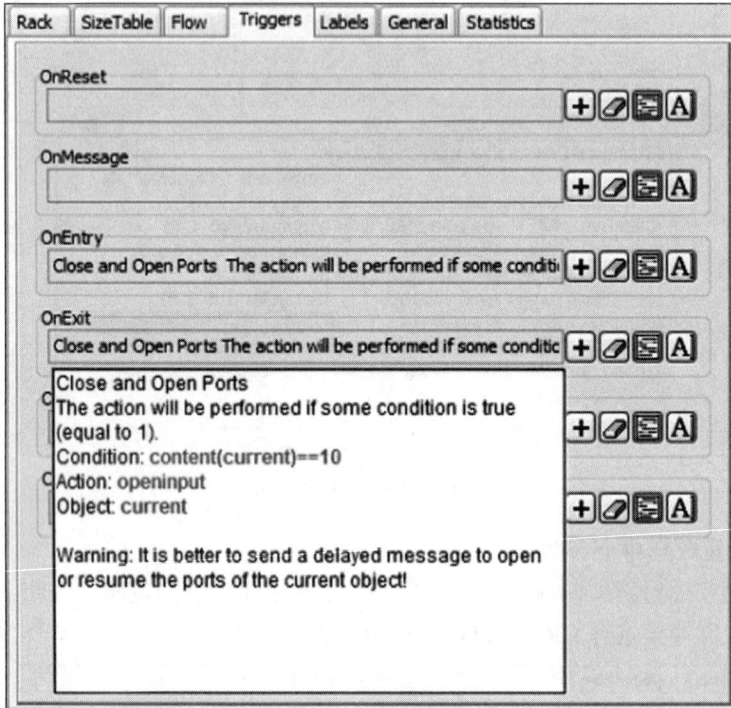

图 9-11　配送中心货架 OnExit 触发器参数设置

　　对另外两个货架做同样的设置。

步骤 5：设置下游生产商仓库参数。

　　下游生产商有自己的库存，为了保证不间断生产，当下游生产商库存低于某个值时，从配送中心进货；当库存达到某个值时，停止进货。为此，设置表示下游生产商仓库的暂存区采用拉动模式。

　　要让暂存区采用拉动模式，必须将暂存区的 Flow 标签页中的 Pull 复选框选中，即让暂存区从上游货架拉入临时实体，而不是被动接受上游货架推送的临时实体。由于上游供货商的供货价格一样，因此，将暂存区的 Pull From Port 设为 duniform(1, 3)，表示从上游 3 个货架概率均等地拉入临时实体。如图 9-12 所示。

　　为了控制下游生产商的库存，需要设置 Pull Requirement 参数。以下游生产商 1 为例，当库存高于 10 时，配送中心开始向生产商 1 发货，因此，点击生产商 1 的拉入条件参数旁边的 "A" 按钮进入代码编辑，将最后的 Return 1 改为 Return content(current)<10，即意味着当暂存区的容量不超过 10 时，从上游货架拉入临时实体。如图 9-13 所示。

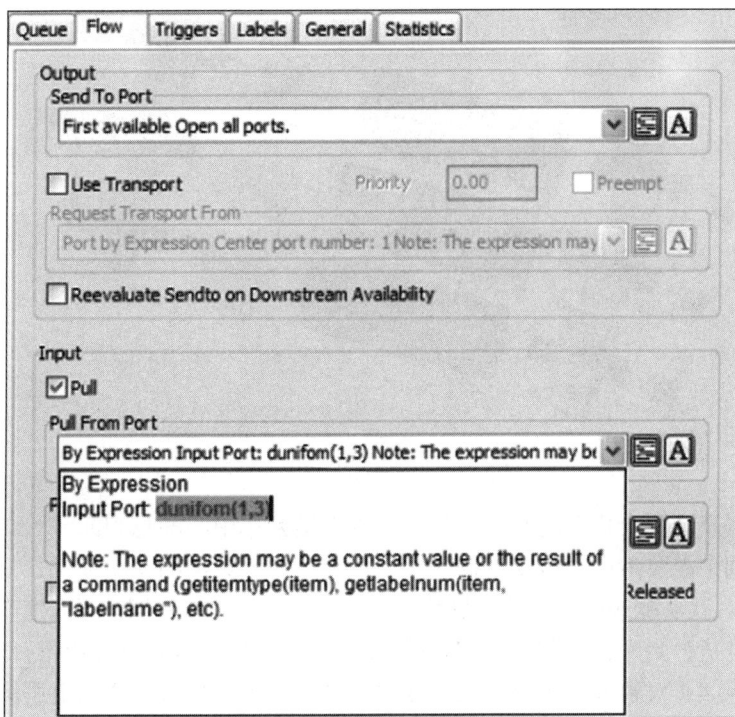

图 9-12 生产商仓库拉动模式参数设置

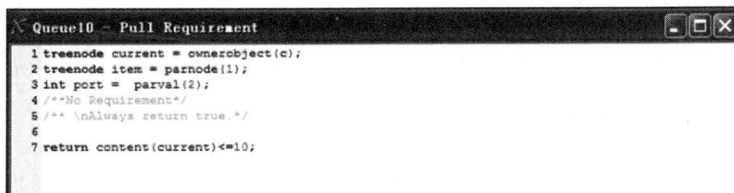

图 9-13 生产商仓库拉入条件参数设置

按照案例数据，类似设置表示其余两个生产商的暂存区。

步骤6：设置下游生产商参数。

下游生产商的参数根据案例中的数据设置其 Process Time 参数即可，将生产商 1 的处理时间指定为 6，生产商 2 的处理时间参数指定为 uniform（3，9），生产商 3 的处理时间参数指定为 uniform（2，8）即可。

步骤7：运行并分析模型。

重置并运行模型，可以看到模型运行如图 9-14 所示。

如果要考察该配送中心 1 年的运营情况，那么可以通过仿真控制条把模型的运行时间设定为 8760 小时。当模型运行停止后，可以通过模型的统计数据来分析模型。

从货架的统计数据可以分析配送中心的库存情况。货架的统计数据中，Average Content 表示货架的平均库存（本例为 12.32），Input 数据即为总进货量（本例为 1751），Output 数据为总供货量（本例为 1738）。由此，可以计算货架的收益，进货总成本：1751 * 3 = 5253 元；供货总成本：1738 * 5 = 8690 元；库存成本：12.32 * 8760 / 100 * 1 = 1079.23 元。因此，该货架的利润可以求得为：8690–5253–1079 = 2358 元。

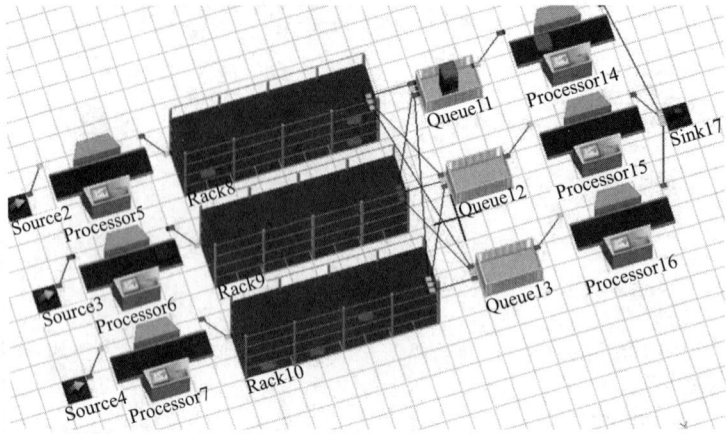

图 9-14　运行中的模型

类似可求得其余两个货架的收益，从而可以求出配送中心的总利润。

如果本案例中需要考虑下游生产商的库存成本，按本案例的拉动模式，只要生产商库存低于 10 的时候，就从配送中心进货。显然，如果考虑进货的前置期，那么生产商可以在库存低于 2 的时候进货，当库存达到 10 的时候停止订货，从而降低其库存成本。要实现这一点，需要类似于步骤 4，对暂存区进行端口开闭的控制。读者可自行完成以上逻辑，并考察成本的变化。

将本章的模型保存为.fsm 文件。第 10 章将在此模型的基础上展开。

10 方案比选和仿真优化

第 9 章学习了如何分析配送中心的成本、利润等性能指标。但是，这种性能分析是基于案例模型的单次仿真数据的，而由于案例数据的随机性，每次仿真的结果均不相同，因此需要获得性能指标的均值及置信区间。而如果需要效益最大化，那么希望考察不同方案如配送中心的最大存储量、订货条件（库存低于多少时进货）等系统参数变化对效益的影响。为此，需要用到 Flexsim 提供的仿真实验控制器和仿真优化。

10.1 仿真实验控制器（Simulation Experiment Control）

实验控制器通过菜单 Statistics→Experimenter 访问。仿真试验控制器用来进行实验运行，包括多场景运行，在多次模型运行之间改变某些变量，从每个场景中收集输出数据等。每个场景都代表某一特定的模型配置。对于每个场景，模型都重复运行若干次。

10.1.1 Experimenter 标签页

Experimenter 标签页可以设置的参数包括仿真停止时间（Simulation End Time）、场景数目（Replications per Scenario）、预热停止时间（Warmup End Time）、用实验变量（Number of Scenarios）等，如图 10-1 所示。

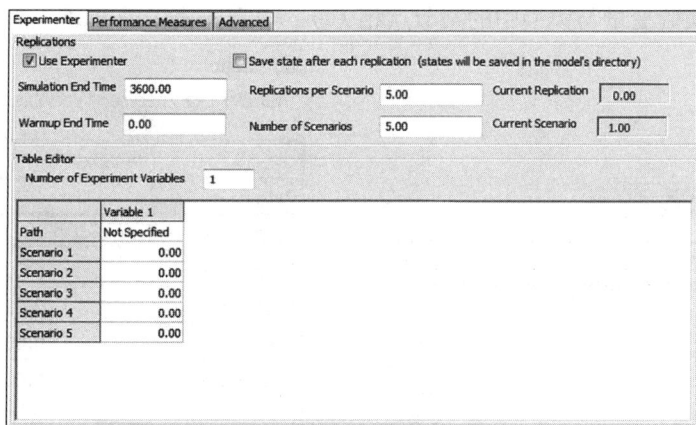

图 10-1   Experimenter 标签页

主要参数设置如下：

Use Experimenter：选中该复选框即激活了实验控制器。当为模型添加新的实验控制器时自动选中该选项。不选中该选项则临时关闭实验控制器但并不删除实验控制器。

Save state after each replication：如果选中此选项，模型将会在每次重复运行结束时将其状态以.fsp 文件形式保存于 Experiment 文件夹。可以用 Fliexsim 软件 File 菜单中的 Load State 选项来打开这些文件，查看每次重复运行的结果。

Simulation End Time：指定仿真运行时间长度。当模型运行了该时间长度后即停止，下一个重复运行或者场景（如果有的话）开始运行。

Replications per Scenario：指定每个场景的重复运行次数。

Warmup End Time：指定模型的预热结束时间。仿真模型从空闲状态开始运行，会经过初始的不稳定状态(瞬态)运行到稳态。瞬态的输出变量分布是变化的。从瞬态到稳态的时间称为预热期(Warm-up period)。由于仿真关注的是稳态性能，因此，采集统计数据时，要排除预热期数据，只保留稳态期间的数据。当模型运行了预热结束时间长度后，统计结果将被重置，但模型不重置。如果仿真的初始状态接近稳态的话，则不需要设定预热期，相应地，把该参数指定为 0 即可。

Number of Scenarios：指定模型需要运行多少个场景。前面的重复运行是针对参数的随机性，场景数则对应着参数的变化。单击 Apply 按钮即可在下方实验变量列表中创建相应数目的行。

Current Replication：当前运行的重复次数的序号。每个场景的重复次数分别编号。

Current Scenario：当前运行的场景序号。

Table Editor 组框用来定义实验中每个场景的配置。一个实验变量是模型中的某个节点，需要对此节点的值进行实验。例如，实验变量可以是暂存区最大容量值，或者可以是全局表中的一个值。可以为实验定义多个实验变量。

Number of Experiment Variables：指定实验变量的数目。按"应用"按钮，即可在下方实验变量列表重新创建相应数目的列。

实验变量表中，Path 为该变量对应的节点，其余行表示该变量在不同场景下的值。例如，图 10-2 中，实验变量为暂存区 2 的最大容量(maxcontent)，可以看出，场景 5 中最大容量为 0，说明完全没有发生堵塞；场景 4 最大容量为 20，堵塞最为严重。

若要将一个实验变量与模型中的某节点相关联，可点击表中的 Path 行，如图 10-3 所示。

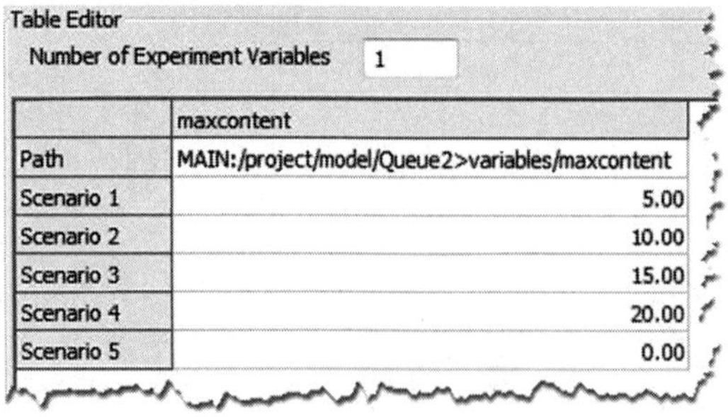

图 10-2　实验变量表

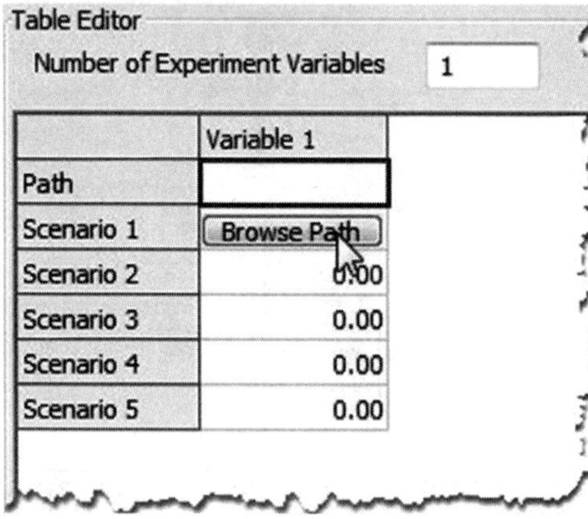

图 10-3　指定实验变量的路径

单击 Browse Path 按钮，即可打开模型的树浏览窗口，如图 10-4 所示。

在树浏览窗口中，可选择需要的节点作为实验变量。例如，图 10-4 中，选择了节点 Queue2 的最大容量作为实验变量。

提示：实验变量对应的节点应有数字数据，否则不能正常运行。若要对没有数字数据的变量进行实验，则需要使用一个数字来描述该情况。例如，若要对 Send To Port 策略进行实验，可以在实体创建一个数字标签，然后在送往端口策略中，查询标签。

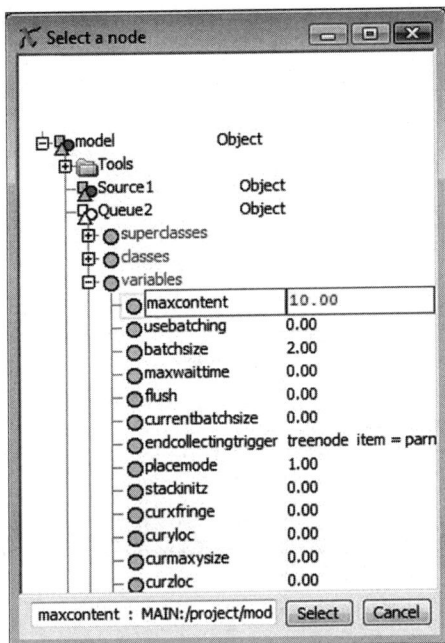

图 10-4   选择节点的树浏览窗口

10.1.2   Performance Measures 标签页

Performance Measures 标签页可以创建或删除模型中的绩效指标，并可以对每个场景中的绩效指标作出评价，如图 10-5 所示。

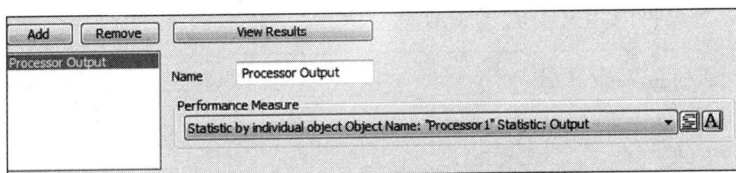

图 10-5   Performance Measures 标签页

要增加绩效指标，单击"Add"按钮即可在下方的绩效指标列表中添加。可以对列表中高亮的绩效指标进行编辑，如为绩效指标指定名称，以及在 Performance Measure 下拉列表中具体定义该绩效指标。绩效指标可以针对单个实体，也可以针对一组实体，具体内容可以是实体（组）的统计数据，或者是某状态占全部状态的百分比，或者是标签、全局表的单元格，甚至可以是其他绩效指标的代数组合，根据要分析的系统确定即可。例如，图 10-5 中定义的绩效指标名称为"Processor Output"，具体内容是单个实体 Processor1 的 Output 统计数据。

定义好绩效指标后，当每个场景的每次重复运行结束时，实验控制器将记录当次运行后绩效指标的结果。全部实验结束后，可单击"View Results"按钮打开如图 10-6 所示的视窗来查看绩效指标的结果。

图 10-6 中显示了当模型中的 Queue 的最大容量分别被设定为 3、6、9、12、15 五个场景的 Processor 的产出。上方的散点图是不同场景下多次重复运行的结果，下方的表格是各场景下绩效指标的均值、置信区间、标准差等统计指标。如果要查看其他绩效指标，可通过图 10-6 顶部的下拉列表选择不同的绩效指标。

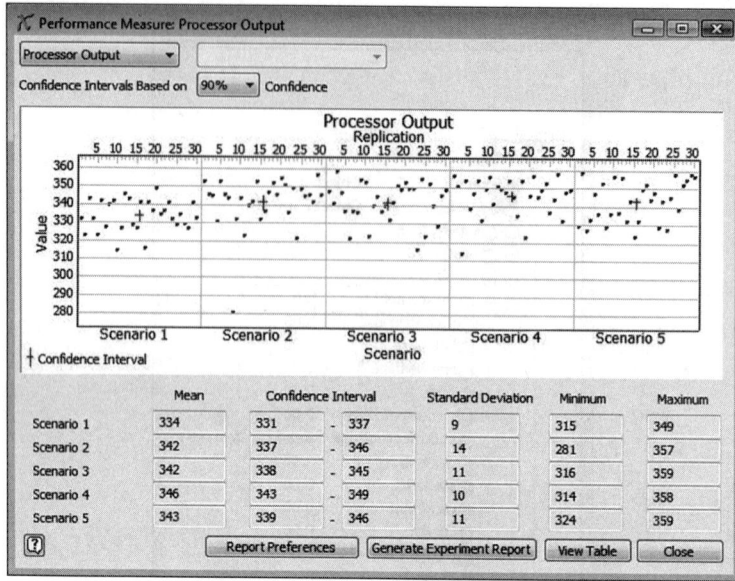

图 10-6　查看绩效指标运行结果

如果要查看表格方式显示的结果，单击下方的"View Table"按钮。单击"Generate Experiment Report"按钮可以创建实验中所有绩效指标的报表；单击"Report Preferences"按钮可以定义具体的报表选项。

10.1.3　Advanced 标签页

Advanced 标签页可以定义实验场景或重复运行过程时间节点的行为，如图 10-7 所示。

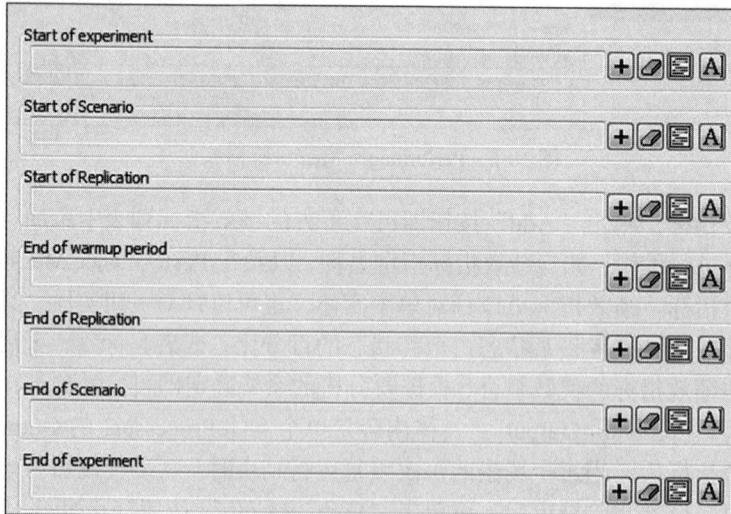

图 10-7　Advanced 标签页

Start of experiment：指定实验开始的行为，在实验开始运行时被调用，一般用来设定某些变量值。只在第一个场景运行前被调用一次。

Start of Scenario：指定场景开始的行为，在某场景的第一个重复运行开始之前被调用，每个场景仅调用一次。

Start of Replication：指定重复运行开始的行为，每次重复运行只执行一次。

End of warmup period：指定预热期结束时的行为，在每次重复运行的预热期结束时被调用。

End of Replication：指定重复运行结束时的行为，在重复运行结束时被调用。

End of Scenario：指定场景结束时的行为，每个场景仅调用一次。

End of experiment：指定实验结束时的行为，一般用来在实验运行结束时写入模型数据。仅在最后一个场景运行完毕后被调用一次。

10.2　方案比选实验

根据 9.1 节中的案例数据，当配送中心的库存低于 10 时向上游供应商订货，当配送中心的库存达到 20 时即停止向上游供应商进货。而根据模型最后的运行统计数据，可以计算得到配送中心的总利润。

现在考虑另外一种方案，当配送中心的库存低于 15 时向上游供应商订货，当配送中心的库存达到 25 时停止向上游供应商进货。那么，在这种方案下，配送中心的利润会有什么变化？现在利用实验控制器来进行这种方案和原有方案的比较。

步骤 1：修改第 9 章的模型。

首先，载入第 9 章的模型。

由于现在要比选的方案涉及模型中的节点是货架的 OnEntry 触发器和 OnExit 触发器，而该节点没有数字数据，因此需要创建数字标签来描述不同的方案。

然后，双击模型中的第一个货架，打开其参数视窗，在 Labels 标签页中，单击"Add Number Label"按钮，为货架增加 2 个数字标签。将 2 个标签分别命名为 entry 和 exit，分别赋值为 20 和 10，如图 10-8 所示。

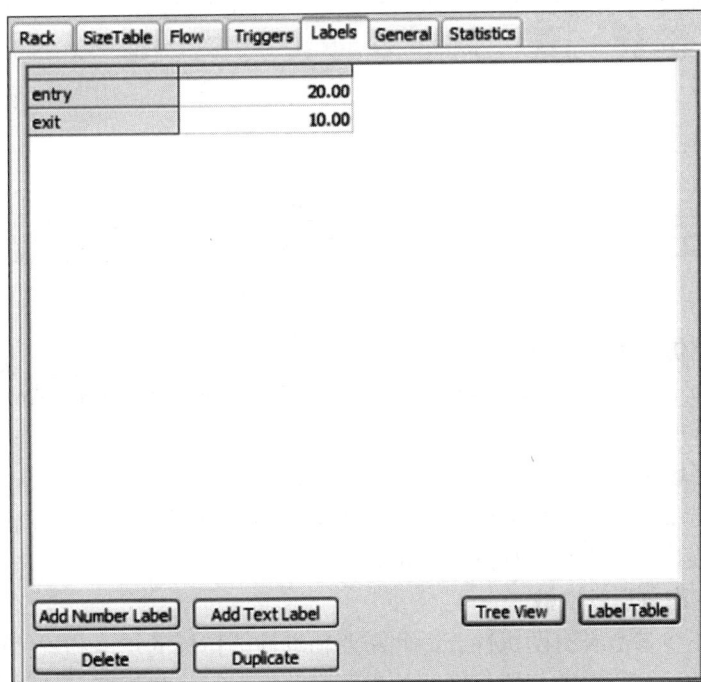

图 10-8　设置货架的标签

相应地，修改货架的 OnEntry 事件，将关闭输入端口的条件修改如图 10-9 所示。

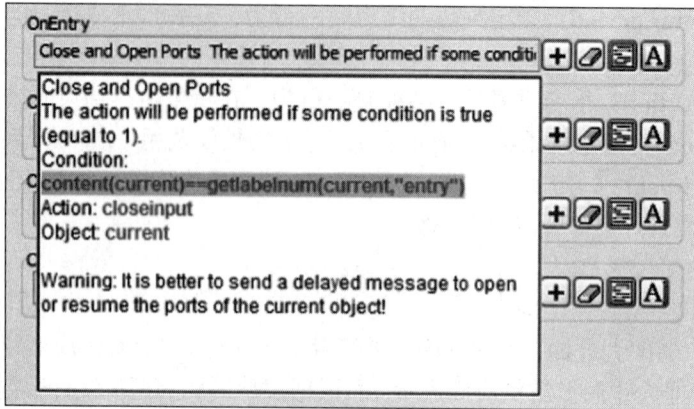

OnEntry

Close and Open Ports The action will be performed if some condition

Close and Open Ports
The action will be performed if some condition is true
(equal to 1).
Condition:
content(current)==getlabelnum(current,"entry")
Action: closeinput
Object: current

Warning: It is better to send a delayed message to open
or resume the ports of the current object!

图 10-9　修改后的 OnEntry 触发器

类似地，修改 OnExit 触发器为读取标签"exit"的值。

对其他 2 个货架做同样的修改。

步骤 2：添加实验控制器。

单击菜单 Statistics→Experimenter，为模型添加实验控制器，如图 10-10 所示。

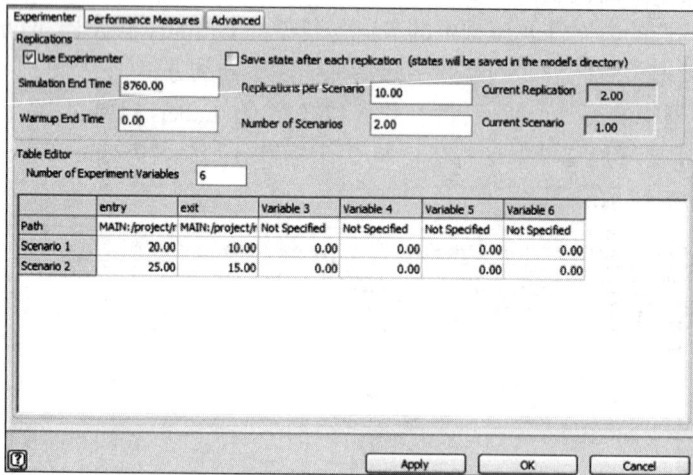

Experimenter	Performance Measures	Advanced			
Replications					
☑ Use Experimenter		☐ Save state after each replication (states will be saved in the model's directory)			
Simulation End Time	8760.00	Replications per Scenario	10.00	Current Replication	2.00
Warmup End Time	0.00	Number of Scenarios	2.00	Current Scenario	1.00
Table Editor					
Number of Experiment Variables	6				

	entry	exit	Variable 3	Variable 4	Variable 5	Variable 6
Path	MAIN:/project/r	MAIN:/project/r	Not Specified	Not Specified	Not Specified	Not Specified
Scenario 1	20.00	10.00	0.00	0.00	0.00	0.00
Scenario 2	25.00	15.00	0.00	0.00	0.00	0.00

	Apply	OK	Cancel

图 10-10　实验控制器参数设置

步骤 3：设定仿真终止时间。

由于是考察配送中心 1 年的运营情况，因此这里把 Simulation End Time 参数设为 8760 小时，如图 10-10 所示。

步骤 4：设定场景。

由于是要比选 2 个方案，因此将 Number of Scenario 参数设定为 2，单击"Apply"按钮在下方实验参数表中增加 2 行，如图 10-10 所示。

步骤 5：设定重复运行次数。

由于模型中不少参数具有随机性，因此需要估算性能指标的均值和置信区间，因此需要设定重复运行次数。运行次数与置信区间的半宽有关，运行次数越多，性能指标的置信区间半宽越小，精度越高。如果没有误差要求，一般取 10～30 次即可。

由于本模型中并无精度要求，因此将 Replications per Scenario 参数设为 10，如图 10-10 所示。

步骤 6：设定实验变量。

由于要比选的 2 个方案中，变化的是配送中心的最大库存和安全库存，而配送中心由 3 个货架表示，因此，将 Number of Experiment Variables 参数设为 6，单击"Apply"按钮在下方实验参数表中增加 6 列，如图 10-10 所示。

步骤 7：为实验变量指定节点。

首先，为实验变量 entry 指定节点。单击实验变量表中 entry 列的 Path 行，单击 Browse Path 按钮，打开模型的树浏览窗口。其次，在节点树中选择所涉及的实体 Rack7，用"+"展开该节点，选择 labels，选择其中的标签 entry，如图 10-11 所示。

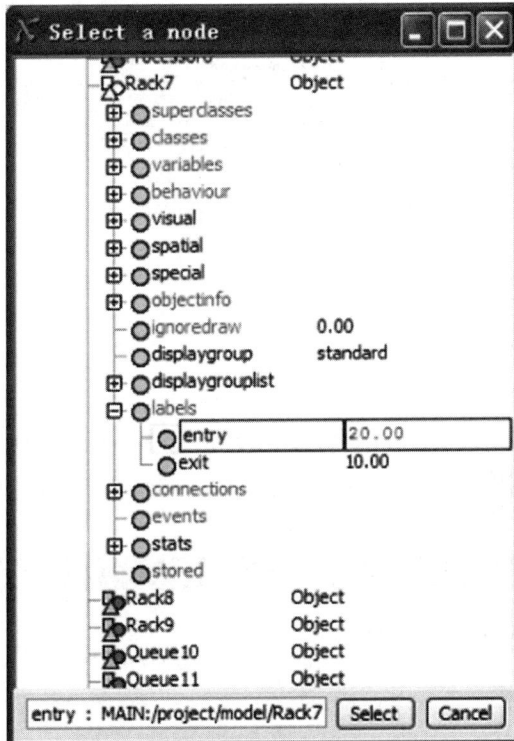

图 10-11 为实验变量 entry 选择节点

类似地，为实验变量 exit 指定节点为货架的标签 exit。

为其余 4 个实验变量类似的指定节点。

步骤 8：为不同场景设定实验变量的值。

现在为要比较的 2 个场景设定实验变量的值。场景 1 就是第 9 章的实验案例，是在库存低于 10 时进货，库存达到 20 时停止进货，因此将场景 1 的实验变量分别设为 20 和 10。根据比选方案的数据，将场景 2 的实验变量分别设为 25 和 15，如图 10-10 所示。

类似地，为 2 个场景指定区域 4 个实验变量的值。

步骤 9：指定绩效指标。

由于就配送中心而言，是希望在不发生缺货的情况下，利润越大越好。而和配送中心利润相关的是货架的平均库存、总输入和总输出。因此，需要指定的绩效指标为货架的 Average

Content、Input、Output 参数。

要设定绩效指标，在实验控制器的 Performance Measures 标签页单击 Add，添加一个新的绩效指标。将绩效指标的名称修改为 Kucun1，在 Performance Measure 下拉列表里选择 Stattistic by individual object，指定 Object Name 参数为 Rack7，指定 Statistic 参数为平均库存即可，如图 10-12 所示。

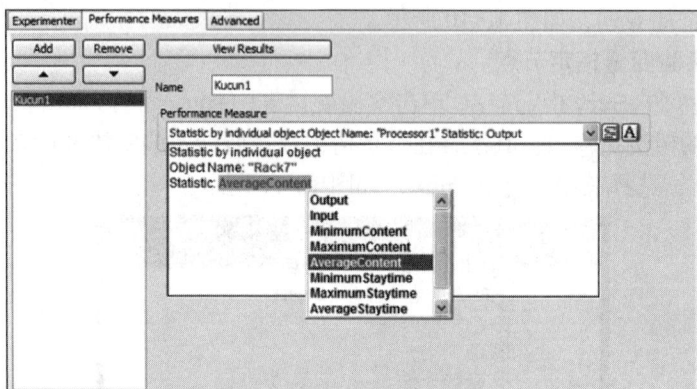

图 10-12　指定绩效指标

按同样的步骤，指定 Input 和 Output 为绩效指标。

类似地，指定另外 2 个货架的绩效指标。

步骤 10：运行模型。

重置并运行模型。可用看到，现在模型的仿真控制栏上的 Stop Time 为 8760。可将仿真控制栏上的 Run Speed 调到最大，模型会自动重复运行 2 个场景*10 重复=20 次。模型运行结束后，再次打开实验控制器，在 Performance Measures 标签页单击 View Result 按钮，即可得到如图 10-13 所示的运行结果。

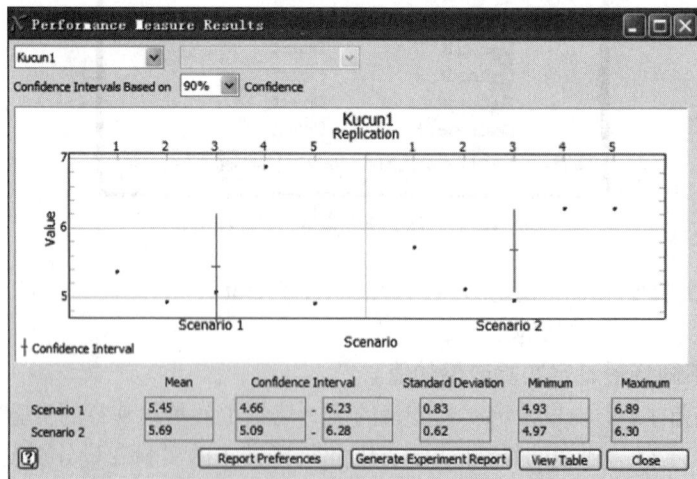

图 10-13　绩效指标实验结果

由图 10-13 可见，2 个场景下，第 1 个货架的平均库存有所变化。单击 View Table 按钮，即可得到各货架的总输入、总输出和平均库存。利用这些数据，可以计算出 2 个场景下配送中心的利润，从而可以得知采用哪个方案配送中心的收益更大。

将本实验案例的模型保存为.fsm 文件。

除了安全库存和最大库存外，如果上游供应商的供货时间发生变化，配送中心的利润会发生怎样的变化？读者可自行完成用实验控制器对上述场景的分析。

10.3 OptQuest 优化器

仿真优化就是寻找最佳的参数值，从而让模型的性能最优。Flexsim 软件提供了 OptQuest 优化器功能，用来优化模型中的变量，以最大化某些特定的输出变量。OptQuest 优化器通过菜单 Statistics→OptQuest 访问，其界面如图 10-14 所示。

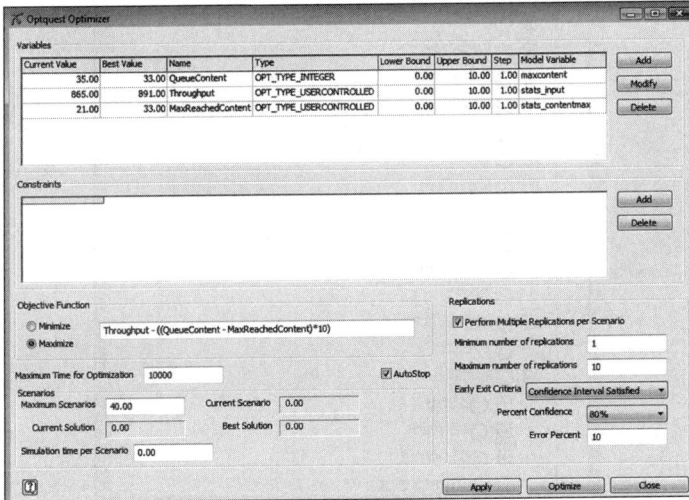

图 10-14　OptQuest 优化器界面

10.3.1　决策变量

最优化设计的第一步是定义模型的决策变量。决策变量通常从问题的目标获得。例如，要解决的问题是：此区域需要多少台机器可获得最佳生产量？此问题陈述定义了模型的两个变量：处理器容量的最大值和模型的产量。这两个变量有不同的用途，容量最大值是要对其进行改变而进行仿真实验的，即决策变量，而产量作为结果反馈来体现改变的效果，即目标函数。

若要增加一个决策变量，可点击图 10-14上方 Variables 组框里的"Add"按钮，即可在变量表中添加一个新的变量。用"Delete"按钮可删除变量。选中变量后，点击"Modify"按钮，即可打开如图 10-15 所示的视窗对该变量进行编辑。

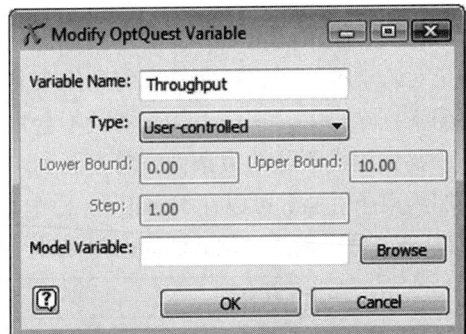

图 10-15　编辑新变量

图 10-15 中，Variable Name 是决策变量的名称，可被 OptQuest 使用。Type 是每个变量的类型，如 Continous（连续型）、Discrete（离散型）、Integer（整数型）或 User-controlled（用户控制型）等。用户控制变量是"反馈"变量，其值在 OptQuest 实验过程中不会改变，但可以

当做输出变量使用，以得到关于不同场景的效果的反馈。而其他类型的变量的值在最优化实验过程中都会被改变。

指定了变量的名称和类型后，点击"Browse"按钮，将打开如图 10-16 所示的树浏览视窗，可从中选择需要的模型节点作为 Model Variable 与决策变量关联起来。注意，必须选择具有数值数据的节点，否则最优化将不能正常进行。

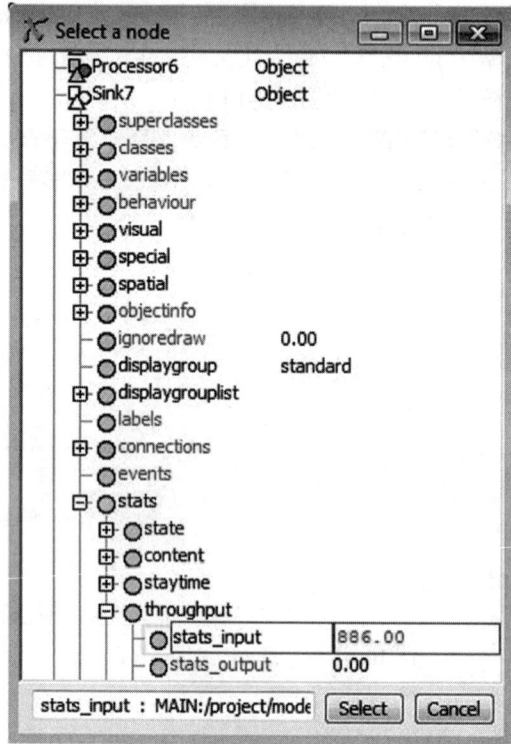

图 10-16　选择模型节点的浏览树

10.3.2　约束条件

定义了决策变量后，需要定义最优化的约束条件。在最优化过程中，优化器将根据决策变量对若干种场景进行实验。每个约束具有一个表达式，约束用来将不能满足约束条件的某些场景剔除出去，这样，优化器就不会将一个无效场景选作最优化方案。

要添加或删除约束条件，单击图 10-14 中 Constraints 组框中的 Add 或 Delete 按钮即可。添加约束条件后，可以在 Equations 栏中直接输入。例如，如果模型中暂存区的最大容量不能超过 15，可以输入"MaxContent < 15"，如图 10-17 所示。

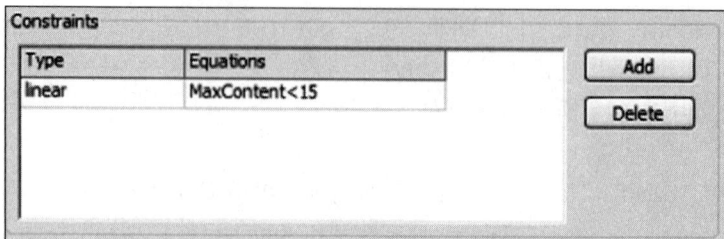

图 10-17　输入约束条件

10.3.3 目标函数

根据模拟的要求，目标函数是想要最大化或最小化的一个表达式。目标函数可以是一个简单的表达式，例如，假设有一个决策变量为"Throughput（产量）"，表达式是"Throughput"，然后选择 Maximum，意味着目标函数是产量最大。目标函数也可以是收入相对成本的评价。例如，如果每个产品产出 5.00 元，每台机器成本（根据仿真运行长度进行加权）是 50.00 元，模型中的机器数是 MaxNroProcessors，则目标函数是（Throughput ∗ 5.00）−（MaxNrofProcessors ∗ 50.00），如图 10-18 所示。

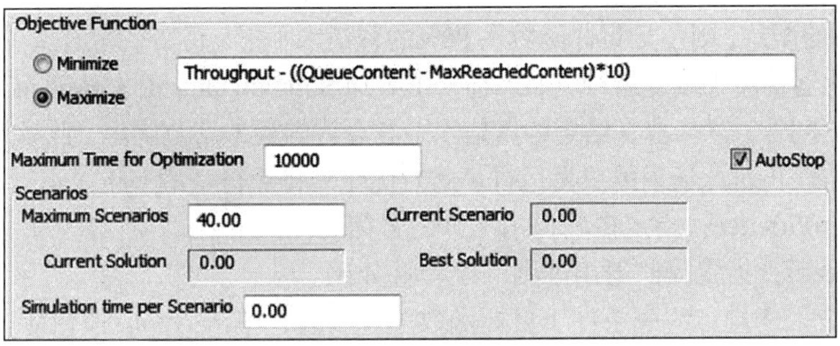

图 10-18　目标函数

可以设置的模型停止条件包括最大优化时间和自动停止。

Maximum Time for Optimization：指定优化运行最长时间，即优化器进行优化计算所花费的真实时间的最大值。

AutoStop：如果选中此复选框，那么当目标函数的值停止改进时停止优化计算。Flexsim 默认的设置是当发现优化方案的目标函数值经过 100 次循环后，其改变小于 0.0001 时，停止优化。

优化可以设置的场景参数如下。

Maximum Scenarios：指定优化的最大场景数。这是优化器将采用的不同场景个数的最大值。一个场景是优化器搜索的一个配置。

Current Scenario：正在进行实验的当前场景编号。

Current Solution：当前场景的目标函数的值。

Best Solution：目前为止最佳场景的目标函数的值。

Simulation time per Scenario：指定每个场景的仿真时间。这是优化器在每个场景上花费的最大仿真时间。一旦到达这个时间，优化器将立即停止当前场景的演算。

10.3.4 最优解的置信度

如果是确定性仿真，不需要考虑本节的设置。但由于仿真解决的问题通常都具有随机性，因此仿真优化也需要对一个给定的场景进行多次仿真来提高目标函数的均值的可信度，可用图 10-19 中的 Replication 组框来指定重复运行次数。

Perform Multiple Replications per Scenario：如果选中此复选框，仿真优化器将对每个场景进行大于一次的运行。

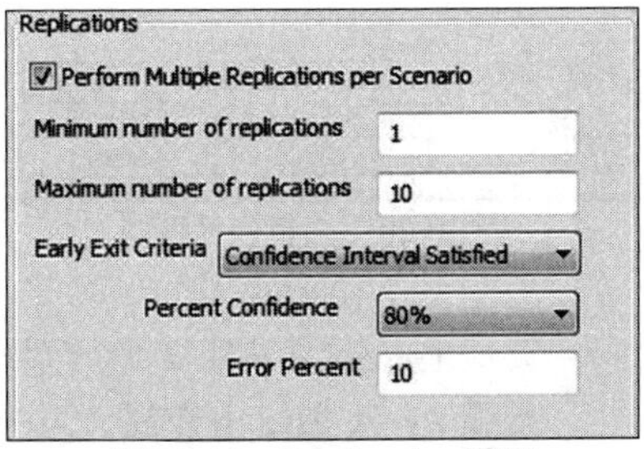

图 10-19　Replication 设置

Minimum number of replications：指定每个场景需要运行的最少次数。如果没有提前退出准则，则优化器将总是重复运行"最少重复运行次数"次。

Maximum number of replications：指定每个场景重复运行的最多次数。如果有提前退出准则，优化器将运行到准则被满足，或者到最多重复次数，而停止场景的重复运行。

Early Exit Criteria：指定提前退出准则。如果选择 No Early Exit 选项，表示没有提前退出准则，那么对每个场景，优化器将运行"最少重复运行次数"次。如果选择 Confidence Interval Satisfied 选项，表示以满足置信区间为准则，意味着当优化器能够确定此场景在给定的置信水平和误差百分数下的目标函数的真实平均值时，即立即停止重复运行。例如，如果指定 80%的置信水平和 5%的误差，则一旦目标函数在 80%的置信水平下，真实平均值落在均值样本的 5%区间内时，优化器就停止重复运行。如果选择了 Best Solution Outside Confidence 选项，表示最佳解答在置信区间外，意味着在给定的置信水平和允许的误差率范围内，此场景无法获得最优方案，优化器将停止对此场景的重复运行。此时优化器将运行"最多重复运行次数"次。

Percent Confidence：指定提前退出准则的置信区间。

Error Percent：指定提前退出准则的误差百分比。

配置完了决策变量、约束条件、目标函数等参数后，单击 Apply 按钮应用所做的配置，然后单击 Optimize 按钮，即开始最优化，之后会有一条消息告知优化过程结束。注意，在最优化之前，要 Reset 模型对其进行编译。优化过程中，不要进行其他任何操作。

10.4　仿真优化实验

前面 10.2 节的方案比选实验，通过仿真控制器比较了最大库存和安全库存分别为 20 和 10，以及 25 和 15 的两个方案，从而在两个方案中选取了让配送中心利润较大的方案。现在考虑一下，如果想知道配送中心的总库存不超过 100 的情况下，最大库存的可能取值在 20～40 变化，什么情况下配送中心的利润最大？显然，这就是要寻找让配送中心利润最大的方案，可以用 OptQuest 优化器来实现。

步骤 1：添加仿真优化器。

载入 10.2 节的模型。

单击菜单 Statistics→OptQuest，为模型添加仿真控制器。

步骤 2：添加决策变量。

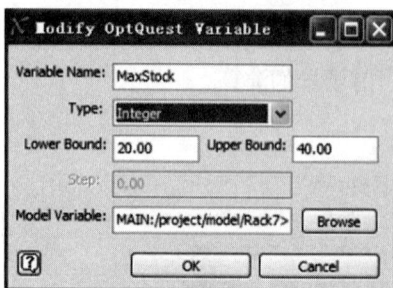

图 10-20　编辑决策变量

由于要考虑 3 个货架的最大库存变化对利润的影响，因此，3 个货架的库存为决策变量。

首先，指定第一个货架的最大库存。单击 Add 按钮添加 1 个决策变量，将变量命名为 MaxStock，由于库存值总是整数，因此变量类型指定为 Integer。其次，库存的可能取值在 20～40，因此将 Lower Bound 指定为 20，Upper Bound 指定为 40。由于最大库存对应于货架的标签 entry，因此单击 Browse 按钮，在打开的浏览树里选择 Rack7 的 Label 中的 entry 作为关联的模型节点，如图 10-20 所示。

类似地，指定其他 2 个货架的最大库存作为决策变量。

步骤 3：添加输出变量。

由于约束条件要用到货架的当前容量，而计算配送中心的利润需要用到货架的输入、输出和平均容量，因此需要把这些变量作为输出变量。

首先添加第一个货架的当前容量。单击 Add 按钮添加 1 个新变量。将新变量命名为 cur_content1，由于是输出变量，类型设为 User-controlled。然后单击 Browse 按钮，在打开的浏览树里选择 Rack7 的 stats 中 content 中的 stats_content 作为关联的模型节点，如图 10-21 所示。

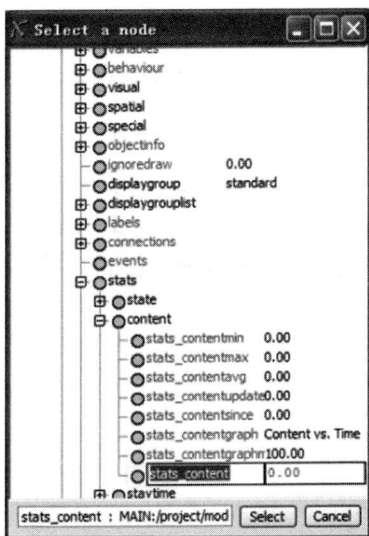

图 10-21　关联当前容量模型节点

类似地，将 3 个货架的当前容量、输入、输出和平均容量均设为输出变量。最后定义完毕的变量如图 10-22 所示。

Variables

Current Value	Best Value	Name	Type	Lower Bound	Upper Bound	Step	Model Variable
0.00	0.00	MaxStock	OPT_TYPE_INTEGER	20.00	40.00	1.00	entry
0.00	0.00	MaxStock2	OPT_TYPE_INTEGER	20.00	40.00	1.00	entry
0.00	0.00	MaxStock3	OPT_TYPE_INTEGER	20.00	40.00	1.00	entry
0.00	0.00	content1	OPT_TYPE_USERCONTROLLED	0.00	0.00	0.00	stats_content
0.00	0.00	input1	OPT_TYPE_USERCONTROLLED	0.00	0.00	0.00	stats_input
0.00	0.00	output1	OPT_TYPE_USERCONTROLLED	0.00	0.00	0.00	stats_output
0.00	0.00	avacon1	OPT_TYPE_USERCONTROLLED	0.00	0.00	0.00	stats_contentavg

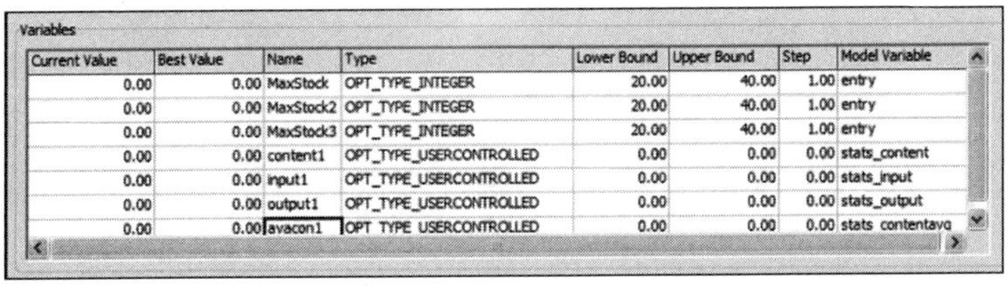

图 10-22　定义好的变量

步骤 4：设置约束条件。

配送中心的总库存不能超过 100 需要设为模型的约束条件。为此，在 Constraints 组框里添加 Add 增加一个约束条件，在 Equations 里输入 content + content2 + content3 < 100，如图 10-23 所示。

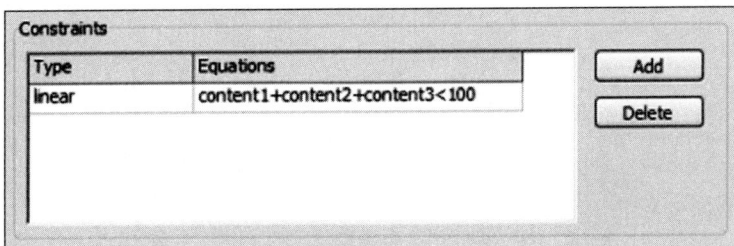

图 10-23　设置约束条件

步骤 5：设置目标函数。

优化的目标是配送中心的利润最大。配送中心的利润是配货收入扣除进货收入及存货成本，因此，设定目标函数如图 10-24 所示。

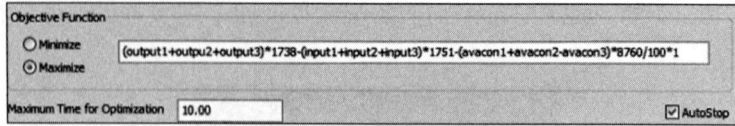

图 10-24　设置目标函数

步骤 6：运行优化。

设置好运行时间、重复运行等优化参数后，单击 Apply 按钮应用所做的设置，然后单击 Optimize 按钮运行优化。当优化结束后，会弹出 Optimization has finished 的提示消息，此时即可在变量列表中的 Best Value 列查看 OptQuest 找到的最优决策变量值，从而得到配送中心最大库存的最优方案。

11 案例：多层仓库入库仿真

11.1 案例描述

某仓库为 2 层结构。仓库需入库三种产品，每天上午定时进货，入库情况见表 11-1。

表 11-1 仓库入库数据

时间	进货类型	进货数量
8：00	A + B	30 + 20
9：00	B + C	20 + 10
10：00	C	10

货物运到仓库后，先卸货到入库暂存区。其中 20%的货物拟直接发往外地，故不需入货架，直接由叉车搬运到出货区。其余 80%的货物，由操作员搬去进行贴条码操作后(耗时服从 1~2 分钟的均匀分布)，需要入货架。

要入库的货物需分货架存放，因此先要通过分拣传送带分拣。其中，产品 A 是小件货物，拟通过货梯存放在仓库的 2 楼，需每 5 个产品用托盘存放(装盘时间服从均值为 2 分钟的指数分布)。产品 B 和 C 是大件货物，存放在仓库的 1 楼，直接放入货架。

11.2 合 成 器

合成器(Combiner)用来把模型中行进通过的多个临时实体组合在一起。它可以将临时实体永久地合成在一起，也可以将它们打包，在以后某个时间点上还可以再将它们分离出来。合成器首先从输入端口 1 接收一个临时实体，然后才会从其他输入端口接收后续的临时实体。用户指定从输入端口 2 及更大序号的端口接收的临时实体的数量。只有当用户要求的后续临时实体全部到达后，才开始对预置/处理时间计时。

合成器是处理器的一个子类，因此，其 Process Time、Breakdown 等标签页均和处理器相同，此处不再详述。其特有的标签页为 Combiner 标签页，如图 11-1 所示。

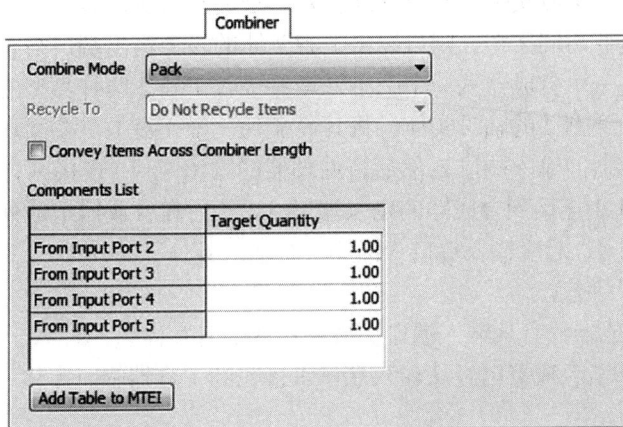

图 11-1 Combiner 标签页

Combine Mode：指定合成器的合成模式。合成器有三种操作模式：装盘（Pack）、合并（Join）与分批（Batch）。在装盘模式下，合成器将从输入端口 2 与更高序号的输入端口接收到的所有临时实体全部移入到由输入端口 1 接收的临时实体中，然后释放此容器临时实体，用托盘拼装货物可以用此模式。在合并模式下，除了从输入端口 1 接收到的那个临时实体，合成器将破坏掉其余所有的临时实体。在分批模式下，合成器仅在收集到本批次的临时实体并完成了预置和处理时间后才释放所有临时实体。

Recycle To：只有合并模式才可用。合并模式下，合成器将把输入端口 1 以外的端口输入的临时实体合并并破坏。此时可以指定把这些临时实体破坏掉或放入临时实体箱。

Convey Items Across Combiner Length：如果选中此复选框，在处理过程中，临时实体将从合成器的一端传送到另一端。

Components List：指定合成器在完成收集并送往下游节点之前需要收集的每种类型临时实体的数量。合成器把从输入端口 1 输入的临时实体作为容器，且一次合成只接收一个。表中各行代表从输入端口 2 和更大输入端口号输入的临时实体。当连接实体到合成器的输入端口时，组成列表会自动更新。但要注意，如果在打开此视窗的情况下增加额外的连接，需要关闭参数视窗并重新打开，以便使改变注册生效。

Target Quantity：指定每一次合成操作需要从相关输入端口接收的临时实体的数目。

合成器一旦收集到一个批次的量，就经历预置和处理时间，并根据 Process 标签页中所做的定义调用操作员进行预置和处理操作。

注意，对合成器来说，拉入模式无效。

如果合成器正在接收容器临时实体，即端口 1 的临时实体时，它只允许一个临时实体进入，也就是那个容器临时实体。一旦容器临时实体到达，合成器即允许组成列表中的所有临时实体同时进入。

提示：合成器被配置为总是从输入端口 1 接收一个临时实体。如果采用合并或分批模式，可能需要输入端口 1 接收 1 个以上的临时实体。简单的做法是将上游实体同时连接到合成器的输入端口 1 和 2，然后在组成列表中的第一行中，输入一个比所需要收集的临时实体数少 1 的值。则合成器将从输入端口 1 接收 1 个，从输入端口 2 接收所需的其余数量。另一种方式是给模型添加一个生成器，将其连接到合成器的输入端口 1，并将生成器的到达时间间隔设为 0。

提示：如果有一个上游实体，它可容纳多种类型的临时实体，而用户需要在合成器的组成列表中分别显示这些不同类型，则可以将上游实体的多个输出端口与合成器的多个输入端口连接起来。例如，一个合成器从一个上游处理器接收 1 和 2 两种类型的临时实体。需要收集 4 个类型 1 和 6 个类型 2 的临时实体，将其装盘到一个托盘上。要实现此过程，首先将托盘发生器连接到合成器的输入端口 1，然后将处理器的输出端口 1 连接到合成器的输入端口 2，将处理器的输出端口 2 连接到合成器的输入端口 3。然后在合成器组成列表中，在对应输入端口 2 的那一行输入 4，对应输入端口 3 的那一行输入 6。

合成器具有以下状态。

空闲（Idle）：合成器没有从输入端口 1 接收容器临时实体。

收集（Collecting）：合成器已经从输入端口 1 接收到了容器临时实体，正在收集余下的临时实体。

预置（Setup）：合成器处于用户定义的预置时间内。

处理（**Processing**）：合成器处于用户定义的处理时间内。

阻塞（**Blocked**）：合成器已释放临时实体，但是下游实体还没有准备好接收它们。

等待操作员（**Waiting for Operator**）：合成器在等待操作员的到达，从而进行中断维修或是对某批次进行操作。

等待运输机（**Waiting for Transporter**）：合成器已释放一个临时实体，下游实体也准备好接收它，但是运输机还没将它捡取。

停机（**Down**）：合成器中断停机。.

11.3 案 例 实 现

现在对 11.1 节描述的案例建模。

步骤 1：建立多层仓库。

模型中涉及的是仓库的二楼，因此首先构建仓库的空间架构。

由于 Vistual Tool 可以用作 Plane，因此，仓库的地板与墙面，可以用 Visual Tool 来表示。从 Library 中拖入 5 个 Visual Tool 放入模型区，分别作为一楼、二楼的地板及 3 面墙面。通过调整 Visual Tool 的 x、y、z 三个方向的坐标、尺寸与旋角，达到如图 11-2 所示的效果。其中二楼的 z 坐标均设为 3。

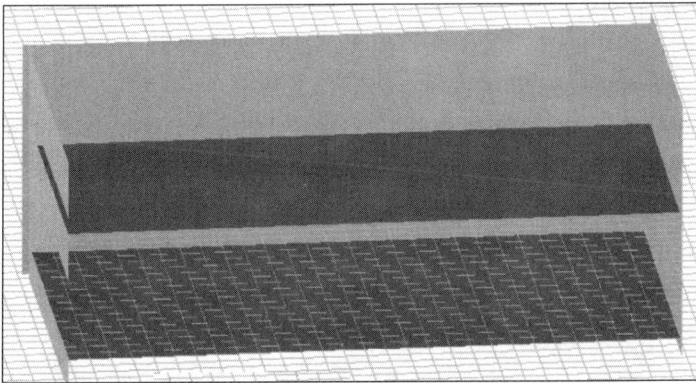

图 11-2 建立仓库的空间构架

步骤 2：建立模型。

根据案例描述，确定 Flexsim 实体见表 11-2。

表 11-2 模型中的 Flexsim 实体

实体	功能	实体	功能
Source	模拟货物到达	Conveyor	模拟货物分拣
Queue_in	模拟入库暂存区，用于产品卸货	Conveyor1-3	模拟分拣完的货物的传送
Queue_out	模拟出库暂存区	Transporter	将货物 B、C 搬运上货架
Transporter	将直接出库的货物搬运到出库暂存区	Elevator	模拟货梯
Operator	将直接出库的货物搬运到出库暂存区，将入库货物搬去打条码	Source_Pallet	生成托盘
		Combiner	模拟货物 A 装盘
Processor	模拟打条码的过程	Transporter	将装盘后的货物 A 放入货架

从 Library 中拖入表 11-2 所列实体放入模型区，然后按照流程顺序将上述实体连接起来（注意任务执行器需要用中间端口连接）。最后的模型如图 11-3 所示。

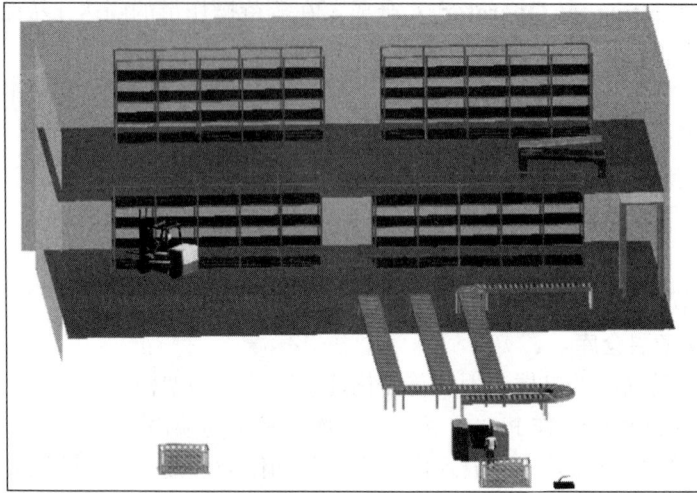

图 11-3　模型布局

步骤 3：设置货物到达参数。

由于货物的到达是定时到达，因此将发生器的到达模式设为 Arrival Schedule 模式。假设模型开始时间为 8：00，则在 0 时刻货物到达。从表 11-1 可见，8：00 到达的货物包括 30 件货物 A 和 20 件货物 B，因此在 Schedule 表中对应输入 2 行。由于进货是 24 小时重复，因此最后加入一行，时刻为 1440，但货物数量是 0，同时重复 Schedule 列表。发生器的设置如图 11-4 所示。

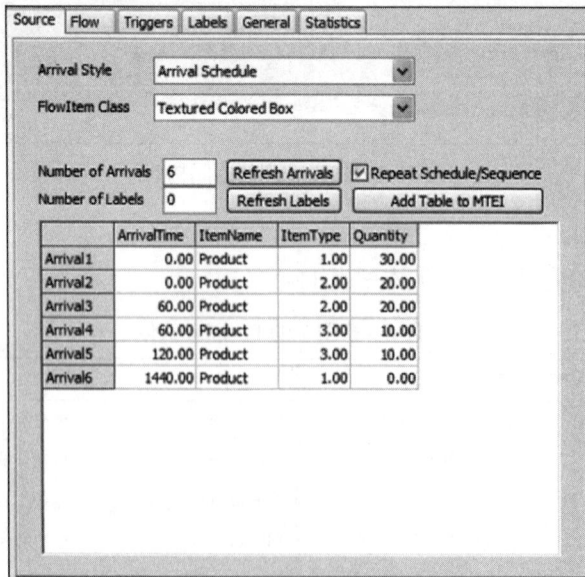

图 11-4　Source 参数设置

为了区分不同货物，在 Source 的 OnCreation 触发器里选择 Set Color By Value，将不同的货物设置为不同的颜色。

步骤 4：设置入库暂存区参数。

货物卸到入库暂存区后，有 20%的货物要直接发送到出库暂存区，80%的货物要送去
Processor 贴条码，这些操作由 Operator 完成。因此，在入库暂存区的 Flow 标签页中，选中
Use Transporter 选项，并把 Send To Port 参数设置为如图 11-5 所示。

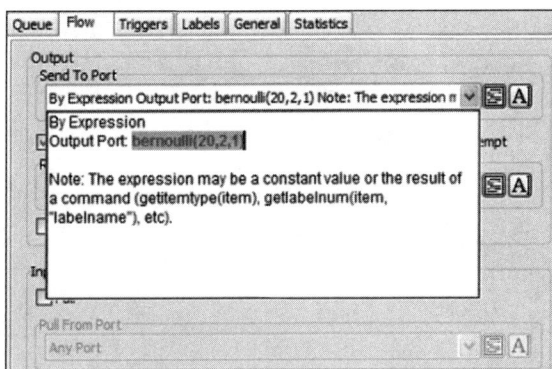

图 11-5 入库暂存区 Flow 参数设置

步骤 5：设置贴条码 Processor 参数。

贴条码操作是一个过程，因此用 Processor 进行模拟。其花费时间服从 1～2 分钟的均匀
分布，因此将其 Process Time 参数设置为 Uniform（1，2）即可。

步骤 6：设置分捡传送带参数。

分捡传送带对不同货物进行分捡，之后送到不同的传送带。因此，需要设置其 Send To Port
参数，如图 11-6 所示。

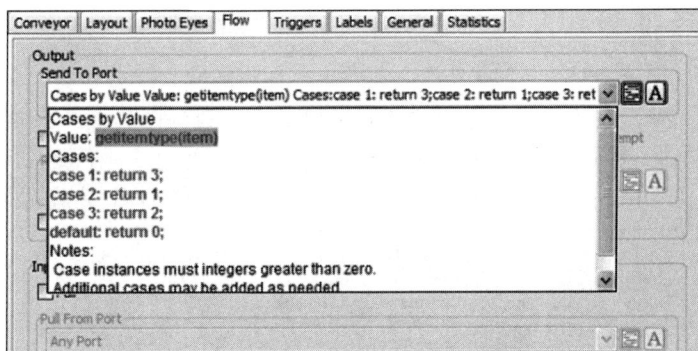

图 11-6 分捡传送带 Flow 参数设置

步骤 7：设置传送带参数。

传送带 1 和 2 对应的是货物 B 和 C，这两种货物需要由叉车放入 1 楼的货架。因此，使
用中间端口连接将叉车分别与传送带 1 和 2 连接起来，并分别选中传送带 1 和 2 的 Use
Transporter 选项。

传送带 3 对应的货物 A，需要放入 2 楼的货架。要让临时实体在 Z 轴运动，可以通过
Elevator 来实现。因此，将传送带 3 与 Elevator 的中间端口连接起来，并选中传送带 3 的 Use
Transporter 选项。

步骤 8：设置托盘发生器参数。

托盘发生器在模型中的作用主要是提供托盘。为了提供足够的托盘，应该让托盘的到达

时间间隔尽可能的小，因此将 Inter-Arrival Time 参数设为 1 即可。

　　步骤 9：设置合成器参数。

　　合成器在模型中的作用主要是将 5 个货物 A 装盘，装盘时间服从均值为 2 分钟的指数分布。因此，首先将合成器的 Processor Time 参数设为 Exponential(0，2)。然后，设置合成器的 Components List，如图 11-7 所示。

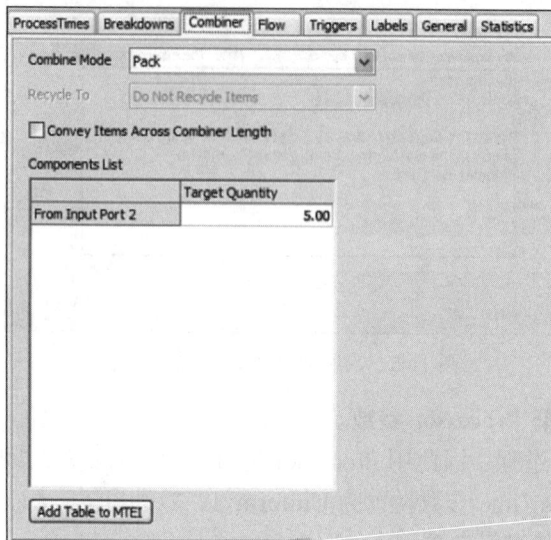

图 11-7　合成器 Combiner 参数设置

　　为了让装盘后的货物均匀放在楼上 2 个货架，将 Combiner 的 Send To Port 参数设为 Uniform(1，2)即可。

　　步骤 10：运行模型。

　　重置并运行模型。可以看到，货物到达后堆放在入库暂存区，操作员将货物搬运到出库暂存区或条码处理器，然后货物通过分捡传送带分捡，分别通过 3 条传送带送到不同的货架，其中红色的货物通过电梯送到 2 楼装盘后放入 2 楼的货架。模型运行过程如图 11-8 所示。

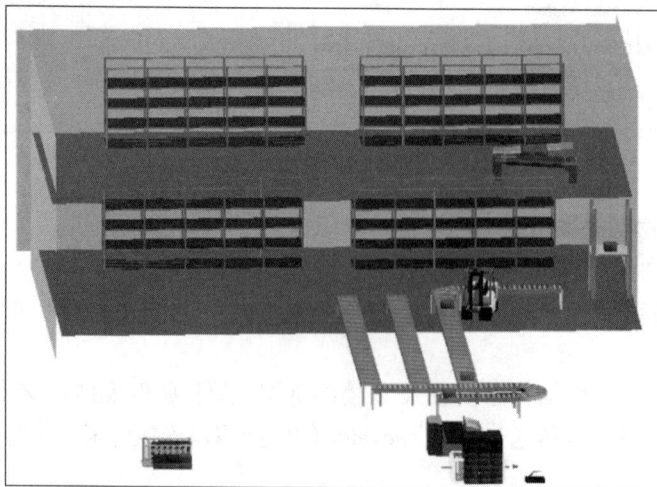

图 11-8　运行中的模型

　　本章案例对多层仓库的入库进行了仿真模拟。当要在模型中放置一些可见的但不参与模型的物品时，通常用 Visual Tool 来实现。案例综合应用了发生器、暂存区、传送带、货架、合成器等实体，模拟了简单的仓库入库过程，读者要理解并掌握建模思路。本章只简单模拟了仓库的入库过程，出库过程并未涉及，读者可在学习第 12 章的案例后自行练习。

12 案例：工厂生产库存仿真

12.1 案例描述

某工厂每天接受客户订单，订单以服从均值为 90 分钟的指数分布的时间间隔到达。每张订单可能订购 1～3 种规格的产品，产品订购数量服从均匀分布，见表 12-1。

表 12-1 产品订购数量

产品规格	规格 1	规格 2	规格 3
最小订购数量	1	1	1
最大订购数量	4	5	3

工厂接到订单后，要对半成品进行加工。各种规格的产品的加工时间服从正态分布，相关参数见表 12-2。

表 12-2 产品加工时间　　　　　　　　　　　　　　　（单位：分钟）

产品规格	规格 1	规格 2	规格 3
均值	22.5	18	30
标准差	0.8	0.5	2.3

产品加工完成后，要对产品进行托盘拼装，每次把同一张订单的所有产品拼装在一个托盘上。拼装时间服从 1.5～2.5 分钟的均匀分布。拼装完成后即发送给客户。

工厂初始的半成品库存均为 60 个，最大库存均为 200 个。当某种半成品的库存低于 100 时，即向上游供应商提出订货。上游供应商的供货时间为订购数量*10 分钟。假设工厂 24 小时连续生产，建立模型，模拟 30 天的运行情况，并对运行情况进行分析。

12.2 案例实现

步骤 1：建立模型。

根据案例描述，确定 Flexsim 实体见表 12-3。

表 12-3　模型中的 Flexsim 实体

实体	功能	参数
Source_Order	模拟订单到达	到达时间为 exponential（0，20）
Queue_Order	模拟订单队列	
Combiner	模拟产品装盘	动态设定 Components List
Rack_P1	模拟规格 1 半成品的库存	初始库存 100，最大库存 500
Rack_P2	模拟规格 2 半成品的库存	初始库存 100，最大库存 500
Rack_P3	模拟规格 3 半成品的库存	初始库存 100，最大库存 500
Conveyor_P1	模拟规格 1 半成品的捡货	传输速度 0.8
Conveyor_P2	模拟规格 2 半成品的捡货	传输速度 0.833

续表

实体	功能	参数
Conveyor_P3	模拟规格 3 半成品的捡货	传输速度 1.17
Processor_P1	模拟规格 1 半成品的加工过程	Normal（22.5，0.8）
Processor_P2	模拟规格 2 半成品的加工过程	Normal（18，0.5）
Processor_P3	模拟规格 3 半成品的加工过程	Normal（30，2.3）
Queue_P1	模拟规格 1 半成品的供应商	
Queue_P2	模拟规格 2 半成品的供应商	
Queue_P3	模拟规格 3 半成品的供应商	
Sink	模拟装盘后的产品发送	

从 Library 中拖入表 12-3 所列实体放入模型区，按照流程进行连接，注意 Queue_Order 必须对应着 Combiner 的输入端口 1。连接完成的模型如图 12-1 所示。

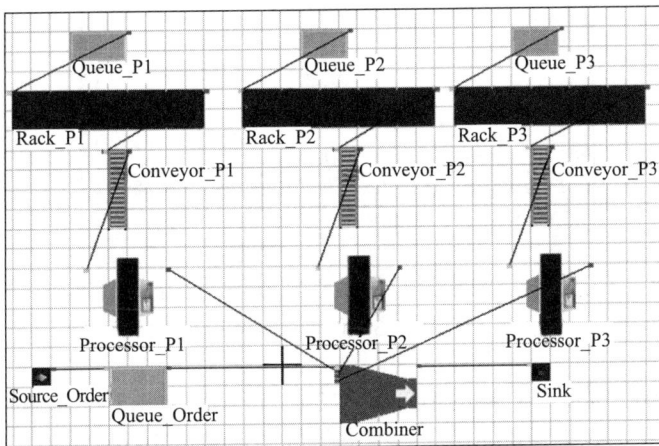

图 12-1 案例模型正投影视图

步骤 2：创建新的 FlowItem bin。

单击菜单 Tools→Flowitem Bin，打开临时实体箱视窗，如图 12-2 所示。

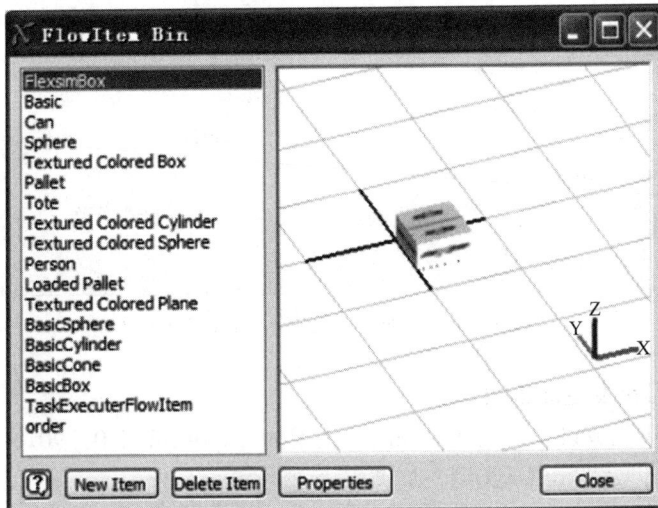

图 12-2 FlowItem Bin 视窗

单击 New Item 按钮创建新的临时实体类别，如图 12-3 所示。将名称定义为 order，单击 Add Number Label 按钮，添加一个新的数字标签，将其命名为 ordertable，然后单击 Label Table 按钮为其创建标签表，设为 3 行 1 列(图 12-3)。该标签表用于记录每个订单中 3 种规格产品的订购数量。

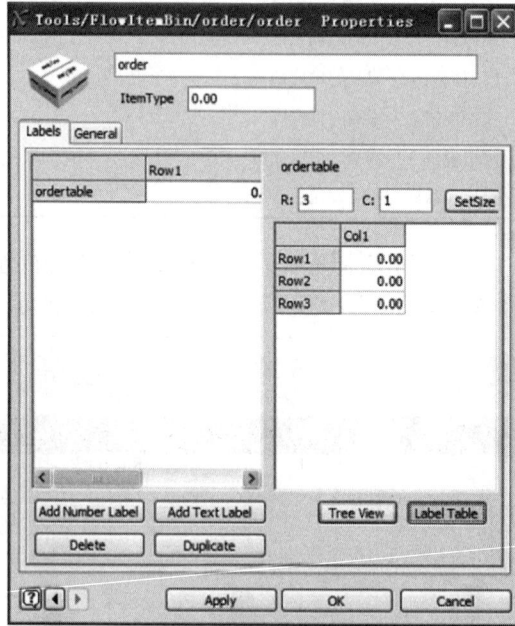

图 12-3　创建标签表

由于对每个订单，需要将订购的不同规格的产品装盘发送，因此，同时把该临时实体作为订单的容器。从视觉效果考虑，将该临时实体的图标指定为托盘更逼真，为此，将其 3D 形状指定为托盘的形状，如图 12-4 所示。

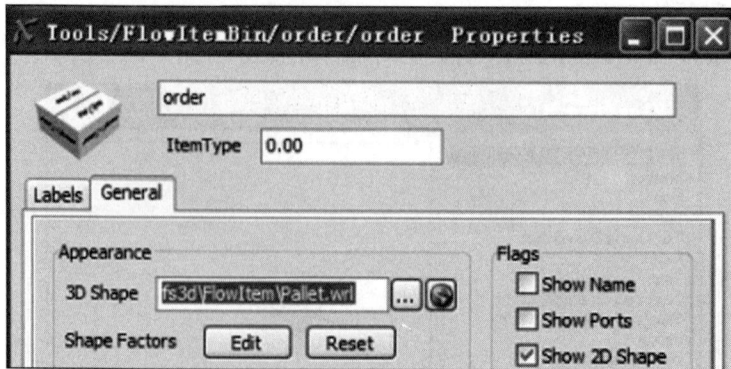

图 12-4　指定临时实体类别 order 的 3D 形状

步骤 3：设置订单发生器参数。

订单发生器用于生成订单，到达时间间隔指定为 exponential(0，90)，并将其 FlowItem Class 指定为步骤 2 创建的 order 类型，如图 12-5 所示。

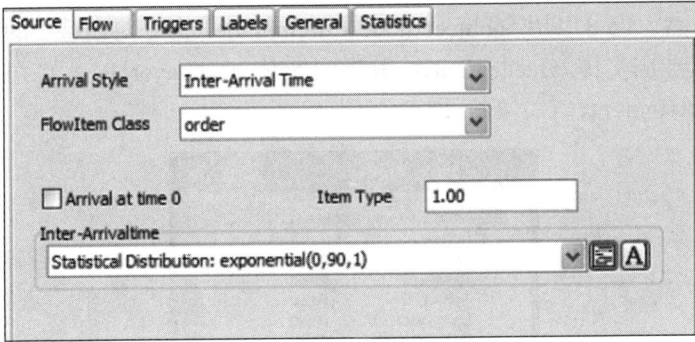

图 12-5　设定订单发生器参数

由于每个订单的订购数量是随机数，因此在订单发生器的 OnCreation 触发器里要生成各种规格产品的订购数量。单击 OnCreation 触发器的 "A" 代码编辑按钮，写入图 12-6 所示的代码，将 3 种产品的订购数量写入临时实体 order 的标签表，如图 12-6 所示。

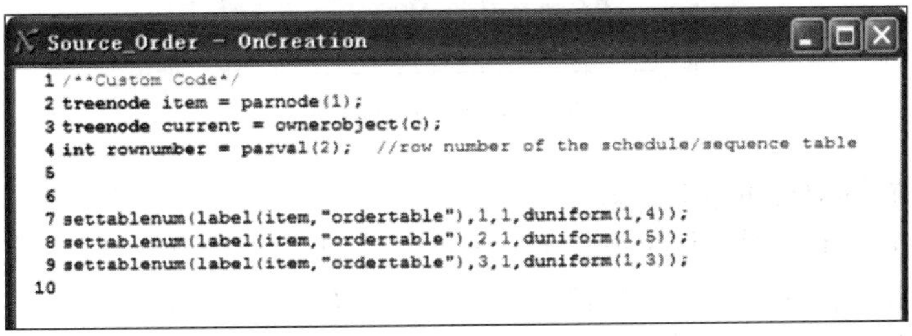

图 12-6　订单发生器 OnCreation 触发器

步骤 4：设定订单队列参数。

订单到达后，工厂需要根据订购数量来加工半成品。因此，当订单离开订单队列时，需要告诉分捡传送带从库存捡货，捡货数量即为订购数量。为此，在订单队列的 OnExit 触发器里发送即时消息给分捡传送带，如图 12-7 所示。

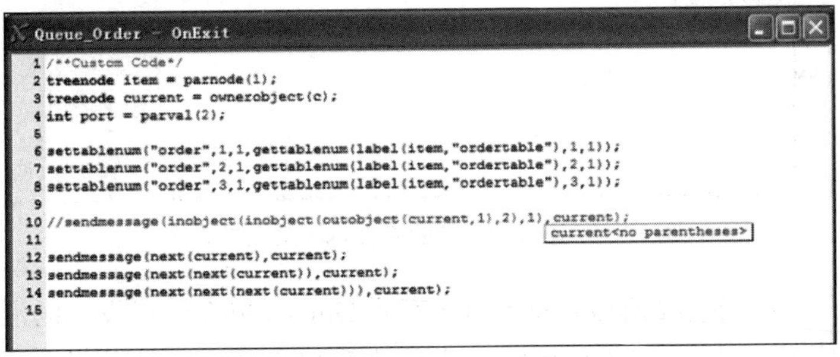

图 12-7　订单队列 OnExit 触发器设置

图 12-7 中，settablenum 命令主要是把订单实体的标签表中的订购数量写入全局表 order。全局表 order 主要用于控制从工厂库存中分捡的半成品数量。Sendmessage 命令是向相关实体发送即时命令，其中的 next(current) 表示对模型树中当前实体节点的下一个节点的引用。

Flexsim 模型中，要访问其他节点，可以通过模型树的顺序进行访问。本模型的模型树如图 12-8 所示。从图可见，Queue_Order 实体的下一个实体为 Conveyor_P1，因此，对 Queue_Order 实体而言，next(current) 即为实体 Conveyor_P1。可以类推，next(next(current)) 即为实体

Conveyor_P2。当然，也可以用 inobject（node，portnumber）命令对模型中的其他实体进行访问，比如本例中要在实体 Queue_Order 中访问实体 Conveyor_P1，也可以写成 inobject（inobject（outobject（current，1），2），1）。

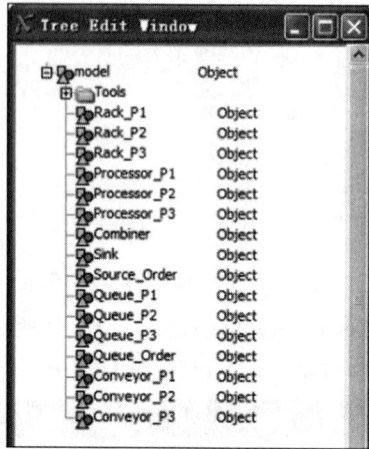

图 12-8　模型树视窗

步骤 5：设置 Conveyor_P1 参数。

实体 Conveyor_P1 主要实现半成品 1 的分捡。模型开始运行时，没有接到订单，应该不从库存拿货，因此，初始状态下，其输入端口应该是关闭的。为此，在其 OnReset 触发器里关闭输入端口，如图 12-9 所示。

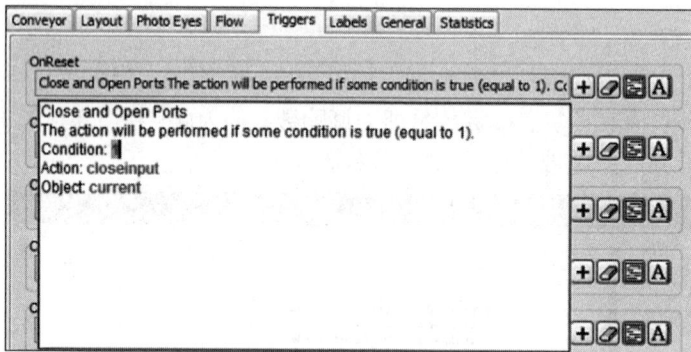

图 12-9　分捡传送带的 OnReset 触发器设置

当订单到达后，即当接收到 Queue_Order 实体 OnExit 触发器里发来的消息后，意味着需要从库存捡取半成品，因此，在 Conveyor_P1 实体的 OnMessage 触发器里，要打开其输入端口，如图 12-10 所示。

打开输入端口捡取半成品后，应该在捡取足够数量的半成品后关闭输入端口。为此，需要记录每一份订单已经捡取的半成品数量。但 Flexsim 软件提供的吞吐量 Statistics 数据中只有实体累计的输入和输出。因此，在模型中新建 1 个全局表 send，用于记录某订单捡取的半成品数量，如图 12-11 所示。注意，该全局表应选择 Clear on Reset 复选框，因为在重置模型时该全局表中的数量应清零。

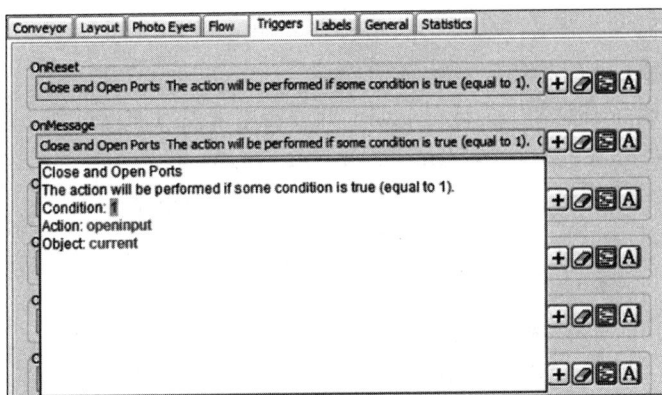

图 12-10 分捡传送带的 OnMessage 触发器设置

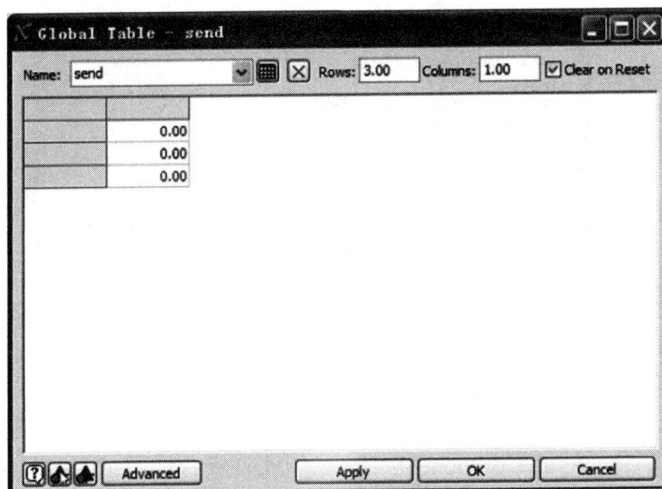

图 12-11 建立全局表 Send

在订单队列的 OnExit 触发器中，已经将当次订单的订购数量写入了全局表 order。因此，当半成品进入分捡传送带 Conveyor_P1 后，比较全局表 send 中的已发送数和全局表 order 中的需订购数，即可知道当次订单需要的货物是否已全部捡取，当全局表 send 中记录的已发送数+1 和全局表 order 中记录的订购数量相同时，关闭分捡传送带的输入端口，从而实现对分捡传送带的输入端口的开闭控制。如图 12-12 所示。

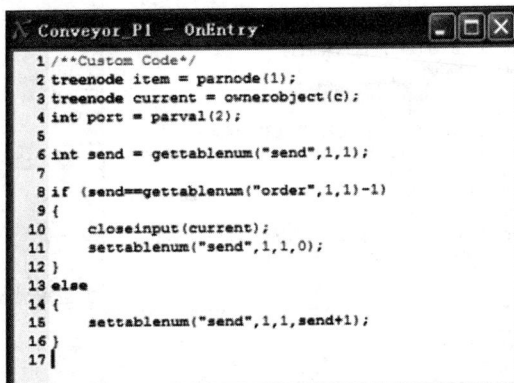

```
1 /**Custom Code*/
2 treenode item = parnode(1);
3 treenode current = ownerobject(c);
4 int port = parval(2);
5
6 int send = gettablenum("send",1,1);
7
8 if (send==gettablenum("order",1,1)-1)
9 {
10    closeinput(current);
11    settablenum("send",1,1,0);
12 }
13 else
14 {
15    settablenum("send",1,1,send+1);
16 }
17
```

图 12-12 分捡传送带的 OnEntry 触发器设置

类似地，设置另外 2 个分捡传送带的参数。

步骤 6：设置加工处理器参数。

分捡出来的半成品需要加工为成品，加工处理器用来模拟加工过程。根据表 12-2 中的加工时间，设置加工处理器的 Process Time 如图 12-13 所示。

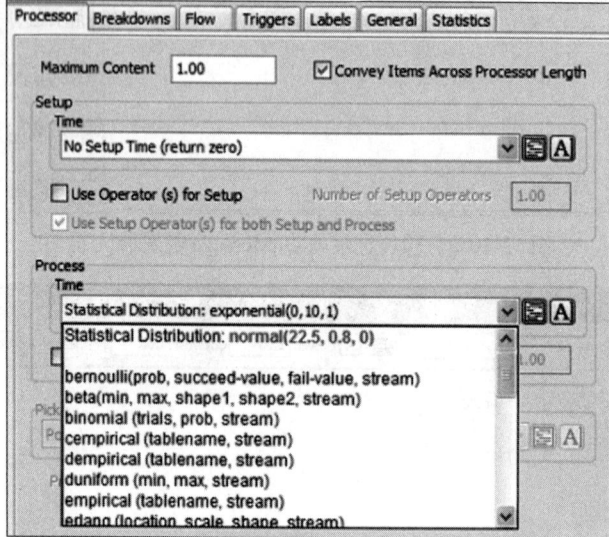

图 12-13 加工处理器的 Process Time 参数设置

类似地，设置另外 2 个加工处理器的参数。

步骤 7：设置 Combiner 参数。

合成器 Combiner 需要把每份订单订购的产品装盘。由于每份订单订购的数量并不相同，因此，需要动态设定合成器的 Components List。为此，在合成器的 OnEntry 触发器里，选择 Update Combiner Component List 选项，从而用全局表 order 里的订购数量数据动态更新装盘列表，如图 12-14 所示。

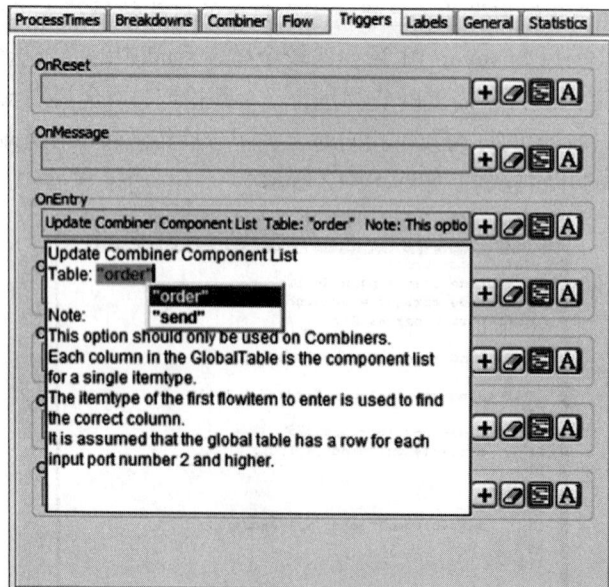

图 12-14 合成器的 OnEntry 触发器设置

步骤 8：设置货架参数。

货架表示工厂的半成品库存。这里，初始库存为 60，因此，模型重置时应该让货架中有 60 个半成品。为此，在货架的 OnReset 触发器里设置如图 12-15 所示。

```
Rack_P1 - OnReset

1 treenode current = ownerobject(c);
2 { //************* PickOption Start *************\\
3
4 /**Create Flowitems*/
5 for (int index = 0; index < 60; index++)
6 {
7   insertcopy(first(rank(node("/Tools/FlowItemBin",model()),5)), current);
8 }
9
10 } //******* PickOption End *******\\
11
```

图 12-15　货架的 OnReset 触发器设置

根据案例数据，工厂的最大库存为 200，当库存低于 60 时开始向上游供应商进货。因此，可以在货架的 OnExit 触发器里判断，当 Content(current)低于 60 时，即向上游订货，订货数量为 200 减去 Content(current)。由于上游供应商的供货时间为订购数量*10 分钟，因此，需要向表示上游供应商的 Queue_P1 发送延时消息。而由于订货有延时，如果每当临时实体流出货架时根据当前容量是否低于 60 的条件来判断是否向上游订货，无疑会出现重复订货的情况。因此，在模型中再加入 1 个全局表 if_order，用于标记是否已经向上游订货，如图 12-16 所示。

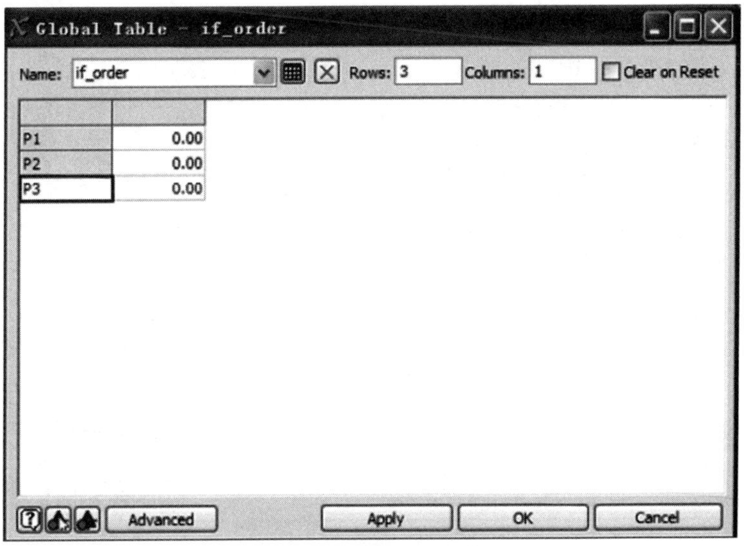

图 12-16　全局表 if_order

有了这个标记，在货架的 OnExit 触发器中，就可以根据订货标记是否为 0（未订货），以及当前容量是否低于 60 两个条件来判断是否需要向上游供应商的 Queue 发送延时消息，并且在订货后需将订货标记改写为 1，如图 12-17 所示。

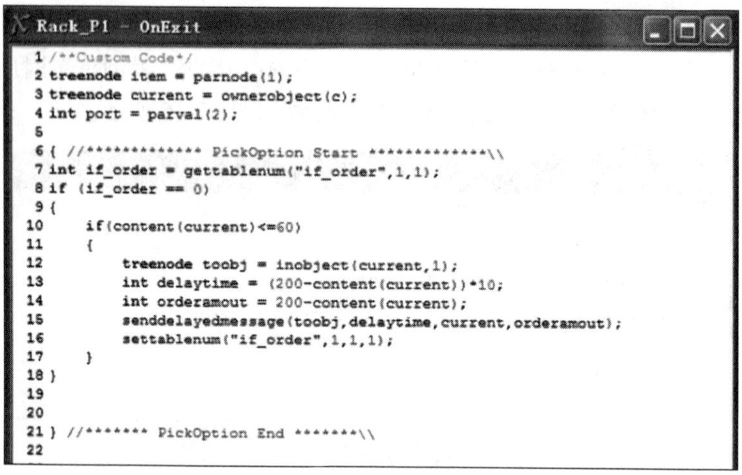

图 12-17　货架 OnExit 触发器设置

类似地，设置另外 2 个货架。

步骤 9：设置上游供应商参数。

表示上游供应商的 Queue 收到货架的消息后，在等待供货时间即消息中所指定的延时后，要向下游货架提供足够的半成品。因此，可以在表示上游供应商的 Queue 的 OnMessage 触发器中，选择 Create Flowitems 选项，创建数量为所收到消息的第 1 个参数，创建类型为 5，如图 12-18 所示。

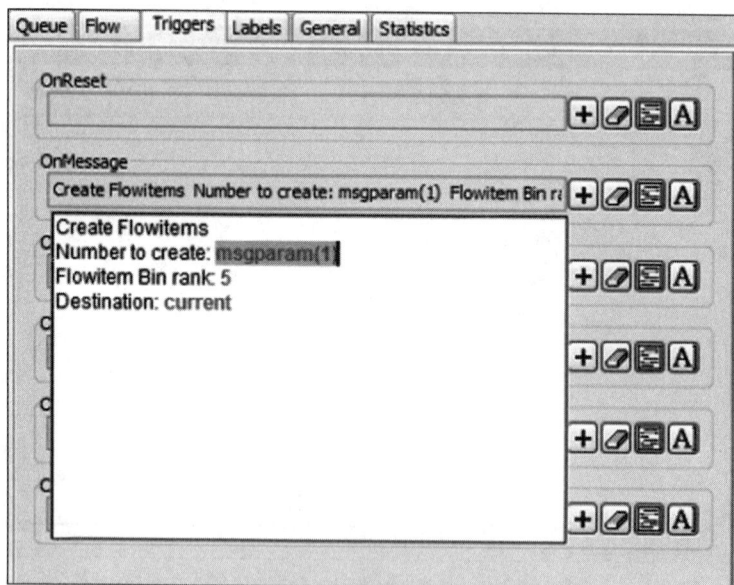

图 12-18　上游供应商 OnMessage 触发器设置

由于创建临时实体后，已经向工厂发货，因此要把产品 1 的订货标记改写为 0，以便工厂的库存低于 60 后可以订货。为此，单击 OnMessage 触发器旁边的"A"按钮，打开其代码编辑窗口，在最后加入改写全局表 if_order 的语句，如图 12-19 所示。

```
1 treenode current = ownerobject(c);
2 { //************* PickOption Start *************\\
3
4 /**Create Flowitems*/
5 /** \nNumber to create: */
6 int numitems = /**/msgparam(1)/**/;
7 /** \nFlowitem Bin rank: */
8 int flowitemrank = /**/5/**/;
9
10 /** \nDestination: */
11 treenode destination = /**/current/**/;
12 /**\n\n*/
13 for (int index = 0; index < numitems; index++)
14 {
15     insertcopy(first(rank(node("/Tools/FlowItemBin",model()),flowitemrank)),
16 }
17
18 settablenum("if_order",1,1,0);
19 } //******* PickOption End *******\\
20
21
```

图 12-19　货架 OnExit 触发器中改写订货标记

类似地，设置另外 2 个上游供应商。

步骤 10：运行模型。

重置并运行模型，可以看到 Source_Order 生成订单后，即从 3 个库存 Rack 捡取需要的半成品，捡取完订单的订购数量后即停止捡货。然后合成器将订单托盘与所订购的产品装盘后，发送到吸收器(离开系统)。当库存 Rack 的库存低于 60 时，会向上游供应商 Queue_P1 订货，经过一定的延时后，上游供应商 Queue_P1 会向工厂的库存 Rack 补充库存。模型运行的情况如图 12-20 所示。

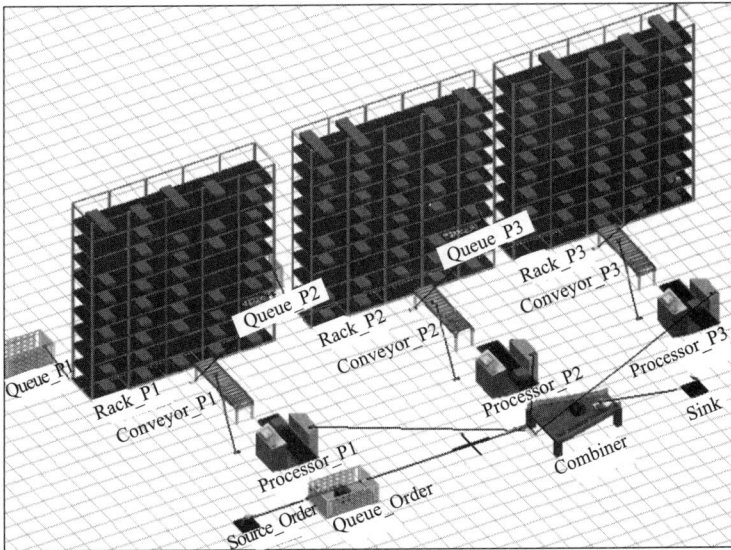

图 12-20　模型运行情况

当 Flexsim 软件中提供的 FlowItem 类别不能满足需求，或者是为了仿真效果更加逼真，可以通过 FlowItem Bin 定制需要的临时实体类别。案例中使用了若干全局表，由于 Flexsim 本身提供的 Statistics 数据往往不能满足建模的要求，因此，全局表经常用来记录一些统计数据、案例参数、全局控制变量等。案例中也使用了模型树，通过模型树可以在实体中访问其他实体。

　　案例模型模拟了工厂的库存变化、生产、补货过程。基于建立的模型，即可对工厂的运行情况进行分析。例如，若已知每个半成品的每日保管费为 2 元，缺货损失为每天每个 30 元，即可分析一定运行期的缺货损失与保管费。也可以分析该工厂的安全库存和最大库存取何值时工厂的保管费用最低。本章只介绍了建模过程，未对模型数据进行分析，读者可利用第 10 章所讲述的实验控制器、OptQuest 优化器来分析模型性能或进行优化。

主要参考文献

哈勒尔. 2005. 系统仿真及 ProModel 软件应用. 北京: 清华大学出版社.

刘亮. 2010. 物流系统仿真——从理论到实践. 北京: 电子工业出版社.

彭杨, 伍蓓. 2007. 物流系统仿真与优化. 北京: 中国财富出版社.

秦天保, 周向阳. 2013. 实用系统仿真建模与分析——使用 Flexsim. 北京: 清华大学出版社.

王红卫. 2003. 建模与仿真. 北京: 科学出版社.

张晓萍, 石伟, 刘玉坤. 2008. 物流系统仿真. 北京: 清华大学出版社.

张智勇, 杨磊. 2011. 物流系统仿真. 北京: 清华大学出版社, 北京交通大学出版社.

赵宁. 2010. 物流系统仿真案例. 北京: 北京大学出版社.